INHALT

EINWEGFAHRSCHEIN

Das Leben gleicht einer Bahnfahrt. Irgendjemand setzt dich in einen verdammten Zug, und dann geht's los Richtung Endstation. Manche fahren erste Klasse, andere nur zweite, und sehr, sehr viele reisen in Viehwaggons oder noch Schlimmerem.

Du steigst hier und da mal um und änderst die Richtung, weil du hoffst, an einem besseren Ort anzukommen. Und manchmal musst du lange auf einen Anschluss warten. Oft trifft ein Zug auch überhaupt nicht ein, da eine Linie gesperrt ist oder weil es einen Unfall gab. Und da stehst du dann mit deinen Habseligkeiten auf einem menschenleeren Perron, rauchst eine Zigarette und wartest auf die Ansage.

Auf so einer Reise trifft man ab und zu Leute, denen die Zeit zu lange wird. Sie hüpfen deshalb einfach mal irgendwo rein und kommen dann, wie sollte es anders sein, nicht da an, wo sie eigentlich hinwollten. Anderen wird das ganze Hin und Her zu stressig, und sie bleiben im Bahnhofbuffet bei einer Flasche Bier hängen. Es gibt auch solche, die den Lärm und das Geschrei in den Waggons plötzlich nicht mehr ertragen und sich deshalb in der Toilette einschliessen. Wieder andere steigen gleich während der Fahrt aus: Einfach durchs Fenster, und weg sind sie.

Deine Mitreisenden kannst du dir nicht aussuchen. Es gibt mehr oder weniger sympathische und mit einigen freundest du dich an. Meist sind es schlussendlich aber nur wenige, die dich bis ans Ende begleiten.

Ich hatte das Glück, dass meinem Zug schon sehr früh eine Frau zugestiegen ist, mit der ich auch heute noch gerne das Schlafwagenabteil teile. Bald kamen zwei Jungs dazu. Über weite Strecken waren wir nun alle vier gemeinsam unterwegs, bis dann eines Tages die beiden kurz nacheinander ausstiegen, um sich ihre eigene Route zu suchen. So fuhren wir zu zweit weiter, schauten aus dem Fenster und sahen zu, wie die Welt an uns vorbeizog. Obschon es stetig voranging, schienen wir immer wieder die gleichen Stationen zu passieren. Wir betrachteten die anderen Fahrgäste: Täuschten wir uns, oder starrten sie wirklich alle mit demselben leeren Blick in die Ferne? Auch die Luft wurde spürbar stickiger (obschon das Rauchen in den Waggons ja schon vor längerer Zeit verboten wurde und wir bei jedem Halt rausspringen mussten, um eine zu qualmen). Und was war nur aus unserer gemütlichen Bummelbahn geworden? Allem Anschein nach hatte man sie in einen Hochgeschwindigkeitszug umgewandelt. Schneller und schneller durchfuhren wir die immer reizloser werdende Landschaft, und wenn wir mal etwas Schönes entdeckten, war es vorbei, bevor wir den Kopf drehen konnten.

Und dann diese ewig langen Tunnels! Die endlosen Strecken bei künstlichem Licht wurden von Mal zu Mal unerträglicher.

Ausser uns störte das aber kaum jemanden. Die Leute stiegen ein und stiegen aus. Manche lachten, andere stritten sich. Man hörte Musik oder las die Zeitung, und jedermann schien nur darauf zu warten, dass man irgendwann mal irgendwo ankommen würde.

«Entschuldigen Sie», fragten wir einen alten Mann, von dem wir wussten, dass er schon Ewigkeiten unterwegs war und alle Strecken kannte. «Wohin fährt dieser Zug eigentlich?» «Dahin, wo jeder Zug einmal fährt», antwortete er. «Aufs Abstellgleis!»

Da erkannten wir, dass wir uns schon viel zu lange widerspruchslos in der Gegend rumkutschieren liessen. Wir erhoben uns kurz entschlossen, packten unseren Kram und hängten uns an die Notbremse. «Halt», schrien wir. «Wir steigen hier mal aus!»

Wenn dir dein Leben
öde erscheint, ist es an
der Zeit, etwas Neues
zu wagen.

Wir sind Kinder der Achtzigerjahre. Die Hippies waren alt geworden, engagierten sich mittlerweile bei den Grünen und in Frauenbewegungen oder hatten sich ganz einfach angepasst. Die Blumenkinder trugen nun auch schon mal Krawatte, John Lennon hatte man erschossen, Jimi Hendrix, Janis Joplin und Jim Morrison hatten sich schon früher verabschiedet und liessen ihre Erben orientierungslos zurück.

In Zürich brodelten die Jugendunruhen. Eine desillusionierte Generation suchte den Traum von Liebe und Frieden mit Gewalt durchzusetzen, randalierte in den Strassen, besetzte Häuser und sprayte ihre Parolen auf öde Betonwände. «Macht aus dem Staat Gurkensalat – Haut die Bullen flach wie Stullen – Amis raus aus USA, Winnetou ist wieder da!» Wir wollten Veränderung, und wir wollten sie jetzt!

1982 besetzten argentinische Truppen die Falklandinseln und lösten damit den Falklandkrieg aus, Steven Spielbergs «E.T. – der Ausserirdische» flimmerte über die Kinoleinwände, in Düsseldorf wurde die deutsche Punkband «Die Toten Hosen» gegründet, und ich lernte Fabiola bei einem Open-Air-Konzert kennen. Sie war sechzehn, trug hennarote Haare und eine abgewetzte Fliegerjacke und zeigte sich frustriert, da sie gerade etwas eingeworfen hatte, was nicht die gewünschte Wirkung brachte. Ich war achtzehn, eingefleischter Haschischraucher und bemerkte, dass sie ja selber schuld wäre, wenn sie sich so eine Scheisse reinziehen würde, worauf sie mich zum ersten, aber bestimmt nicht zum letzten Mal, einen blöden Arsch nannte. Dies war der Grundstein zu einer langen und glücklichen Beziehung.

1985 wurde Michail Gorbatschow Vorsitzender der kommunistischen Partei der Sowjetunion und läutete damit das Ende des Kalten Krieges ein, die RAF Terroristen Christian Klar und Brigitte Mohnhaupt wurden in Deutschland verurteilt, das Buch «Ganz unten» von Günter Wallraff

erschien, und wir heirateten an einem Freitag dem Dreizehnten.

Unterdessen waren wir etwas gemässigter, wohnten in einer WG und setzen uns intensiv mit Glaubensfragen auseinander, was unser zukünftiges Leben und Denken zum Teil nachhaltig beeinflusste.

1987 besuchte Erich Honecker als erster Staatschef der DDR die BRD, Thomas Gottschalk hatte Premiere als Moderator von «Wetten, dass…?», in Pittsburg verstarb der Künstler Andy Warhol, und unser älterer Sohn wurde geboren. Wir waren nun eine junge Familie.

1989 fiel die Berliner Mauer, in der Schweiz wurde über die Abschaffung der Armee abgestimmt, ein Fernsehsender in den USA strahlte die erste eigenständige Folge der «Simpsons» aus, und unser zweiter Sohn kam zur Welt.

Die folgenden Jahre vergingen wie im Flug. Die Verantwortung für unsere Jungs nahm uns voll in Beschlag. Nicht, dass hier der Eindruck entstehen soll, wir hätten dies bereut! Wir hatten und haben eine tolle Zeit mit den beiden.

Aber wie das so ist: Wir arbeiteten, besuchten Elternabende, engagierten uns im Sportverein unserer Kinder und bemerkten nur am Rande, dass wir älter wurden, die ersten grauen Haare kriegten und die Routine sich in unserem Leben breit machte. Die hochtrabenden Ideale unserer Jugend waren einem Dahindümpeln am linken Rande des Mainstreams gewichen. Wir schliefen den Schlaf der Selbstgerechten, beobachteten den Lauf der Welt aus der Fernsehsessel-Perspektive und wurden zusehends etablierter, bequemer, langweiliger. Erste Zweifel am Sinn unseres Tuns begannen sich in unserem Unterbewussten zu regen. Es sollte aber noch eine geraume Weile vergehen, bis wir schliesslich, mittlerweile schrieb man das Jahr 2009, in einer wunderschönen, klaren Sommernacht nebeneinander in einer Blumenwiese lagen und in die Sterne guckten. Ohne gross darüber zu sprechen, wussten wir beide: Es musste sich etwas ändern! Ich steckte in einem Job fest, der mich langsam von innen auffrass, und Fabiola litt immer mehr unter dem Gefühl, ständig funktionieren zu müssen. Unser älterer Sohn war unterdessen ausgezogen, und der jüngere auf dem Sprung. Wann, wenn nicht jetzt, war die Gelegenheit, etwas Neues zu wagen? Fabiola hatte schon früher gerne fotografiert. Jetzt fing sie an, sich intensiv dieser Sache zu widmen. Fast täglich war sie von nun an draussen unterwegs auf der Suche nach Motiven. Dabei waren es vor allem Wildtiere, die sie interessierten. Oft begleitete ich sie und spürte dabei, wie mir die Zeit in der Natur gut tat. Rückschauend bin ich überzeugt, dass es letztendlich diese Exkursionen waren, die mich vor einem Burnout bewahrt haben. Immer wieder begegnete uns unterwegs Interessantes oder Lustiges. Daraus erwuchs die Idee, unsere Erlebnisse in Geschichten zu fassen. Ich hatte schon früher ein paar Schreibversuche unternommen, aber Berichte mit uns selber als Hauptpersonen, das war etwas Neues und ich hatte so meine Zweifel, ob das überhaupt jemanden interessieren würde. Erstaunlicherweise be-

kamen wir jedoch auf unser erstes Heft, welches wir schliesslich in Eigenregie mit Hilfe einer guten Freundin veröffentlichten, viele positive Feedbacks. Anscheinend war es gerade das Alltägliche, das die Leute interessierte. Unsere internen Krakeleien, die Pannen bei unseren Unternehmungen und der ganz normale Beziehungskram. Unser Projekt nannten wir «Go wild». Dies sollte eine Aufmunterung für unsere Mitmenschen sein, sich wieder vermehrt der Natur zu widmen und die Wildnis ringsum zu erkunden. Andererseits bedeutete es für uns auch: Geh einfach mal drauf los! Versuch mal was Neues! Wage etwas! Gemäss unserem eigenen Motto haben wir dann Ende 2011 ernst gemacht, unsere Wohnung verkauft, alles Geld zusammengekratzt und sind zu einer monatelangen Fotoreise in den Norden gestartet.

Daraus ist dieses Buch entstanden. Es handelt von Menschen, Tieren und Natur und vom Sinn und Unsinn des Lebens. Wenn wir dich damit etwas erheitern und daneben für die Umwelt sensibilisieren oder zur Verwirklichung deiner Träume animieren, ist sein Zweck schon erfüllt.

«Was man ernst meint, sagt man am besten im Spass.»
Wilhelm Busch

DIE AUFWÄRMPHASE:
DEUTSCHLAND, BORN AUF DER DARSS, OSTSEE

Das Zimmer riecht muffig, schlecht durchlüftet. Vor den Fenstern hängen Fliegengitter. Ein Doppelbett im Sechzigerjahre-Stil, eingehüllt in braunen Stoff und mit zwei Matratzen belegt, dominiert den Raum. Es steht auf einem verfilzten, cremefarbenen Teppich. Links der Eingang zur Nasszelle und daran angebaut eine kleine Küchenkombination mit zwei Herdplatten und Spüle. Daneben ein Sideboard, Fernseher und Radio obendrauf. Ausserdem ein kleines Salontischchen und zwei altertümliche schwarze Ledersessel.

Hier werden wir die nächsten zwei, drei Wochen hausen. Der Vermieter, nett, aber etwas kauzig, hat uns ohne viele Worte die schmale Holztreppe hinaufgeführt und den Schlüssel ausgehändigt. Wir sind beide ziemlich fertig. Fünfzehn Stunden Bahn- und Busfahrt quer durch Deutschland liegen hinter uns. Gestern, um 21.00 sind wir von Baden bei Zürich losgefahren.

Bahnreisen in der Nacht sind eine eintönige Sache. Wir liegen auf unseren Ruhesesseln und suchen nach der besten Position, um etwas zu schlafen. Fabiola döst schon bald mal ein. Ich tue mich ein wenig schwerer. Blicke aus dem Fenster und versuche etwas zu erkennen. Strassenlaternen, eine Tankstelle mit Leuchtreklame, in der Ferne die Lichter einer kleinen Ortschaft oder die gleissenden Scheinwerfer eines Sportstadions. Der Zug rattert dahin, monoton, einschläfernd. Irgendwann nicke ich dann auch weg. Schrecke auf vom Quietschen der Bremsen. Irgendeine grössere Stadt: *Frankfurt*? Keine Ahnung. Kann kein Schild ausmachen. Jetzt wäre eine Zigarette gut. Schaue auf die Uhr. Ach du Scheisse: Noch mindestens zehn Stunden bis zum nächsten Nikotinschub, also weiterschlafen. Wache dann irgendwann wieder auf und stelle fest, dass der Zug steht. ‹Eine Streckenunterbrechung› sagt man uns. Schaue mich im Abteil um. Alle anderen scheinen zu schlafen. Nur zwei Mädchen diskutieren im Flüsterton. Fabiola liegt in ihrem Sessel geku-

schelt und atmet tief und ruhig. Irgendwo hört man Stimmen und Rangiergeräusche. Wir stehen immer noch. Mache die Augen wieder zu.

Als ich sie erneut öffne, ist es draussen hell, und wir fahren wieder. Allerdings haben wir jetzt über eine Stunde Verspätung. Das wird knapp in *Hamburg*. Fabiola ist unterdessen ebenfalls aufgewacht. Mineralwasser und Schokoriegel zum Frühstück. Die Zahnbürste haben wir sinnigerweise zuunterst im Rucksack verstaut. Behelfen uns mit Kaugummis. Der Lokführer gibt Gas und macht ein ganzes Stück an Zeit wieder wett. Zu guter Letzt bleiben uns in *Hamburg* genau drei Minuten, um den Zug zu wechseln. Wir schaffen es aber gerade noch, und es reicht sogar, um im Rennen drei mal gierig an einer Zigarette zu ziehen. *Freiheit und Abenteuer* - dann weiter Richtung *Ribnitz*. Immerhin verfügt dieser Zug über einen Speisewagen, wo man Kaffee und Brötchen kaufen kann.

Fahren, halten, fahren, halten. Felder, Dörfer, Waldstücke, und alles ziemlich flach. Die Häuser werden etwas schäbiger; wir kommen in die Gegend der ehemaligen DDR. Allenthalben Ruinen von ehemals kunstvoll aus rotem Ziegelstein erbauten Häusern und Fabriken. Womöglich fehlt das Geld, um sie gänzlich abzubrechen.

In *Ribnitz* dann endlich eine längere Pause. Es dauert noch über eine Stunde, bis der Bus nach *Born* abfährt. Gerade am Bahnhof steht ein Thai-Imbiss. Es ist Mittagszeit, und die beiden Köche haben alle Hände voll zu tun. Wir wären *schon* hungrig, doch die frittierten Gerichte sehen alle etwas unappetitlich und fettig aus. Zum Glück gibt es auch Bratwurst zu kaufen, was wir dann auch bestellen. Aber Pech gehabt: Sogar die Bratwurst fliegt in die Fritteuse. *Barbaren !!*

Jetzt noch fünfzig Minuten Busfahrt, und wir werden unser erstes Etappenziel erreichen - *Born auf der Darss*.

Der Bus hält direkt vor der Touristeninfo, und wir fragen nach dem Weg zu unserer Unterkunft. Man gibt uns bereitwillig Auskunft, jedoch nicht ohne einen misstrauischen Blick auf unsere Tramper-Rucksäcke zu werfen. Wir sind wohl nicht die typischen Urlauber.

Das Dorf ist interessant. Viele der schmucken Holzhäuser sind noch riedgedeckt. Sie leuchten in verschiedenen Farben, von Blau über Orange bis Rot. Die Fenster und Türrahmen sind jeweils in einem anderen Ton gestrichen und die Türen oft reich verziert.

Unser Domizil liegt ganz am Ende des Ortes, noch etwas mehr als zwei Kilometer zu gehen. Trotz der schweren Rucksäcke schreiten wir zügig aus. Die Aussicht, endlich irgendwo anzukommen, beflügelt uns.

Und jetzt stehen wir also in unserem temporären Zuhause, froh, unser Gepäck verstauen zu können und endlich unsere Schuhe zu wechseln. Frage unseren Vermieter, ob im Ort ein Lokal existiert, wo wir morgens frühstücken können. «Es gibt ein Kaffee», antwortet er. Kein Mann der grossen Worte.

Wir sind hundemüde. Fabiola hat wieder mal pünktlich zu Reisebeginn ihre Tage gekriegt, etwas, worauf man sich bei ihr verlassen kann, und mich plagen Magenprobleme. *Kein Wunder* – bin ich mir doch immer noch nicht sicher, ob ich wirklich verreisen will. Wir disputieren, wer zuerst zur Toilette darf. «Fängt ja lustig an», bemerke ich.

Pünktlich zum Morgenessen sitzen wir anderntags im Kaffee *Alte Bäckerei*, ein Ziegelsteinbau, gemütlich und liebevoll eingerichtet. Die Tische aus antiken Singer-Nähmaschinen gefertigt, an den Wänden nostalgische Fotos und alte Urkunden, *und das Wichtigste*: Es duftet nach Kaffee!

Das Wetter zeigt sich von der besten Seite, und wir setzen uns draussen hin und schauen dem Treiben auf der Strasse zu.

Hier sind wir nun also: *Born!* Paradies aller deutschen Radfahrerfamilien. Jetzt, im April, ist es noch ein mässiger Sprühregen. Aber in den Sommermonaten ergiessen sie sich sintflutartig über die Feld- und Waldwege der *Darsshalbinsel*. «*An der Grenze des Erträglichen*», meint die Frau, die uns das Frühstück bringt. «*Früher*», sagt sie und meint damit zu Zeiten der DDR, «*waren es grade mal acht Wochen im Jahr, wenn die Sommerfrischler hier rauf kamen.*»

Nach der Wende hat sich dann alles massiv verändert. Heute beginnt die Saison bereits im Frühjahr mit den Osterferien und endet erst im Herbst. Dann nämlich, wenn Tausende an die Ostsee pilgern, um den Zug der Kraniche zu beobachten. «*Ich weiss eigentlich gar nicht, was das soll*», kommentiert unsere Bedienung. «*Die Vögel waren ja schon immer da, und jetzt soll es plötzlich etwas Besonderes sein.*»

Und auch sonst sieht sie die Dinge eher pragmatisch: «*Der Wald?*», fragt sie. «Als Kinder gingen

Der ‹Urwald› auf der Darss, zwischen Born und Prerow.

wir da immer hin, um Holz zu sammeln. Da war er auch noch schön aufgeräumt. Jetzt lassen sie alles liegen und nennen es Urwald.»

Dass grosse Teile der über Jahrhunderte zusammengewachsenen Halbinseln *Fischland*, *Darss* und *Zingst* zum Naturschutzgebiet erklärt wurden, hat längst nicht überall Begeisterung ausgelöst; das hören wir schon bald heraus. Die einstigen Fischer- und Bauernorte *Prerow*, *Ahrenshoop*, *Born*, *Wieck* und *Zingst* leben heutzutage vornehmlich vom Tourismus. Den Ansprüchen der Urlauber gerecht zu werden und gleichzeitig die Ursprünglichkeit der Natur zu wahren, ist kein einfaches Unterfangen und sorgt auch immer wieder für heisse Köpfe. Es werden ja nicht weniger, die an der Ostsee Erholung suchen, im Gegenteil: Der Zustrom wächst!

Gleichzeitig mit den Besucherzahlen steigen auch die Anforderungen. Der moderne Feriengast kommt nicht ausschliesslich, um im Meer zu baden und am Strand zu liegen. Er will *Shoppingtouren* unternehmen, *Wellness-Tempel* geniessen, *windsurfen*, *biken*, *Vergnügungslokale* besuchen, *schick essen* gehen. Die Badeorte *Ahrenshoop*, *Prerow* und *Zingst* liegen da schon voll im Trend. In *Born* geht man es noch etwas gemächlicher an. Trotzdem ist auch hier die Veränderung spürbar. *«Solch grosse Häuser wie diese da gab es bei uns früher nicht»*, erklärt uns später eine Einheimische bedauernd.

Gerade jetzt sorgt ein Projekt, welches der ehrgeizige Bürgermeister um jeden Preis durchboxen will, für heftige Debatten. Ein ausgedehntes Stück Wiesenland, die *Holm*, die eigentlich im Landschaftsschutzgebiet liegt, soll überbaut werden. Man plant eine gross angelegte Feriensiedlung inklusive Hotel. Es ist leicht vorstellbar, wie sehr sich dadurch das Bild des beschaulichen Ortes verändern wird.

Trotzdem kann man auch verstehen, dass sich die Leute Gedanken machen, wie es wirtschaftlich in dieser Gegend weitergehen soll. Es gibt kaum noch bebaute Agrarflächen. Früchte und Gemüse werden aus Billigländern importiert. Viele der Industrieeinrichtungen aus DDR-Zeiten sind unterdessen stillgelegt, und die Fischerei ist tot. Junge Menschen haben Mühe, einen Arbeitsplatz zu finden, und wandern in die grösseren Agglomerationen ab. Was bleibt, ist der Fremdenverkehr, und den versucht man weiter auf Biegen und Brechen anzukurbeln. Tragisch ist dabei, dass für die Hoffnung aufs schnelle Geld immer wieder Teile einer grossartigen Natur geopfert und unwiederbringlich zerstört werden.

Es ist eine vielfältige Flora und Fauna, auf die wir hier treffen. Ein grosser Teil der *Darss* ist mit Birken, Buchen, und Kiefern bewaldet. Vereinzelt trifft man auch auf riesige Stechpalmen.

Hier leben Hirsche, Rehe, Wildschweine, Hasen und Füchse. Man begegnet ihnen oft am helllichten Tag. Auf den naturbelassenen Grünflächen nisten Hunderte von Feldlerchen. Ihren melodischen Fluggesang hört man schon von Weitem. Auch jetzt, im April, kann man einzelne Kraniche am Himmel vorbeifliegen sehen, und am nahen Ufer zieht der Seeadler majestätisch seine Kreise. Dazu Moore, ausgedehnte Riedflächen, Auengebiete und ursprüngliche Wiesen.

Wir liegen täglich stundenlang mit der Kamera auf der Lauer und sichten dabei eigentlich jedes mal Wildtiere. Zwar oft nicht nahe genug für gute Fotos, aber allein das Beobachten ist schon faszinierend. Zudem ist es jetzt, wo die Osterferien vorbei sind, nahezu menschenleer in der freien Natur. So haben wir die Gelegenheit, die reichhaltige Schönheit des *Bodden Nationalparks* ungestört zu erkunden. Dabei profitieren wir davon, dass sich der Frühling noch etwas schwer tut in diesem Jahr. Es sind wohl deshalb noch weniger Leute als üblich in den Wäldern und Wiesen des *Darrs* unterwegs, denn der Wind, der über den Bodden streift, ist immer noch eisig kalt. Mit etwas Geduld finden wir aber stets ein geschütztes Plätzchen, wo wir uns von der Sonne wärmen lassen können.

Nach einer Woche beginnen wir langsam zu begreifen, dass wir nun für ein halbes Jahr unterwegs sein werden. Bisher hat es sich noch wie normale Ferien angefühlt. Kein Wunder! Kriegen wir doch beinahe jeden Tag zu hören: *«Schönen Urlaub noch.»* Verdammt: Wir sind nicht auf *Urlaub!* Nun gut, woher sollen die Leute das denn wissen? Wir haben es ihnen ja nicht gesagt. Ande-

rerseits fragen sie auch nicht. Die Menschen auf der *Darss* sind zwar freundlich, aber doch recht zurückhaltend. Dies bestätigt uns auch ein Thüringer, selber vor ein paar Jahren hierhergezogen: *«Und langsam sind sie»*, beklagt er sich. *«Denen kann man beim Laufen die Schuhe besohlen!»*
Er erzählt uns auch ein wenig von den Zeiten der DDR, dass damals bei Weitem nicht alles schlechter und der Zusammenhalt unter den Leuten eher besser gewesen wäre. Heute, so meint er, schaue doch jeder nur noch für sich selbst. Möglichst viel zusammen raffen und dann einen grossen Zaun drum herum bauen, das wäre die Devise.
Ja, ja – *die gute alte Zeit!* Sie hält sich so hartnäckig in unseren Köpfen, aber *wann* hat sie eigentlich stattgefunden? War es im *Mittelalter*, als eine elitäre Adelsgemeinschaft es sich auf Kosten einer namenlosen Masse mittelloser Bauern gut gehen liess? Oder war es zu Zeiten der *Inquisition*, wo man mit Hilfe von Folter und Verfolgung dafür sorgte, dass verirrte Schäfchen unter die Fittiche von Mutter Kirche zurückfanden? Versteckt sie sich vielleicht in den Jahren, als der *schwarze Tod* über Europa hinwegfegte? Oder die *Französische Revolution*, die beiden *Weltkriege*, die *Kuba-Krise*, die Katastrophe von *Tschernobyl* – war das ‹die gute, alte Zeit›?

Ich kann nicht behaupten, dass die ersten Tage in *Born* zu den *besten* unserer Beziehung gehören. Zugegebenermassen liegt das vor allem an mir. Mein Magen spielt verrückt, meine Gedanken drehen sich im Kreis, und ich bin oft schlecht gelaunt. Wir wollten in die *Wildnis* und sitzen nun in einem *Erholungsort*, gehen bei Edeka einkaufen und liegen abends vor dem Fernseher. Klar: Wir leben nicht im Luxus! Für den Urlaub hätte ich mir eine andere Wohnung ausgesucht. Immerhin war es die günstigste, die hier zu finden war. Und für's Zelt wäre es wirklich noch etwas kalt. Das Thermometer fällt nachts regelmässig gegen null Grad, und der Wind macht es noch kälter. Es wäre blöd, mit dem ganzen Kamerazeugs und dem Computer auf den Camping zu wechseln, nur um einen auf *harte Kerle* zu machen, zumal es auch immer mal wieder stark regnet. Und trotzdem: Ein Teil von mir will endlich das wil-

de Leben spüren, und der andere überlegt schon wieder, ob wohl um Viertel nach acht ein Krimi auf dem Programm steht. Dieser Widerspruch nagt an meinem Ego und verdirbt mir die Tage. Ich sitze oft abends noch kurz draussen in dem grossen Garten, rauche eine Zigarette und blicke zu den Sternen hoch. Was wollen wir eigentlich hier? Ist es das, was wir gesucht haben? ‹Go wild› – in einem *Touristenort*, Rührei und ein Kännchen Kaffee zum Frühstück und zum Abendessen ein ‹Gut und günstig›-Tiefkühlmenü?
Während ich da noch rumhocke und mit meinem Leben hadere, vermeine ich plötzlich ein Stimme zu hören: *«Zieh's einfach durch»*, raunt sie mir zu. *«Ich werd' schon schauen, dass alles richtig läuft!»* War das Gott? Wer kann es sagen – jedenfalls geht es mir von da weg etwas besser.
Bin zu Beginn auch ein wenig von der Landschaft enttäuscht. Irgendwie hab' ich mir die Gegend anders vorgestellt – wie soll ich es erklären – *meeriger*? Nun ja: Die *Bodden* sind ja nicht die offene See. Es sind Meeresarme, durch Landmasse von der Ostsee abgetrennt und nur durch schmale Wasserläufe mit ihr verbunden. Man wähnt sich mehr an einem grossen See, da man überall bis ans andere Ufer blicken kann. Typische Strände oder gar Klippen gibt es nicht, ausser vielleicht ab und zu kleine, sandige Teilabschnitte. Der Rest ist mit Schilf- und Grasflächen bewachsen, welche dann einfach an einem torfigen Abbruch enden. Ich hatte mehr sowas mit *Brandung* und felsigen Gestaden erwartet und Hunderten von Möwen, die kreischend in die untergehende Sonne fliegen. Tja, ich hätte mir wohl im Vorfeld die Bilder etwas genauer anschauen sollen. Nun treffen wir auf Schwäne und Enten und ein paar vereinzelte Lachmöwen. Hey, ich meine: Das haben wir zuhause auch und bei einer der Enten könnte ich *schwören*, ich bin ihr schon mal in der Schweiz an einem Bachufer begegnet.
Fabiola fotografiert als Erstes ein Rotkehlchen. *Ein Rotkehlchen!!!!* Und dafür sind wir Hunderte von Kilometern gereist und haben fünfzehn Stunden unbequeme Zug- und Busfahrt auf uns

«Und langsam sind sie», beklagt er sich. «Denen kann man beim Laufen die Schuhe besohlen!»

11

*Original deutsches
Ostsee-Rotkehlchen*

genommen? Gibt es in der Schweiz nicht genug von diesen Vögeln? «*Aber die sind so süss!*», protestiert Fabiola. Süss, schön und gut. Aber wir haben doch nicht unseren Wagen und die Wohnung verkauft, nur um an der Ostsee *süsse Rotkehlchen* zu fotografieren. Ist doch wahr!

Nun, ehrlich gesagt, verhält sich das bei mir immer so. Ich habe irgendwelche Erwartungen und bin dann frustriert, wenn es nicht so kommt, wie ich mir das vorgestellt habe.

Fabiola tickt da anders: Sie nimmt das Leben, wie es eben ist, und macht das Beste daraus. Eine Gabe, um die ich sie beneide.

Es *kann* aber, und das muss ich zu meiner Verteidigung anführen, ab und zu auch ziemlich nervig sein, einen unverbesserlichen Optimisten an seiner Seite zu haben. Dann zum Beispiel, wenn du seit Stunden auf einem unbequemen Klappstuhl im Gebüsch sitzt und der Wind *so kalt* ist, dass sich die Eier in deiner Hose anfühlen wie zwei Eiswürfel im Whisky-Glas (und auch so tönen). Du hast Angst, dir an die Nase zu fassen, weil du fürchtest, sie könnte abbrechen. Wie gerne würdest du deine Zehen bewegen, um sie ein wenig zu wärmen, jedoch bist du dir gar nicht sicher, ob du noch welche hast. Und von den Fingern ganz zu schweigen: Du hältst sie in deinen Taschen verborgen, und es wird dir bange bei dem Gedanken, dass deine Sucht sie dazu zwingen könnte, eine Zigarette hervorzuklauben, und dein einziger Wunsch ist, möglichst schnell von hier weg zu kommen. Und wenn dann dein Partner sagt: «*Iss ein Stück Schokolade, das wärmt!*» – Braucht es noch mehr Erklärungen?

Mit der Zeit freunde ich mich dann aber doch noch mit der Umgebung an, bin sogar phasenweise richtig begeistert. Der Wald ist eine Wucht! Da gibt es Stellen, die von Wasser überflutet sind, und die Bäume stehen gleichsam wie auf Stelzen auf ihren klauenartigen Wurzeln. Finsteres Tann wechselt sich ab mit lichtem Birkenhain. Man bewegt sich auf mit Bucheckern übersäten Wegen, welche bei jedem Schritt ein leises Knacken hören lassen. Wasserrinnen durchziehen den Forst wie ein Netz. Darin hausen Frösche, Kröten und verschiedene Arten von Molchen. Gespenstische

Totholzgerippe voller Spechtlöcher, über die sich zum Teil riesige Baumpilze wie Vordächer wölben, und vermoderte Stämme, von Mäusen bewohnt. Man trifft auf grosse Lichtungen, die mit zähem Gras bewachsen sind. Tümpel, vom Torf braun gefärbt und mit Schilf bewachsen. Daneben liegen Muscheln, die wohl Möwen vom Meer hierhin getragen haben. Grosse Flächen sind mit hüfthohem Farn überwuchert. Dazwischen wachsen Heidelbeersträucher, verschiedene Moose und Gräser. Spuren von Wildschweinen gibt es überall, und matschige Suhlen zeugen von ihren nächtlichen Wühlgelagen. Der Wind vergnügt sich in dem dichten Gehölz und entlockt den Bäumen ein Seufzen. Vogelgesang, zeitweise so vielfältig und melodisch, dass man sich in einem tropischen Urwald wähnt.

Riesige, uralte Buchen, über Jahrhunderte zu Gestalten und Fratzen verwachsen, manche schon abgestorben, aber immer noch aufrecht und Ehrfurcht gebietend. Man fühlt sich in ihrer Gegenwart unmittelbar ein wenig unbedeutender.

Wir finden unser Stück *Wildnis* an der *Buchhorster Maase*. Sie liegt am alten Meeresufer. Vor Urzeiten brach sich noch die Brandung an den steil abfallenden Gestaden, jetzt sind sie mit Bäumen und Sträuchern bewachsen. Auf dem einstigen Meeresgrund spriesst Gras und Schilf, und die Ebene ist von Wasserläufen durchzogen.

Ganz so natürlich ist das alles aber nicht entstanden. Bis in die Siebzigerjahre des zwanzigsten Jahrhunderts wurde die *Maase* (was übrigens nichts anderes heisst als Wiese) noch intensiv landwirtschaftlich genutzt. Künstliche Entwässerungsgräben verhinderten die Versumpfung der Felder.

Überhaupt ist der ganze *Bodden Nationalpark* ein Kompromiss zwischen menschlichem Eingreifen und wuchernder Natur. Viele der Landstücke wurden über Jahrhunderte dem Meer abgerungen und würden von diesem im Laufe der Zeit zurückerobert werden, wenn man sie einfach sich selbst überliesse. Um die Vegetation und die Tierwelt auf der *Darss* in ihrer jetzigen Form zu erhalten, *braucht* es das Zutun des Menschen.

Die *Maase* ist eine etwa eineinhalb Kilometer lange und fünf- bis sechshundert Meter breite, mit Wildgräsern überwucherte Lichtung. Röhrichtgürtel verbergen die Wasserrinnen, sodass man sie oft erst bemerkt, wenn sie einem den Weg versperren.

An diesem Ort verbringen wir viel Zeit mit Beobachten. Einige Kranichpärchen scheinen hier zu nisten. Immer wieder lassen sie ihr kehliges Krächzen ertönen, wenn sie über die Wiese staksen. Es herrscht eine unglaubliche Ruhe. Nicht *Stille!* Die Luft ist erfüllt mit Vogelgezwitscher, dem Summen der Insekten, Rascheln der Gräser und dem geheimnisvollen Rauschen des Waldes – *diese* Art von Ruhe. Nur selten trägt der Wind die Geräusche von Motoren und Schiffssirenen des fernen *Prerow* zu uns herüber. Sonst Natur pur! Menschen verirren sich zu dieser Jahreszeit kaum in diese Gegend. Der Wanderweg ist für Radfahrer gesperrt. *Gott sei dank!*

Radfahrer – sie sind ja so etwas wie unser natürlicher Feind. Wenn man oft zu Fuss auf Pfaden unterwegs ist, die auch für Radfahrer freigegeben sind, lernt man sie zu hassen. Sie sind der Schrecken aller Schnecken und Käfer, die mal eben friedlich von einem Wegrand zum anderen wechseln wollen.

Man kann diese *Berserker auf zwei Rädern* in verschiedene Kategorien einteilen:

Der Mountainbiker: Auf seinem Hightech-Sportrad fährt er am liebsten da, wo es *keine* Strassen gibt. Es bereitet im Freude, durch Büsche und Gesträuch zu preschen, Äste abzubrechen und aufkeimende Pflänzchen in Grund und Boden zu fahren. Dabei sieht er nicht links und rechts. (Durch seine gelbe, aerodynamisch am Kopf liegende Schutzbrille kann er sowieso nur alles *verzerrt* erkennen.) Seine Vorstellung von Naturerlebnis besteht darin, die Wildnis kraft seiner Muskeln zu bezwingen und möglichst verschwitzt und dreckverkrustet zurück nach Hause zu kommen.

Die Familien Ausflügler: Papa vorne, in der Mitte zwei Kinder (*idealerweise ein Junge, ein Mädchen*) und zuhinterst Mama auf dem rosa Damenfahrrad mit Lenkstangenkörbchen. Papa meist beim Versuch, seinen Nintendo-verwöhnten Bälgern die Natur näher zu bringen, indem er lautstarke, lustige Erklärungen abgibt, oder aber er weist sei-

13

ne Brut an, sich endlich anständig zu benehmen. Die Kinder krähen blöde Fragen nach vorne zu ihrem Erzeuger oder streiten sich darüber, wer von beiden besser Rad fährt. Von hinten ermahnt Mama regelmässig ihre Sprösslinge, dass sie *aufpassen* sollen, damit sie nicht hinfallen. Wenn sie in deine Nähe kommen, klingelt Papa als gutes Beispiel warnend einmal, worauf es ihm seine Nachkommenschaft gleichtut, nur dass die nicht mehr damit aufhören, bis sie an dir vorbei sind. Dazwischen Mamas Hinweise: «*Das reicht jetzt Raphael, du auch Moni*».

Wenn dich schliesslich Mama endlich passiert, bedankt sie sich bei dir für das Zurseite-Treten mit einem seligen Lächeln, was so viel bedeutet wie: «*Sie sind halt noch Kinder. Süss, nicht wahr?*»

Die rüstigen Senioren: Da ist immer eine mit dabei, meist etwas beleibt und mit knielangem Rock, welcher sich bei jedem Tritt gefährlich über die Oberschenkel spannt, die so hoch konzentriert auf ihr Vorderrad starrt, dass sie dich gar nicht bemerkt. Sie klingelt nicht, aber mit etwas Glück *schnauft* sie so laut, dass du sie frühzeitig hörst. In so einem Fall bleibt dir nichts anderes übrig, als sofort zu reagieren und dich mit einem beherzten Sprung in Sicherheit zu bringen.

Paare in den mittleren Jahren: Er – stylischer Fahrradhelm, jugendlicher Kurzhaarschnitt, teure Sportlersonnenbrille, eng anliegendes Radler-T-Shirt, kein Ansatz von Bierbauch, Potenz versprechendes, in Knackhose verpacktes Hinterteil, nahtlos gebräunte Haut, Waden aus Stahl.

Sie – immer noch natürlich blondes, zu einem Pferdeschwanz gebundenes Haar, Traumkörper mit Hang zur Dürre, bauchfreies Top mit offenem Balkon, gerade so stark schwitzend, dass es noch sexy wirkt, und die Arschmuskeln *dermassen* durchtrainiert, dass es ihr die Mundwinkel nach unten gezogen hat. Na, ja, *wenigstens* was fürs Auge.

Sie klingeln *einmal* und fahren dann an dir vorbei, als ob du Luft und es selbstverständlich wäre, dass du für sie in die Büsche hüpfst.

Wie ich schon sagte – wir hassen Radfahrer! Und offenbar sind wir nicht die Einzigen! Man hat uns erzählt, dass es rings um *Born* in der Hochsaison regelmässig zu Auseinandersetzungen und gar Schlägereien zwischen Wanderern und Radfahrern kommt. Davon zeugen auch die mancherorts aufgestellten Schilder, welche die verschiedenen Parteien zu gegenseitiger Rücksichtnahme auffordern. Zum Glück sind wir nicht im Sommer hierher gekommen; wir hätten uns bewaffnen müssen!

Aber zurück zur *Maase:* Sie hat eine bewegte Geschichte. Die Nazis sollen während der Kriegsjahre sogar versucht haben, hier Wisente anzusiedeln. Nicht aus Freude an Tieren, versteht sich, sondern um ihrer wahnhaften Ideologie zu frönen. Es sollte so was wie ein *urdeutscher* Wildnispark entstehen. Lange hat der Traum nicht gedauert. Nach dem Krieg wurden alle Tiere abgeschossen und landeten in den Kochtöpfen der hungrigen Bevölkerung.

Ein Name, auf den man an jeder Ecke auf der *Darss* trifft, ist der von *Freiherr Ferdinand von Raesfeld*. Er war hier Anfang des zwanzigsten Jahrhunderts als Forstmeister tätig und hat massgeblich zum Schutz des Waldes und des Wildbestandes beigetragen. Er ist in der Umgebung wirklich allgegenwärtig, und alles Mögliche ist nach ihm benannt oder mit seinem Konterfei verziert. Wir finden sogar eine Gedenktafel mit der Innschrift: ‹*Hier stand bis 1943 das Denkmal von Freiherr Ferdinand von Raesfeld*.› – Na, man kann es auch übertreiben.

In dem ihm gewidmeten Jagdmuseum in *Born* wirbt man mit einer besonderen Attraktion: Ein *Ganzkörperpräparat* von kämpfenden Hirschen. Und was noch? Ein *Nazi*, der auf einem *Wisent* reitet? Uns sind Hirsche jedenfalls lebendig lieber.

Und wir sehen sie dann auch! An einem der Abende, als wir gerade zusammenpacken wollen, taucht ein Rudel auf der *Maase* auf. Wir zählen dreissig Tiere, die aufmerksam um sich äugend aus dem Wald auf die Wiese schreiten. Sie wechseln sich gegenseitig mit Aufpassen und Fressen ab. Wir wünschten uns, sie kämen noch ein Stück näher. Aber irgendetwas scheint ihnen nicht geheuer zu sein. Wir sind es wohl nicht, denn wir sitzen ganz ruhig im Gebüsch verborgen, und der Wind bläst gegen uns. Sie blicken immer

wieder zur anderen Waldseite hinüber. Da muss etwas sein, das sie stört. *(Wahrscheinlich Radfahrer. Klar sind es Radfahrer, es müssen Radfahrer sein! Radfahrer sind an allem schuld! Man sollte sie ausstopfen und ins Jagdmuseum stellen.)* Plötzlich schreckt eines der Tiere auf und beginnt, Richtung Waldrand zu traben. Die anderen tun es ihm gleich, und mit grossen Sprüngen verschwindet das Rudel im Unterholz.

An einem anderen Tag beobachten wir Seeadler. Sie landen stets ziemlich weit von uns entfernt an derselben Stelle im Schilf. Wir pirschen uns näher, ganz vorsichtig, und verstecken uns im Gebüsch. Eine lange Zeit hocken wir da und harren aus. Dann endlich: Eines der Tiere fliegt ein kurzes Stück und landet unmittelbar vor uns im hohen Gras. Wenn man steht, kann man es gut beobachten, aber Fabiola hat ihr Stativ auf Sitzen eingestellt. Vorsicht drehen wir das Ding hoch, und Fabiola nimmt den Vogel ins Visier. Sie hat

ihn schon scharf gestellt, da fliegt er auf und davon. *Blödes Vieh!* Hat uns zwei Stunden Arbeit zunichte gemacht. Aber nichtsdestotrotz ein eindrückliches Erlebnis.

Natürlich sitzt man auch hier, wie überall, oft stundenlang und es scheint, alle Tiere wären ausgestorben. Höchstens ein Buchfink trällert sein Liedchen. Er ist ja auch der häufigste Singvogel Europas! Da er *Buch*-Fink heisst, könnte man denken, er wäre etwas belesener und hätte auch noch ein, zwei andere Melodien im Repertoire. Aber er pfeift immer den gleichen Song: *Di-di-di-dä-dä-dä-därädärädä-di-dä*. Wenn du das am Tag zweitausendmal hörst und schon dankbar wärest für ein mickriges *Ziwitt-Ziwitt* kann es dir schon mal auf die Nerven gehen. Aber grundsätzlich mögen wir Buchfinken, und es ist auch reizvoll, in der Natur zu sitzen, wenn nichts Dramatisches passiert.

Auf der Maase muss man in der Regel nie allzu

Die Rötelmaus baut ihr Nest gerne unter verrottenden Baumstümpfen

15

lange auf *Action* warten. In einem vermoderten Baumriesen entdecken wir eine Rötelmauskolonie. Immer wieder flitzt eines dieser putzigen Kerlchen über das dürre Geäst oder steckt sein Schnäuzchen aus einem der zahlreichen Löcher. Zwei fuchsrote Eichhörnchen jagen sich von einem Baum zum anderen. Die Kraniche stelzen bedächtig über die Wiese und fliegen hie und da krächzend auf, um den Standort zu wechseln. An manchen Tagen kommt ein Höckerschwan vorbei, um sich in den zahlreichen Tümpeln ein Bad zu genehmigen. Stockenten sind Dauergäste. Wahrscheinlich nisten sie hier irgendwo. Ein Fuchs, mit einem riesigen Beutestück im Maul, schleicht an uns vorbei. Obwohl Fabiola ihn recht gut erwischt, können wir auch später auf dem Bildschirm nicht erkennen, was er da zwischen den Zähnen hält. Könnte ein Hase sein, oder auch eine Ente, wer weiss. Er hat es auf mundgerechte Weise zusammengefaltet und hält zudem seinen Kopf immer genau so ins Licht, dass es im Schatten bleibt. Fabiola ärgert sich!

Oft sehen wir auch Schwarzspechte. Sie scheinen gerade in der Balz zu sein und veranstalten einen Heidenlärm. Geheimnisvoll sehen sie aus mit ihren gelben Augen, und den roten Hauben und wenn sie auf Totholz klopfen, hallt es durch die Wälder wie die Klänge eines uralten Rituals. Sie sind elegante Flieger, imposant in ihrem glänzend schwarzen Federkleid und etwas grösser als ein Eichelhäher.

Da wir gerade von ihm sprechen: Auch dem Eichelhäher begegnen wir des Öfteren. Dieser Vogel gilt ja nicht gerade als *Liebling* des Tierfotografen. Sein heiseres Gekrächze warnt die anderen Waldbewohner häufig schon, bevor man die Chance hat, sie zu Gesicht zu bekommen. Darum heisst er auch *Wächter des Waldes*, und er macht seinen Job gut, der Mistkerl. So muss er dann halt ab und zu selber den Kopf für ein Foto hinhalten.

Täglich sind wir viele Kilometer zu Fuss unterwegs und am Abend jeweils ziemlich geschafft. Wir frieren oft. Der Wind kann schon ziemlich

> *Ich bin ja nicht der Typ, der nackt durch den Wald kriecht und sich von Schnecken ernährt.*

gemein sein, und sogar bei heiterem Sonnenschein sitzen wir häufig wie Mumien eingepackt auf unseren Klappstühlen. Zudem ist das Wetter recht wechselhaft. Eben noch blauer Himmel, und wie aus dem Nichts tauchen schwarze Wolken auf, und es beginnt *wie aus Kübeln* zu regnen. Und dann auch noch Blitz und Donner. Wenn wir im Wald sind, ist es nicht so arg, aber auf offenem Feld wird es uns dann schon etwas mulmig. Wenn es näher kommt, werden wir uns wohl flach hinlegen müssen. Und das hier, mitten im matschigen Moorgebiet. Es zieht jedoch vorbei.

Ich bin ja nicht der Typ, der nackt durch den Wald kriecht und sich von Schnecken ernährt. Trotzdem muss ich zugeben, dass es ein irre gutes Gefühl ist, den Elementen ausgesetzt zu sein und an die körperlichen Grenzen zu kommen. Wahrscheinlich schmeckt es keinem, zwei, drei Stunden im strömenden Regen zu stehen. Aber wenn du dann wieder warm und trocken bist, fühlst du dich unbestreitbar ein Stück *lebendiger*.

Wir wandern nach *Ahrenshoop*, wie es heisst, eine Künstlerstadt, deshalb wohl die vielen Galerien. Der Ort ist bei Touristen beliebt, aber um vieles reizloser als *Born*. Ein schmaler, langgezogener Schlauch, und die Hauptverkehrsachse geht mitten durch. Es ist wohl vor allem der nahe Weststrand, der es attraktiv macht. Dieser ist schon sehr ansehnlich mit seinen hohen, grasbewachsenen Dünen. Die breite Sandfläche lädt zum Baden ein, und mit etwas Glück findet man am Ufer auch Bernstein.

Für uns aber nicht der *Hotspot*, denn alles was wir an Tieren zu sehen bekommen, sind verschiedene Möwen und eine einsame Bachstelze. Zudem ist er auch in der Nebensaison und sogar bei eher trübem Wetter von Ausflüglern überlaufen. Im Sommer liegen sie hier wohl dicht an dicht wie Würste auf dem Grill. Das verraten auch die vielen bereitgestellten Strandkörbe.

Aus diesem Grund verlassen wir die Küste schon bald wieder und wandern über die Dünen zurück in den Wald. Da stolpern wir schon beinahe über eine Natter, die auf dem sandigen Weg liegt, um sich aufzuwärmen. «*Soll ich versuchen, sie zu fangen?*» fragt Fabiola, die sich schon lange wünscht, mal eines dieser Tiere in den Händen zu halten. «*Wenn du willst*», antworte ich, entgegen meiner Gewohnheit, denn mir sind diese Viecher noch immer nicht ganz geheuer. Sie tut es dann doch nicht, um das Tier nicht noch mehr zu stressen, denn es kriecht davon und versucht, sich im niederen Gras vor uns zu verstecken. War eine *gute* Entscheidung. Ist nämlich gar keine *Natter*, sondern eine *Höllenotter*, die schwarze Form der Kreuzotter, auf die wir hier gestossen sind. Lachen uns anschliessend halb kaputt bei der Vorstellung, sie hätte Fabiola gebissen: «*Oh, eine Ringelnatter…*» «*Ja, ja. Fang sie nur!* » «*Autsch, Scheisse!*»

Natürlich kann man auch Giftschlangen von Hand fangen, man sollte aber vielleicht zum Üben erst mal ungiftige bevorzugen. (Wenn man sie denn fangen *muss!*)

Kreuzotterngift ist ja in der Regel nicht lebensgefährlich, wenn man sich bei einem Arzt behandeln lässt, aber die Wirkung kann doch recht unangenehm sein. Schön blöd sind wir, wir *Naturspezialisten*. Aber gute Fotos haben wir gekriegt.

Wir schauen uns auch *Prerow* im Norden der *Darss* an. Ein Ferienort, wie man ihn überall in Europa findet. Einkaufsläden, Souvenir-Shops, Restaurants und Hotels. Wollten uns anfangs noch hier auf dem Camping einnisten und sind jetzt froh, dass wir uns anders entschieden haben. Hinter den Dünen der Strand, noch ausladender als auf der Westseite und auch hier ideal zum Sonnenbaden und Schwimmen, aber uninteressant zum Fotografieren. Es gäbe auch einen FKK-Strand. Aber um sich *nackt* in den Sand zu legen, dafür müsste es definitiv etwas wärmer sein. Bin schon etwas enttäuscht. Nicht, dass ich nackte Frauen sehen wollte – mir geht es um das *Kulturerlebnis!!!*

Wir wenden uns Richtung Westen, wo der Leuchtturm steht und es einen Naturpark geben soll. Hier hätte es Motive genug. Ein Holzsteg führt den Besucher durch die mit Bäumen und Schilf bewachsene Moorlandschaft. Wir entdecken Dutzende von Ringelnattern (diesmal sind es Nattern), man hört Frösche quaken, und Vögel rascheln im Gebüsch. Leider ist jedoch unter-

dessen das Licht sehr schlecht geworden, und es nieselt leicht. Ausserdem streifen an diesem Tag ungewöhnlich viele Wanderer durch den Park, sodass man auf dem engen Weg immer wieder ausweichen muss. Insgesamt auch kein Highlight, wenn auch das Gebiet an sich sehr ansprechend ist.

Also zurück durch den Wald. Finden dann unterwegs noch zwei, drei geeignete Örtchen zum Ansitzen, aber abgesehen von ein paar Sonnenstrahlen zwischendurch verschlechtert sich das Wetter eher noch. Also Aktion abbrechen. Bringen die restlichen zehn Kilometer hinter uns und kommen ziemlich zerschlagen in *Born* an. Irgendwie sind wir heute nicht so hundertprozentig fit und entscheiden, dass wir uns das Selberkochen sparen und auswärts essen gehen. Der Regen hat wieder aufgehört, und wir setzen uns in ein Gartenrestaurant.

Während wir auf unsere Bestellung warten, kommt eine Fahrradgruppe vorbei. Ältere Leute, sieben Frauen und ein Mann. Das Aushängeschild mit der Speisekarte steht direkt neben unserem Tisch, und so können wir ihre Unterhaltung aus nächster Nähe mitverfolgen. Die eine Frau ist hungrig und möchte hier speisen. Die andere findet, es wäre noch zu früh. Eine verkündet, dass sie heute sowieso nur noch einen Salat essen würde, und die vierte weist darauf hin, dass man doch heute Mittag schon recht viel zu sich genommen habe. So geht das eine ganze Weile hin und her. Der Mann steht im Hintergrund und wartet ab. Als sich schliesslich, nach geraumer Zeit, die *Essensgegner* durchgesetzt haben und die Gruppe sich zum Aufbruch rüstet, rollt er zu uns hin, verzieht das Gesicht zu einer Grimasse und grinst mich an: «*Wollen wir nicht tauschen?*» fragt er. «*Ich nehme Ihre Freundin, und Sie kriegen die sieben dafür!*» Dann schüttelt er den Kopf und fährt lächelnd los.

Manchmal ziehen wir auch Richtung *Wieck*, das nächstgelegene Dorf zu *Born* und selber ein Erholungsort, und setzen uns da auf eine der Wiesen oder an den Waldrand. Oder wir streifen dem nahen Ufer entlang. Auf einem dieser Ausflüge begegnen wir Kerstin aus Dresden. Sie kommt mit ihrer Freundin seit Jahren hierher zum Urlaub. Ihr Vater stammt aus *Ahrenshoop,* und sie kennt die Gegend von klein auf. Kerstin und Karin betreiben in ihrer Heimatstadt eine Kunst- und Musikschule und sind, nebst den vielen Instrumenten, die sie beherrschen, begabte Malerinnen und Zeichnerinnen. Unter den Namen *Castorp und Ollux* verfassen sie auch Bilderbücher für Kinder. Wir treffen uns in der Folge noch öfters und essen auch gemeinsam in ihrer gemütlichen Ferienwohnung. Wir stellen schon bald fest, dass wir ähnliche Interessen haben, und finden auch immer ein Diskussionsthema. Sie wachsen uns so richtig ans Herz, und als sie schliesslich wieder abreisen, sind wir schon etwas traurig. Es wird einem oft erst in fremder Umgebung bewusst, wie wichtig der Austausch mit anderen Menschen ist. Natürlich sind wir zu zweit unterwegs, und es fehlt uns auch nie an Gesprächsstoff. Aber da wir in den meisten Punkten eh gleicher Meinung sind (ich bin grundsätzlich *immer* Fabiolas Meinung), fehlt ab und zu das *Kontra.*

Zum Glück besucht uns zwischendurch auch mal Markus aus Rostock. Wir haben ihn in der Schweiz in einer Bündner Jugendherberge flüchtig kennen gelernt, und seither halten wir sporadisch via E-Mail Kontakt. Er ist passionierter Radfahrer und radelt an einem Sonntag die fünfzig Kilometer von sich zu Hause nach Born, um uns zu treffen. Viel zu schnell vergehen die gemeinsamen Stunden, und Markus rüstet sich zum Aufbruch. Zuerst spielt er uns aber noch ein Abschiedslied auf der Mundharmonika vor. Lustiger Kerl. Als er schliesslich losfährt, ist es uns, als nähmen wir Abschied von einem Freund.

Eigentlich merkt man erst, wie wichtig soziale Kontakte sind, wenn man sie nicht mehr hat.

Mit der Zeit kommen wir zwar auch anderen Menschen etwas näher. Die Kaminfeger, denen wir praktisch täglich begegnen, winken uns schon von Weitem zu, und mit den Angestellten der alten Bäckerei quatschen wir jeweils morgens regelmässig ein paar Minütchen.

Sie können unsere Sprache erst nicht so ganz zuordnen und vermuten, wir wären Östereicher. *«Ach, aber klar! Aus der Schweiz»,* lachen sie, als wir ihnen erklären, woher wir stammen. *«Also,*

bei Ihnen merkt man das ja nicht so gut», meint die eine dann, und an Fabiola gewandt: *«Sie sind aber schon noch mehr im Dialekt verwurzelt.»* Das hat sie aber *schön* gesagt.

Sogar unser Vermieter wird nun etwas offener. Erzählt uns von seiner Jugend, dass sein Grossvater zur See fuhr und sein Vater als Zimmermann gearbeitet hat. Auch die Jahre zu Zeiten der DDR schildert er, und wie anders es damals war und dass sie eigentlich immer *privilegiert* waren, weil sie eben im Urlaubsgebiet wohnten.

Aber im Grossen und Ganzen bleiben die Leute zurückhaltend. Was nicht heisst, dass wir nicht beobachtet werden: *«Sind Sie nicht die Naturfotografen »,* fragt uns eine wildfremde Frau auf der Strasse. Aha, sind wohl schon Dorfgespräch. Jedenfalls weiss sie schon ganz gut über uns Bescheid. Aber wenigstens hat sie uns angesprochen und wünscht uns viel Glück.

Man wird aber natürlich auch immer wieder in Gespräche verwickelt, auf die man lieber verzichten würde. Sie werden oft ganz beiläufig geführt, und der eigentliche Inhalt versteckt sich zwischen den Zeilen. Deshalb liefere ich bei der folgenden Begebenheit die Übersetzung gleich mit.

An einem Abend besuchen wir die *Fischbude* am Hafen. Wir sitzen gemütlich hinter dem Wind und geniessen den Sonnenschein, als plötzlich ein schwarzer Hund auftaucht. Er trippelt schwanzwedelnd von Tisch zu Tisch und bettelt um Essen. Schliesslich setzt er sich zu uns.

«Hab' gar nicht bemerkt, dass Sie einen Hund dabei haben», lächelt die korpulente, ältere Dame vom Nebentisch in unsere Richtung.

Übersetzung: *«He, ihr verlausten Hippies! So wie ihr ausseht, gehört die Töle bestimmt zu euch, und ihr könntet ihr ruhig ein wenig Benimm beibringen».*

«Das ist nicht unser Hund», antworten wir, zurücklächelnd.

Übersetzung: *«Mach uns nicht an, alte Zicke. Wäre das unser Hund, dann wäre er schön brav, und überhaupt geht dich das einen Scheissdreck an!»*

«Ach so», lacht sie.

Übersetzung: *«Na, wer's glaubt! Warum hockt er sich dann immer neben euch?»*

«Er gehört wohl zum Restaurant», vermuten wir. *Keine Übersetzung! Aber irgendwas müssen wir ja sagen, denn die Alte starrt uns immer noch misstrauisch an.*

«Sind Sie das erste Mal in *Born* im Urlaub?», fragt sie nach einer Weile.

Übersetzung: «*Was habt ihr hier zu suchen?*»

«Ja, aber es ist nur unsere erste Etappe. Wir werden noch weiter reisen!»

Übersetzung: «**Du** *machst hier vielleicht Urlaub! Für uns ist das nur eine Zwischenstation. Wir sind nämlich echt coole Weltreisende!*»

«Mein Mann und ich kommen schon seit Jahren hierher!»

Übersetzung: «*Wir haben genug Kohle, um uns diese exklusive Feriendestination regelmässig zu leisten! Ihr habt euch wohl übernommen, und jetzt reicht es gerade mal, um in der Fischbude zu fressen!*»

«Ach, ja? Ist aber auch wirklich ein schöner Ort!»

Übersetzung: «*Immer an denselben Ort? Wie langweilig! Fahrt doch mal nach Sankt Moritz! Da werdet ihr dann schon merken, wie viel der Euro wert ist!*»

«Sie kommen wohl aus der Schweiz? Na, da ist es ja auch sehr schön!»

Übersetzung: «*So sehr ihr euch bemüht: Euer Bauerndeutsch könnt ihr nicht verstecken! Bleibt doch bei eurem Käse und euren Kühen!*»

«Ja, die Schweiz ist toll. Wir mögen aber auch Deutschland ganz besonders!»

Übersetzung: «*Ja, wir kommen aus der Schweiz – Top of Europe! Jetzt frisst dich die Eifersucht, was? Bei uns ist die Wirtschaft noch stabil!*»

Zum Glück klingelt in diesem Moment ihr Handy, und wir haben die Gelegenheit, uns diskret zu verdrücken.

Höllenotter, die schwarze Form der Kreuzotter.

AUF ZU DEN LUSTIGEN DÄNEN

Allmählich wird es Zeit, weiter zu reisen. Wir sind bereits eine Woche länger in *Born* als geplant, und wir wollen ja auch noch woanders hin.

Auf der Busfahrt nach *Ribnitz* beobachten wir eine Gruppe Wildschweine, die *direkt* am Strassenrand seelenruhig nach Futter suchen. Da haben wir nun wochenlang nach den Viechern Ausschau gehalten, aber immer nur ihre Spuren gefunden, und jetzt *das*! Aber was soll man von *Schweinen* schon anderes erwarten.

Die nächsten zehn Stunden Bahnfahrt sind angesagt und dazu viermal umsteigen, da zwischen *Rostock* und *Schwerin* die Strecke unterbrochen ist und man auf den Ersatzbus ausweichen muss. DB steht wohl nicht für ‹Deutsche Bahn›, wie ich vermutet habe, sondern für ‹Durchhalten bitte›.

Der Zug ab *Ribnitz* ist jedoch luxuriös: Lauter neue Wagen, offenbar erst gerade in Betrieb genommen, mit grosszügigen Sitzbänken und geräumigen Nasszellen. Sehr zur Freude von Fabiola, die ihre Reisen immer von Toilette zu Toilette plant. Benutzt sie dann auch, kaum ist der Zug angefahren. Leider drückt sie anschliessend statt der Spülung den Alarmknopf. Muss aber fairerweise anmerken, dass die Knöpfe echt verwirrend angebracht sind. Der Alarm befindet sich direkt über der Spülung. Zudem ist *Spülung* riesengross und *Notfall* winzig klein angeschrieben, sodass es vielleicht ein Liliputaner mit Lupe, der sich runterbückt gerade noch lesen könnte. Nun, eigentlich kein grosses Problem, denn kurz darauf erscheint ein Schaffner, dessen Funkgerät munter piepst. (Genau das passiert nämlich, wenn man auf der Toilette den Notfallknopf drückt.) So weit, so gut: Der Fachmann ist jetzt da, und das Malheur wird in kurzer Zeit behoben sein. Jedenfalls *sagt* er das. Klappt dann aber nicht ganz so, wie er sich das vorgestellt hat. So sehr er sich auch anstrengt, der Alarm lässt sich partout nicht abstellen, und zu allem Übel auch der Signalton auf seinem Funkgerät nicht. Der Mann fingert nervös an allen Knöpfen und Hebeln, verlässt das Abteil, kommt wieder rein, geht wieder raus und rückt dann mit Verstärkung an. Aber auch die Kollegin hat keinen blassen Schimmer von der Anlage. Es piepst und röhrt und blinkt! Der Schaffner zeigt gewisse Anzeichen von aufsteigender Panik. Seine Gesichtsfarbe wechselt von *zartrosa* zu *bluthochdruckrot*, und an seinem Mützenrand sammeln sich die ersten Schweisstropfen. In seiner Not telefoniert er mit der Leitstelle. Nach deren Anweisung schraubt er den grossen Sicherungskasten gegenüber der Toilette auf, kippt Schalter und dreht verzweifelt an Reglern – aber Fehlanzeige: Es tutet fröhlich weiter. Der Mann bemüht sich, die Fassung zu bewahren, aber er kann nicht verhindern, dass sein Augenlied nervös zu zucken beginnt. Hat er zu Anfang beim Vorbeigehen noch verbindlich gelächelt, straft er jetzt Fabiola jeweils mit einem vorwurfsvollen Blick. Sie versinkt förmlich in ihrem Sitz und ist deshalb heilfroh, als wir endlich *Rostock* erreichen. Wir haben den Zug schon verlassen und streben der Treppe zur Unterführung zu, als wir den Schaffner noch einmal sehen, wie er resigniert auf dem Perron steht und apathisch die Weiterfahrt regelt. Das Funkgerät lärmt in vollen Zügen. Wahrscheinlich hat es nie wieder aufgehört.

Der Rest der Reise verläuft ereignislos, zumal Fabiola jetzt immer ganz genau hinschaut, bevor sie irgendwelche Knöpfe drückt.

Ziemlich genau um acht Uhr abends kommen wir in *Esbjerg*, Dänemark an. Obschon dies keine kleine Stadt ist, wirkt der Bahnhof menschenleer. Einzig der obligate Penner mit Hund (jeder Bahnhof, der etwas auf sich hält, verfügt über einen Penner mit Hund) beobachtet uns misstrauisch, als wir durch die Schwingtüre auf den Vorplatz treten. Wir fragen an einer Würstchenbude nach dem nächsten Hotel und stellen erfreut fest, dass es nur ein paar hundert Meter entfernt liegt. Wir finden es auf Anhieb, die Preise sind okay, und

Reh, gut ver-
steckt und ganz
entspannt.

der junge Mann an der Rezeption ausnehmend zuvorkommend. Es scheint sich zu bestätigen, was in unserem Reiseführer steht: ‹Die Dänen sind ein freundliches, lustiges Volk›.

Ist uns aber auch schon auf dem Weg hierher aufgefallen. In dieser Strasse scheinen nämlich alle *sehr* lustig zu sein, wobei eher feuchtfröhlich. *«Ach, das ist hier so was wie die Partymeile von Esbjerg»*, klärt uns der Rezeptionist auf. *«Ausserdem steht ein langes Wochenende an. Die sind schon am Feiern!»* Ach, so … am *Mittwoch??*

Nachdem wir unser Zimmer bezogen und das Gepäck verstaut haben, brauchen wir erst mal ein Bier. Nur fünfzig Meter weiter die Strasse runter haben wir zuvor eine Bar entdeckt, aus der laut *Hotel California* von den *Eagles* tönte. Da zieht es uns hin. Das Lokal ist etwas schummrig und nur von Männern besucht. Die einzige Frau, eine füllige, schon ein wenig in die Jahre gekommene Blondine, steht hinter der Theke. Sie ist gerade mal so gross wie ein überdimensionaler Gartenzwerg, und ihr Kopf reicht knapp über den Schanktisch, wenn sie auf den Zehenspitzen steht. Trotzdem lässt ihr Gesichtsausdruck keinen Zweifel darüber aufkommen, wer hier der Chef ist. Bestelle zwei Carlsberg. Die Männer auf den Barhockern beäugen mich misstrauisch und machen offensichtlich Witze auf meine Kosten. *«Wir verstehen, wir verstehen»*, blöken sie immer wieder. Halten mich wohl für einen Deutschen. Okay: Die sind zwar *lustig*, aber definitiv nicht *freundlich*.

Gehe zurück zu Fabiola, die sich an den einzig freien Tisch gesetzt hat. Ein Typ in der Ecke, der aussieht wie Charles Manson, starrt unentwegt in unsere Richtung. In seinem Blick liegt ein Gemisch von Mordlust, Wahnsinn und Delirium tremens. Versuche gerade, Fabiola möglichst unauffällig auf ihn hinzuweisen, als ein anderer komischer Kauz fragt, ob er sich zu uns setzen darf. Könnte ebenfalls eine Figur aus einer Tatortfolge sein, nicht unbedingt ein kaltblütiger Mörder, eher ein *Triebtäter*. Quatscht mich erst mal eine Weile mit glasigem Blick auf Dänisch voll, bis

> *«Das kümmert mich einen Scheiss», sagt er und lächelt mich freundlich an.*

ich ihm begreiflich machen kann, dass ich seine Sprache nicht spreche. Nachdem dies geklärt ist, wechselt er ins Englische. *«Ich bin Ger»*, proste ich ihm zu. *«Arne»*, sagt er und meint dann: *«Habe euch nie hier gesehen!»* Eigentlich eine ganz harmlose Aussage, aber in Kombination mit seinem irren Blick könnte es genauso gut eine Drohung sein. Erkläre ihm, dass wir gerade erst in *Esbjerg* angekommen sind und aus der Schweiz stammen. *«Das kümmert mich einen Scheiss»*, sagt er und lächelt mich freundlich an. *«Lebst du hier?»* fragt ihn Fabiola. Er antwortet nicht sogleich, sondern lässt den Blick theatralisch in die Ferne schweifen. Dann verkündet er mit der Geste eines Sehers, der in die Anderswelt blickt: *«Ich lebe überall!»*.

Fabiola, die sich von Besoffenen nicht so leicht irritieren lässt, versucht es mit etwas Smalltalk und erzählt ihm, dass wir Tiere fotografieren und eventuell nach *Fanø* fahren, um Vögel zu beobachten. Irgendwas in ihrem Ton durchdringt seine geistige Umnachtung und findet eine funktionierende Hirnzelle. *«Ihr beobachtet Vögel?»*, fragt er, und für einen Augenblick wirkt er fast normal. Sogleich verschleiert sich sein Blick aber wieder. Er nimmt einen tiefen Zug aus seiner Flasche, lehnt sich zu mir rüber und raunt mir verschwörerisch zu: *«Ich beobachte Leute!»* *«Aha»*, nicke ich, langsam etwas genervt, *«und was hast du herausgefunden beim Leutebeobachten?»* *«Nichts»*, seufzt er, schüttelt den Kopf und lehnt sich wieder zurück. *«Es kümmert mich einen Scheiss!»*. Danach brabbelt er irgend was Dänisches, grinst mich dümmlich an und verkündet triumphierend: *«Ich verstehe alles, was ihr sagt, aber ihr versteht mich nicht.»* *«Na, klar»*, gebe ich zurück, *«Wenn ich anfange, Schweizerdeutsch zu sprechen, verstehst du mich auch nicht mehr.»* Er schaut mich verdutzt an und nickt schon beinahe ehrfürchtig, als ob ich ihm gerade zur Erleuchtung verholfen hätte. *«Ja»*, meint er dann und staunt immer noch, *«das ist wahr!»*. Wir trinken aus und überlassen Arne seinem *Irrvana*.

In der Hotellobby erzählen wir unser Erlebnis dem netten Typen von der Rezeption. *«Oh»*, lacht er, *«In diesem Lokal wart ihr? Also ich würde da nicht freiwillig reingehen!»*

Wie haben sich die Zeiten doch geändert. Nicht einmal auf die *Eagles* ist mehr Verlass.

Seit unserem Italienaufenthalt erwarten wir nicht mehr allzu viel von Touristeninformationen, und wir werden auch *hier* nicht enttäuscht. Die junge Frau am Schalter ist wohl noch in Ausbildung und dreht sich bei jeder Frage hilfesuchend zu den zwei alten Hasen um, die hinter ihr uninteressiert an ihren Schreibtischen hocken. Unser Anliegen bezüglich der geeigneten Orte in der Umgebung, wo man Tiere und Vögel beobachten kann, beantwortet sie mit Stapeln von Katalogen, die sie hektisch und anscheinend nach dem Zufallsprinzip aus dem Ständer zupft. Als wir die Insel *Fanø* zur Sprache bringen, die gerade vor *Esbjerg* liegt, wirkt sie schon fast erleichtert. «*Fanø?! Genau, das ist schön!*» Und schon drückt sie mir ein paar zusätzliche Broschüren in die Hand. Immerhin erfahren wir, dass die Fähre nach den Färöer-Inseln *nicht* mehr von hier ausläuft. *Das freut uns aber!* War eigentlich der Grund, weshalb wir nach *Esbjerg* gekommen sind. Die ersten Zweifel an unserem Reiseführer beginnen in uns zu keimen. Okay, wir werden uns erst mal auf *Fanø* einquartieren und dann weitersehen. Wenigstens weiss die Dame von der Info, wie wir zum Hafen für die Fähre zur Insel kommen. Gut, sagen wir, sie kennt den Weg *beinahe*. Finden ihn aber.

Die Überfahrt dauert gerade mal zehn Minuten. Gehen von Bord und auch hier gleich erst ins *Tourist Office*, da wir immer noch hoffen, ein paar hilfreiche Tips zu erhalten, nachdem die Beratung in *Esbjerg*, wie soll ich es treffend ausdrücken, einfach *scheisse* war.

Ganz anders die Info-Stelle auf *Fanø*: Ein freundlicher, kompetenter Mann erklärt uns alles, was wir wissen müssen, und vermittelt uns sogar eine Kabine auf einem Camping.

Sollten wir *vorschnell* geurteilt haben? Gibt es sie doch, die gute Touristeninfo? Nein, war wohl nur die berühmte Ausnahme, welche die Regel bestätigt. Jedenfalls erwartet uns bei unserem nächsten Besuch wieder eine Frau, die ihrem Berufsstand alle Ehre macht: Zielsicher und ohne viele Worte versorgt sie uns mit *Infoblättchen*.

Froh, dass unsere Übernachtung gesichert ist, setzten wir uns erst mal in ein Strassenkaffee.

Freue mich auf die Gelegenheit, einen meiner gelernten dänischen Sätze anzubringen, als die Bedienung an unseren Tisch kommt. Sie ist aber leider Asiatin und versteht gar nichts, ausser ein wenig Englisch. Versuche also, in dieser Sprache für Fabiola einen koffeinfreien Kaffee zu bestellen. «*Coffee without coffee?*», fragt sie ungläubig. Na, schön, ich hab's versucht. Fabiola kriegt *Mineralwasser!*

Muss dann anschliessend feststellen, dass die Dänen (so steht's im Reiseführer) zwar ein Volk von Kaffee*trinkern* sind, aber nicht unbedingt ein Volk von Kaffee*kennern*. Das braune Wässerchen, welches man hier serviert, ist allerhöchstens ein entfernter Verwandter des edlen Gebräus. Und auch sonst hat uns das Buch bislang mehr irregeführt als genutzt: *Von wegen freundlich und lustig!* War der Autor nie auf *Fanø*? Man starrt uns an, als ob wir vom Mond kämen, und wenn uns einer grüsst, ist es bestimmt ein deutscher Tourist. «*Das ist normal hier*», belehrt mich später eine junge Deutsche. «*Die brauchen lange, bis sie dich ranlassen. Und mit langen Haaren sowieso!*» Ach, sag bloss! Immer noch? Vierzig Jahre nach *Woodstock*?

Ansonsten ist *Fanø* aber ein Glücksgriff. Entlang der Westküste erstreckt sich ein *riesiger* Sandstrand. Das Meer fällt ganz sanft ab, und bei Ebbe kann man unendlich weit hinauslaufen. Wir entdecken unzählige Vögel: *Strandläufer, Säbelschnäbler, Austernfischer, Sand-* und *Goldregenpfeifer,* verschiedene *Schnepfen* und alle Arten von *Möwen.* Zudem soll es weiter draussen eine Sandbank geben, die man bei Niedrigwasser erreicht und auf der eine Kolonie von *Seehunden* lebt. Mit etwas Glück kann man da sogar *Kegelrobben* beobachten.

Zwischen den Dünen hausen Dutzende von Hasen und Wildkaninchen. In den frühen Morgen- und späten Abendstunden kommen sie bis in die Wohngebiete.

Wildkaninchen wurden Anfang des zwanzigsten Jahrhunderts auf der Insel ausgesetzt und haben sich mittlerweile zu einer echten Landplage entwickelt. Sie richten grosse Schäden in Gärten und Pflanzungen an. *Wir* möchten sie trotzdem nicht

Voll erwischt –
Feldhase.

missen, denn sie sind dankbare Fotomodelle. Allenthalben hört man das Gekrächze wilder Fasane. Die farbenprächtigen Männchen verstecken sich mit Vorliebe in den Grünanlagen unbewohnter Ferienhäuser.

Rehe ziehen durch die sandigen Hügel, und Füchse schleichen über die Felder. Auf den sumpfigen Wiesen der Nordspitze brüten Kiebitze und Feldlerchen. Ab und an stolziert der *Grosse Brachvogel* durchs Gras und im Schilf hört man den Ruf der Rohrdommel, der sich anhört, als würde jemand durch einen Flaschenhals blasen.

Die Ostseite ist von Ried und Graslandschaft geprägt, und wendet man sich gen Süden Richtung *Sønderho* durchquert man urwüchsiges, mit Heidekraut überwuchertes Land. Dazwischen einst künstlich angelegte Fichtenwäldchen, die sich den rauen Verhältnissen ideal angepasst haben und vielen Tieren und Pflanzen Schutz und Heimat bieten.

Wenngleich *Fanø* sehr touristisch ist, oder vielleicht gerade deswegen, wird viel Wert auf Naturschutz gelegt. So entdeckt man, ausser im Hauptort *Nordby*, nicht viele kultivierte Gärten. Oft stehen die Häuser und Feriensiedlungen einfach inmitten der natürlichen Umgebung, und beinahe nichts ist eingezäunt. Abseits der touristischen *Hotspots* bewegt man sich in der Vorsaison meist alleine durch die faszinierende, nur spärlich landwirtschaftlich genutzte Landschaft. Bei einigen Gebieten kann schon beinahe von *Wildnis* sprechen. Für Tier- und Naturfotografie ideal.

Fanø hat eine bewegte Geschichte: Einst nur eine Sandbank, wurde es wahrscheinlich im dreizehnten Jahrhundert besiedelt. Jedenfalls wird es in dieser Zeit erstmals urkundlich erwähnt. Die Urbarmachung der Insel war Schwerstarbeit und verlangte ihren Bewohnern vieles ab. Auf *Fanø* wehen raue Winde, was damals immer wieder zu regelrechten Sandstürmen führte. Um diesen zu begegnen, begann man mit der Pflanzung einer grossen Fichtenplantage. Berg-, Wald- und andere Kiefern wurden so auf der Insel heimisch. Nebst ihren positiven Auswirkungen im Kampf gegen den Flugsand dienten sie später auch der Holzgewinnung.

Auf *Fanø* finden sich vier Siedlungen. *Nordby*, wie der Name schon sagt, im Norden der Insel ist mit etwas über zweieinhalb tausend Einwohner die grösste unter ihnen. Hier legt auch die Fähre von *Esbjerg* an. Die Häuser schmiegen sich dicht aneinander, und in den engen Gassen sorgen diverse Shops, Restaurants, Kaffees und Eisdielen für Städtchencharakter. Genau am anderen Ende, also am Südzipfel, liegt *Sønderho*, wo unter anderen viele Künstler wohnen. Es gilt als eines der schmucksten Dörfer Dänemarks. Zahlreiche, grosszügig gebaute Fischerhäuser und Kapitänsvillen zeugen von vergangenem Wohlstand. *Fanø* stellte einst hinter *Kopenhagen* die zweitgrösste Handelsflotte des Königreichs, und auch der Schiffsbau hatte Tradition. Die zunehmende Versandung des Hafens und die gleichzeitig aufkommende Dampfschifffahrt besiegelte aber das Ende dieser Ära.

Ryndby setzt sich aus verschiedenen kleinen Siedlungen zusammen und verstreut sich über den mittleren Teil der Insel. Es verfügt über vier Campingplätze, und auf einem davon haben wir unser Basislager aufgeschlagen.

Fanø Bad besteht grossenteils aus Sommerhäusern und Feriensiedlungen und ist dementsprechend *unattraktiv*.

Auf der ganzen Insel findet man vornehmlich zwei Häusertypen: Da gibt es die traditionellen, ried- oder ziegelgedeckten Bauten aus rotem Backstein, teils aber auch verputzt und in den verschiedensten Farben bemalt. Zum andern sieht man Holzhäuser, meist niedrig, von bunt bis schwarz, wie man sie aus *Pippi Langstrumpf*-Filmen kennt. Oft handelt es sich dabei um Feriendomizile.

Was auffällt, ist die Freundlichkeit, welche die Häuser ausstrahlen. Die Fenster verfügen selten über Gardinen, sind von innen in der Regel mit irgendwelchen Figuren, nostalgischen Öllampen oder anderen Nippes dekoriert und verschaffen dem Passanten Einblick in die gute Stube. Dass dies von der *Offenheit* der Leute zeugt, wie uns der Reiseführer weismachen will, können wir bislang nicht bestätigen. Es sagt aber ganz gewiss etwas über ihr Selbstbewusstsein aus, und das ist ja auch etwas Gutes.

In der Geschichte *Fanøs* gibt es auch dunkle Kapitel. Im Zweiten Weltkrieg war es Teil des so genannten *Atlantikgürtels*, und die deutschen Besatzer erstellten entlang der Küste zahlreiche Bunkeranlagen. Viele sieht man noch heute, wenn auch einige beim Abzug gesprengt wurden oder mit den Jahren im sandigen Grund versanken.

Oft haben wir das Gefühl, dass noch eine Spur von Verachtung mitschwingt, wenn man auf der Insel über Deutsche spricht. Auf einer unserer Fotoexkursionen beobachte ich eine dänische Männergruppe, die einen der verfallenen Bunker besichtigt. Einer steigt auf die Aussichtsplattform und schreit in gebrochenem Deutsch: «*Halt, was machen Sie hier?*», worauf die anderen lauthals johlen und buhen.

Andererseits könnten die Bewohner *Fanøs* auch etwas von den Deutschen lernen. Diese sind nämlich die Einzigen, die dich unterwegs mal ansprechen oder dir zunicken. Die Gesprächspartner, die wir während der Wochen auf der Insel haben, sind vornehmlich Deutsche. Und das liegt nicht an der Sprache! Die meisten Einwohner *Fanøs* sind des Deutschen mächtig. Man könnte sogar behaupten, es ist die zweite ‹Landessprache› und jeder Dritte wird dir, wenn du dich bemühst, ihn etwas in Dänisch zu fragen, in *Deutsch* antworten. Finde ich übrigens echt scheisse, habe ich mir doch solche Mühe gegeben, und jetzt vergönnen die mir mein Erfolgserlebnis. Da kann ich nur sagen: «*Ren mig i roven!*» (leck mich am Arsch!)

Vielleicht haben sie es aber auch einfach nur satt, dass sie in Dänisch angesprochen werden und man anschliessend ihre Antworten nicht versteht, was, ehrlich gesagt, in meinem Fall sehr gut möglich wäre.

Aber wie auch immer: Der Krieg ist längst vorbei, und heutzutage findet die deutsche Invasion nur noch auf friedlichem Wege statt. Und *Fanø* sollte sich darüber freuen: Ohne die Urlauber aus dem südlichen Nachbarland wäre es um die hiesige Tourismusbranche wohl um einiges schlechter bestellt.

Zwei Dinge sind uns von der Ostsee gefolgt: Der eisig kalte Nordwind und die verdammten *Ringeltauben*. Weshalb uns der Erstere zu schaffen macht, bedarf wohl keiner Erklärung, für die Ringeltauben muss ich schon etwas weiter ausholen. Zuerst muss der Leser mal wissen: Zuhause in der Schweiz rauchen wir ab und zu mal etwas Gras *(wir Schlimmen)*. Jetzt, in den Monaten, wo wir unterwegs sind, ist dies aber kein Thema. Und ehrlich gesagt, wir würden kaum mal dran denken, wenn, und das ist der springende Punkt, die blöden Tauben nicht wären. Nun mag man sich fragen, was Tauben mit Gras zu schaffen haben. Das verhält sich so: Vor einiger Zeit besuchten wir einen Ornithologengrundkurs. War natürlich Fabiolas Idee, und anfangs war ich nicht sehr von dem Gedanken angetan, aber zu guter Letzt fand ich es echt interessant. Unter anderem versuchte man uns auch einige Vogelstimmen beizubringen. Für das: ‹U-uuh-uh-u-uh› der Ringeltaube empfahl man eine Eselsbrücke, und zwar lautet die: ‹Hol s'Suurchruut, Ruedi› (Hol das Sauerkraut, Rudi). Lustig, wie wir sind (nicht wie die Dänen), haben wir dies für uns persönlich schon bald in ‹Chum, roll eis, Ruedi› (Komm, roll eine, Rudi) abgewandelt, und das rächt sich jetzt. Aus jeder Ecke rufen sie uns zu: «Chum, roll eis…chum roll eis» – *scheisse!* Wie soll man sich friedlich in Enthaltsamkeit üben, wenn die Versuchung von den Dächern pfeift? Jedenfalls hat die Ringeltaube die Chance vertan, zu unserem Lieblingsvogel zu avancieren.

Wir wohnen in einer etwa vier auf drei Meter grossen Campinghütte auf dem *Feldberg Family Camping*. Sie beherbergt ein Kajütenbett, eine Kochnische und einen Tisch mit zwei Bänken, die zu einem Doppelbett umgebaut werden können. Eigentlich eine gute Idee, wenn auch nicht ganz ausgereift. Die Tischplatte, die man zwischen die Bänke legen kann, ist ein paar Millimeter zu dünn, sodass die Umrandungen der Sitzmöbel kleine Höcker in den darüber gruppierten Liegekissen bilden. Einen davon in Steissbeinhöhe. Es braucht am Abend beim Zubett-Gehen jeweils einige Minuten, bis man eine Lage gefunden hat, die einem garantiert, dass man auch am nächsten Tag noch aufrecht gehen kann. Mit der Zeit gewöhnt man sich daran, und wir schlafen recht gut. Die *Kamasutra*-Übungen werden wir aber auf später verschieben.

Abgesehen davon, leben wir jedoch gut in unserem kleinen Häuschen. Schon bald hat alles seinen Platz, und wir sind richtig praktisch eingerichtet. Schon erstaunlich, wie wenig man eigentlich zum Leben braucht. Bau noch eine Toilette und eine Nasszelle an und vielleicht noch ein Vordach, damit wir zum Rauchen nicht immer im Regen stehen müssen, und wir könnten es hier noch lange aushalten. Auf unseren zwei Kochplatten brutzeln wir morgens Rührei und brühen Kaffee und meistens kochen wir auch abends selber, und zwar richtige Menüs: *Spaghetti Pesto, Pellkartoffeln mit Würstchen, Pesto mit Spaghetti, Würstchen mit Pellkartoffeln, Spaghetti mit Würstchen, Pellkartoffeln mit Pesto…*

So oft es geht, sind wir mit der Kamera unterwegs. Da unser Camping in der Mitte liegt, sind alle Ecken der Insel mehr oder weniger bequem in einem Tagesmarsch erreichbar.

Als Erstes erkunden wir die Nordspitze. Eine spröde, windgeschliffene Landschaft. Kurzes, widerstandsfähiges und in dieser Jahreszeit noch ziemlich braunes Gras bedeckt die geschwungenen Dünen, die zum Meer hin auslaufen. Dahinter spärlich bewachsene, morastige Ebenen. Schmale Süsswasserläufe bilden hier und dort kleine Tümpel, die viele Vögel anlocken. Auf den spriessenden Wiesen recken die ersten Blumen zaghaft ihre Köpfe in den frostigen Wind. Das Thermometer zeigt knappe fünf Grad. Bei solchen Temperaturen entwickelt sich das Ansitzen zum Härtetest: Wird der Strandläufer

nahe genug herankommen, bevor die Finger vollends bewegungsunfähig sind?

Wir haben unseren vollständigen Schichten-Look montiert. Von der Thermounterwäsche über Pullover, Fliesjacke bis hin zum atmungsaktiven Regenschutz. Dazu Kappe und Handschuhe. Trotzdem dringt die Kälte nach jeweils drei bis vier Stunden lauern durch, und es wird eisig bis auf die Knochen. Doch wir ernten das eine oder andere gute Bild, und einmal laufen uns sogar frisch geschlüpfte Kiebitze vor die Linse. Gut, was heisst ‹uns›? Fabiola hat die Vogeleltern während Stunden beobachtet, bis sie das Nest entdeckte. Bislang ist es ja ausschliesslich sie, die fotografiert. Ich sitze nur daneben auf meinem Anglerstuhl und gucke blöd in die Landschaft. Habe deshalb immer ein alibimässiges Fernglas umgehängt, welches mich als ‹Beobachter› ausweist. Schon als wir noch zuhause in Wald und Feld mit der Kamera unterwegs waren, habe ich mich oft gefragt, was die Leute wohl so denken, wenn sie uns sehen. Da hockt eine Frau mit Camouflage-Mütze auf einem kleinen Stuhl auf der Wiese, vor sich ein Stativ mit Kamera –klar: *Eine Fotografin!* Aber was macht der Langhaarige mit Zigarette, der daneben sitzt? *Regie führen? Einen Kurs geben? Als Leibwächter fungieren?*

Jetzt, wo wir jeden Tag draussen sind, wird mir die Zeit schon mal etwas lang. Eigentlich hatte ich vor, jeweils ein wenig zu schreiben, wenn Fabiola ihre Fotos schiesst. Aber hier mit dem Laptop, wo mir der Wind den Sand um die Ohren bläst – eher nicht so ideal. Eine Zeit lang versuche ich es mit Zeichnen. Aber da fehlt mir eine Hand. Zwei braucht es nämlich, um das Papier festzuhalten. Müsste also direkt Mundmaler sein. Da wir ja immer eine zweite Kamera mit dabei haben, fange ich deshalb an, selber etwas zu knipsen. Zuerst ist es nur Zeitvertreib, aber nach und nach beginnt mich das Spiel mit der Landschaft und dem Licht zu faszinieren. Stapfe fortan, während Fabiola ihre Vögel jagt, in der Gegend rum und suche geeignete Motive. Fühle mich gleich etwas wichtiger! Ich bin jetzt ein *Fotograf!*

Vielleicht noch etwas zur Fotografie im Allgemeinen oder zur Tierfotografie im Speziellen: Wir sind *keine* gelernten Fachleute. Der deutsche

Typische Dünenlandschaft an Fanøs Weststrand.

27

Tierfilmer Andreas Kieling (Fabiola findet alles von und an ihm *sooooo* toll) kennt ja jedes Tier mit Vornamen, weiss, warum das Streifenhörnchen nur Streifen und keine Hörnchen hat und nach welchem Essen der Sandfloh ein Bäuerchen macht. Das können wir nicht von uns behaupten. Da uns das Wissen in manchen Fällen fehlt, haben wir einfach stets versucht, uns möglichst respektvoll zu verhalten. Wir rennen den Tieren nicht nach, sondern setzen uns an einen geeigneten Ort und warten, bis sie sich zeigen. Wenn wir uns Nestern oder Bauen mit Jungtieren nähern, tun wir dies vorsichtig und verzichten auch schon mal auf ein gutes Foto, bevor wir irgendwelchen Schaden anrichten. Wir finden, dies sei das richtige Rezept und sind bislang sehr gut damit gefahren.

Um nochmals auf Andreas Kieling oder *Andy*, wie wir ihn nennen, zurückzukommen: Seine Art von Naturdokumentationen hat uns schon sehr beeindruckt. Seine Berichte sind fundiert und informativ und von einer grossen Liebe zu Tieren und Umwelt geprägt, und seine Bilder sind schlicht spektakulär. So viel zur Faszination, die wir *beide* teilen. Bei Fabiola reicht sie aber noch ein Stück weiter. Ich will ja nicht behaupten, dass sie sich seine Filme nicht *auch* wegen der Tiere anschaut, habe aber den Verdacht, in ihrem Kopf dreht es sich dabei nicht immer nur um Abenteuer in der Wildnis. Oder vielleicht doch, aber nicht ausschliesslich mit *Bären*. Jedenfalls könnte ich wetten, dass sie schon das eine oder andere Mal «hmmmm Andy» gemurmelt hat, als ich sie beim morgendlichen Aufwachen auf die Schulter geküsst habe. Na, ja, vielleicht bin ich auch zu misstrauisch. Frauen behaupten ja, dass sie nicht immer nur an *das eine* denken. Und sie versäumen es auch nicht, uns das regelmässig unter die Nase zu reiben.

Sitzen wir doch eines Morgens am Nordstrand von *Fanø*. Das Wetter ist ausnahmsweise einmal mild und warm. Fabiola bückt sich vor mir, um ihre Hose zu kürzen, und hält mir dabei ihren Po vor die Nase. Mache eine eindeutig zweideutige Andeutung. «Männer», lacht sie verächtlich, «*Wie kann man bloss die ganze Zeit nur an das eine denken?*» Aber hallo? Erstens denke ich nicht immer nur an *das eine* sondern gegen Mittag auch mal ans Essen. Zweitens liegt heute der Frühling in der Luft, und überall balzen die Vögel um die Wette, und drittens: Wie soll man auf *Fanø* nicht an *das eine* denken? Man braucht ja nur die Strassenschilder zu lesen: *Klit-Kammen, Klit-Krogen, Klit-Vejen, Sonder-Klit…!*

Klit heisst allerdings in Dänisch nichts anderes als *Düne*. Also denkt ein männlicher Däne bei *Klit* an Dünen – ich *bin* aber kein Däne!

Mit der Wärme kommen auch die Insekten. Wenn wir jetzt jeweils an feuchten Plätzen ansitzen, plagen uns die Kribbelmücken. Sie kriechen uns unter die Mützen, in die Ärmel und auch in die Ohren. Wir sind ständig am Qualmen, um sie zu vertreiben. Nützt zwar auch nicht allzuviel, aber uns bleibt die Genugtuung, dass die Viecher alle mal wegen Passivrauchens an Krebs sterben werden.

Tiere sind Frühaufsteher, wir eher nicht. Natürlich sind uns Weisheiten wie ‹*Morgenstund hat Gold im Mund*› und ‹*Der frühe Vogel fängt den Wurm*› nicht unbekannt. Aber mal ehrlich: Was soll ich mit Gold im Mund? Und den Wurm zu fangen, mag ja vielleicht für einen Angler interessant sein. Trotzdem quälen wir uns jeweils oft schon vor Sonnenaufgang aus den Federn. Die Insel ist dann noch sehr ruhig, und nur wenige Menschen sind unterwegs. Einmal starten wir schon um vier Uhr früh Richtung Sandbank, wo die Seehunde hausen, und haben während den nächsten Stunden den riesigen Weststrand praktisch für uns alleine. Lediglich ein Mann mit Hund ist schon unterwegs, und einmal begegnen wir einem Fischer, der seine Netze prüft. Der Himmel ist wolkig, und die aufgehende Sonne bemalt ihn in den verschiedensten Farbtönen. Die Ebbe hat bereits eingesetzt, und wir folgen ihr immer weiter hinaus. Überall türmen sich die Häufchen der Sandwürmer. Das Watt ist mit Abertausenden leeren Messermuscheln übersät. Diese Weichtiere sind eigentlich nicht heimisch, sondern wurden mit Schiffen aus nordamerikanischen Gewässern eingeschleppt. Mittlerweile sind sie sehr dominant und ein gefundenes Fressen für Möwen und andere Vögel. Es hört sich an, als würden wir auf Cornflakes treten, wenn wir über die Teppiche von aufgebrochenen, rasiermesserscharfen Schalen laufen.

Als wir schliesslich die Seehundbank erreichen, zeigt sie sich uns in magisch unwirklichem Morgenlicht. Die Tiere liegen in Gruppen wie Sonnenbadende in allen erdenklichen Lagen am Ufer verteilt. Sie beobachten uns neugierig über den schmalen Wasserstreifen hinweg, der uns von ihnen trennt. Jungtiere robben in das tiefblaue Wasser und schwimmen uns ein Stück entgegen. Immer wieder tauchen ihre Köpfe aus den Wellen auf, und sie mustern uns neugierig mit ihren sanften, geheimnisvollen Augen. Wir sind total fasziniert! Das ist nicht *Zoo*, die Viecher leben *wirklich* hier! Da hat es sich gelohnt, dass wir uns nasse Füsse geholt haben, weil wir nicht immer warten mochten, bis das Wasser ganz abgeflossen ist.

Als wir uns schliesslich nach eineinhalb Stunden auf den Rückweg machen, sehen wir weit entfernt am Strand ein paar Leute, die ebenfalls Richtung Seehunde unterwegs sind. Unterdessen hat das Licht gewechselt, und die Szenerie ist nicht einmal ansatzweise so reizvoll anzuschauen wie zuvor. Na, ja, Pech gehabt. Wir haben es ja immer gesagt: ‹Der Morgenvogel frisst das Gold›.

Wir verlängern unseren Aufenthalt auf *Fanø*, denn bei unseren Ausflügen entdecken wir immer wieder neue, vielversprechende Plätze. Das Wetter ist inzwischen auch annehmbar, und unsere enge Kabine empfinden wir unterdessen schon beinahe als Zuhause. Ausserdem ist uns der Campingchef, der uns zu Anfang noch recht misstrauisch beäugte und uns auch keinen Rabatt geben wollte, als wir darauf hinwiesen, dass wir zu *journalistischen* Zwecken hier wären, von Woche zu Woche mehr entgegengekommen. Mussten wir erst noch den vollen Preis bezahlen, ist das Waschen und das Internet in der zweiten Woche schon gratis, und in der dritten bekommen wir ausserdem einen Spezialpreis für die Hütte. Wären wir noch länger geblieben, hätte er wohl noch für uns *gekocht*. Nachdem ich ihm allmorgendlich freundlich zugelächelt habe in dem Versuch, seinem stoischen, in Stein gemeisselten Ge-

sichtsausdruck eine Gefühlsregung zu entlocken, ernte ich jetzt die Früchte meiner Arbeit: Ab und zu lächelt er zurück – *okay*, er hebt eine Augenbraue. Als ich mich gestern getraute, im vollen Bewusstsein, *kein* lustiger Däne zu sein, ihm gegenüber ein Witzchen zu reissen, hat er sogar mit dem Mundwinkel gezuckt.

Unterdessen haben wir auch ein paar Bekanntschaften geschlossen, wenn auch keine *echten* dänischen. Simone, die Reinigungskraft auf dem Zeltplatz, stammt aus Deutschland und ist vor fünf Jahren mit ihrem Freund hierhergezogen, da sie zu Hause keine Arbeit mehr finden konnten. *«Die beste Entscheidung unseres Lebens»*, meint sie. Dasselbe bekundet einer ihrer Landsmänner, der für den Unterhalt auf dem Campground zuständig ist. In Deutschland war er Werkmeister, bis seine Firma beschloss, den Sitz ins billigere Ausland zu verlegen. *«Die kennen hier kein Burnout»*, lacht er. In Deutschland hätte die Arbeitsbelastung schon nahe am Erträglichen gelegen. Vierzehn-Stunden-Tage waren keine Seltenheit. *«Das passiert mir jetzt nicht mehr»*, ist er überzeugt. *«Die Dänen gehen alles etwas ruhiger an»*. Einzig mit der Sprache hat er noch seine liebe Mühe. Lesen wäre ja nicht so ein grosses Problem. *«Aber wenn sie sprechen… die verfügen über zwei Vokale mehr als wir und benutzen drei weniger»*.

Ich habe schon dasselbe festgestellt. Viele der Hinweisschilder übersetze ich ohne grössere Probleme, ich finde mich in der Speisekarte zurecht und begreife sogar ansatzweise, worum es sich in einem Zeitungsartikel dreht. Aber wenn ich morgens in der Campingtoilette sitze und mir den dänischen Radiosender anhöre, verstehe ich gerade mal: ‹Smörgrönetschüntschütlöll›. Schildere eben dieses Problem einem dänischen Kellner in *Sønderho*, mit dem ich mich in Englisch unterhalte. *«Gib dir keine Mühe»*, winkt er ab. *«Du wirst die Dänen nie verstehen. Nicht mal ich verstehe sie»*.

Nach zweieinhalb Wochen *Fanø* macht eine unserer Kameras schlapp. Hat wahrscheinlich Sand

> *«Gib dir keine Mühe», winkt er ab. «Du wirst die Dänen nie verstehen. Nicht mal ich verstehe sie».*

im Getriebe, oder etwas mit der Elektronik klappt nicht mehr so, wie es sollte. Jedenfalls lässt sich der Auslöser nur noch schwer betätigen. Wir fahren rüber nach *Esbjerg*, wo wir auch gleich einen Fotoshop finden. Der Geschäftsführer ist äusserst zuvorkommend und kompetent und tut alles, um uns behilflich zu sein. Eine Revision würde aber zu lange dauern. Irgendwann wollen wir ja auch wieder weiterkommen. Wir beschliessen schweren Herzens, eine *neue* Kamera zu kaufen und die defekte nach Hause zu schicken. Das entsprechende Modell muss in einer Filiale bestellt werden und wird morgen für uns bereitliegen. Diese Aktion bringt unser Budget *ziemlich* durcheinander, und Fabiola hat ein *schrecklich schlechtes Gewissen*, weil wir so viel Geld ausgeben. Um dieses zu beruhigen, kehren wir in einem Strassenkaffee ein und bestellen das teuerste Frühstück. Die Bedienung ist so nett und freundlich wie der Verkäufer zuvor, ebenso wie die Nächste, die uns die Getränke bringt und der Typ, der zum Kassieren erscheint. Und der Kaffee ist *so was von gut!* Da wir schon mal in der Stadt sind, erstehen wir gleich noch ein paar andere Dinge, die wir benötigen. Zwei junge, fröhliche Typen bedienen uns im Kleiderladen. Die Posthalterin gibt uns in aller Ruhe und mit einem Lächeln die gewünschten Informationen. Die Verkäuferin im Schuhgeschäft strahlt uns an, und die beiden alten Leutchen im Tabakshop sind die Nettigkeit in Person, und wir quatschen sogar noch ein wenig. Sollte es doch *wahr* sein? Die Dänen sind ein *freundliches, lustiges* Volk? Zurück auf *Fanø* merken wir aber nicht mehr viel davon, oder doch: Der Typ, bei dem wir immer die Zigaretten kaufen, nickt uns zu, und ich glaube, den Hauch eines Lächelns auf seinen Lippen zu sehen. Na immerhin! Vielleicht würde er mit der Zeit ja noch richtig *lustig*.

Aber wir werden es nicht mehr rausfinden, denn in zwei Tagen soll es weiter Richtung Norden gehen. Am Bahnhof *Esbjerg* erstehen wir Tags darauf unsere Fahrkarten.

In der Schalterhalle befinden sich drei Schreibpulte hinter einer Holztheke. An zweien davon steht jeweils ein Mann. Der eine ein junger, blonder, hochgeschossener mit professionellem Verkäuferlächeln, der andere älter, vornübergesackt und eingeschrumpelt wie eine Mumie. Davor dreht eine energische, kurzhaarige Blondine mit Dobermannsgesicht ihre Runden. Dabei richtet sie abwechselnd ihren Kontrollblick nach links und rechts und überwacht das Tun ihrer Mitarbeiter. Ihre Funktion ist mir nicht ganz klar, aber gemessen an ihrem Gebaren muss es sich bei ihr um eine Art *Bahnschalterbeamtendrillsergeant* handeln.

Bevor man an den Schalter treten kann, muss man einen *Touchscreen* bedienen, wo die gewünschte Zahlungsart eingegeben werden soll, um ein Nummer zu erhalten. Man hat die Wahl zwischen den Symbolen *Dancard, Cash* und irgendeiner Kartenart, die wir nicht kennen. Stehe ratlos davor und überlege, was ich nun drücken soll, da ich mit *Mastercard* bezahlen möchte. Das ruft den Dobermann auf den Plan. Energisch kommt sie auf mich zu, besieht sich meine Karte und tippt dann, ohne mich aus den Augen zu lassen, auf das *Dancard*-Symbol. ‹Vollidiot›, sagt ihr Blick. Sie reisst den Zettel mit der ausgedruckten Nummer ab, drückt ihn mir in die Hand und weist wortlos auf den linken Schalter. *Klar! Wir* kriegen die Mumie! Der Mann ist dann aber überraschenderweise sehr kompetent, wenn auch nicht gerade schnell. Er drückt erst mal auf einen Knopf und lässt sein Schreibpult hochfahren. Diese Funktion wurde wohl angebracht, um den Rücken zu schonen. Ich vermute aber, dass er sie braucht, um sich überhaupt aufrichten zu können. Wahrscheinlich lehnt man ihn jeweils morgens an den Tisch, und er manövriert sich dann per Knopfdruck hoch.

In aller Ruhe sucht er uns die Anschlüsse raus, bekundet sein Bedauern, da er feststellt, dass wir wegen einer Brückensanierung fünfmal umsteigen müssen (wie konnte es auch anders sein), reserviert uns Sitzplätze für eine stark frequentierte Strecke und druckt uns die Fahrkarten aus. Dies alles erklärt er uns Schritt für Schritt, wobei er, wahrscheinlich aus Angst vor dem Drillsergeant, so leise spricht, dass ich mein Ohr vor seinen Kopf halten muss, damit ich ihn verstehe. Aber wir bekommen unsere Tickets.

Noch einmal mit der Fähre zurück nach *Fanø*. Fühlt sich inzwischen schon richtig normal an.

Sanderlinge auf
Futtersuche

Als wir am anderen Morgen unsere Campinghütte räumen, verspüre ich ein wenig Wehmut. Seltsam, wie schnell man an einem Ort heimisch wird. Zu Hause hat man mir prophezeit, wie bald ich die Schweiz mit all ihren Vorzügen und Annehmlichkeiten *vermissen* werde, wenn ich erst mal im Ausland unterwegs wäre. Bis jetzt kann ich das nicht bestätigen. Ein wenig mehr oder ein bisschen weniger Luxus – solange man zu essen und ein Dach über dem Kopf hat, lebt man eigentlich recht gut. Natürlich ist es komfortabel, in einem der reichsten Länder der Welt zu leben, und ich bin nicht *immun* gegen all den unnötigen Kram, den unsere Gesellschaft bietet, aber vermissen? Alles was ich vermisse sind meine Familie und meine Freunde.

Ich bin überzeugt, dass es diese Dinge sind, die *Zuhause* ausmachen: Die Menschen, die du liebst (so gesehen habe ich einen grossen Teil meines Zuhause eh dabei), und die Dinge, die dir vertraut sind. Materieller Wohlstand ist da nur Beigemüse, solange es nicht ums Überleben geht. Und von wegen Luxus: Wo setze ich meine Prioritäten? Wenn ich auf der *Darss* durch Wälder und Wiesen streifen kann und dabei immer wieder Tieren begegne, ist das *Luxus* für mich. Auf *Fanø* über eine weite, unbebaute Ebene zu blicken und nichts zu hören als das Rauschen des Windes und das Kreischen der Möwen – das ist *Luxus*. Die Schweiz ist reich, aber: Wo, bitte schön, *wo* finde ich noch die unbeschädigte Natur und die Einsamkeit, welche jeder Mensch ab und zu braucht? ‹Luxus ist ein Menschenrecht!› Mit diesem an und für sich schwachsinnigen Spruch wirbt eine Autofirma für ihre Marke. Wenn man ihn aber auf die Natur anwenden würde, könnte ich ihn nur unterstützen. Die Natur ist unser *wirklicher* Luxus, und jeder Mensch sollte sie geniessen dürfen. Darauf müssen all unsere Bestrebungen hinauslaufen: die Natur zu erhalten. Ohne sie bleibt uns nämlich ganz einfach nichts, auch wenn wir dies inmitten all unserer so reisserisch wichtigtuender

Besitztümer immer wieder gerne vergessen.

Aber wo bin ich stehengeblieben? Ach ja: Dass ich meine Leute vermisse.

Fabiola vermisst bis jetzt überhaupt nichts, aber das habe ich auch nicht anders erwartet. Sie ist wahrlich kein sentimentaler Mensch. «Sag mal», hab' ich sie mal gefragt. «*Wenn ich jetzt tot umfallen würde* – würdest du dann auch einfach zur Tagesordnung übergehen?" «Nein», antwortete sie in einem Ton, mit dem man kleine Kinder beruhigt, «*Ganz bestimmt nicht…*» Okay, ich bin ihr also doch wichtig. «*… aber das Leben geht weiter!*» Hmmmhhh… kann nicht sagen, dass ich mich jetzt *besser* fühle. Aber ich muss mich wohl damit abfinden, dass wir wirklich so was sind wie *Ying* und *Yang*, wobei ich ganz klar die *dunkle* Seite verkörpere. Ich will mal versuchen, euch das mit einer fiktiven Geschichte zu verdeutlichen: Sagen wir, Fabiola und ich gehen auf eine Wanderung. Die Strecke ist mit einer Stunde angegeben. Der Weg ist aber schlecht markiert, und die ersten dreissig Minuten laufen wir in die falsche Richtung. «Scheisse», sage ich. «*Können die das nicht besser anschreiben?*» Auf dem Weg zurück bemerke ich, dass ich mein Fernglas liegen gelassen habe. «Scheisse, nein», sage ich. «*Nicht nochmals umkehren*». Schliesslich finden wir den richtigen Pfad. Zeitgleich fängt es aber wie aus Kübeln an zu giessen. «Scheisse, scheisse», sage ich. «*Ich hab' doch gesagt, wir hätten die Regenjacken einpacken sollen.*» Nach zwei Kilometern kommen wir an einen Bach. Blöderweise wird gerade die Brücke repariert und der provisorische Übergang befindet sich achthundert Meter bergauf. «Scheisse, scheisse, scheisse», sage ich. «*Warum war das nirgends vermerkt?*» Schliesslich erreichen wir unser Ziel, eine Berghütte. Aber entgegen dem Beschrieb ist sie nicht offen, sondern abgeschlossen. «Verdammte Scheisse. Scheisse, Scheisse, Scheisse, verdammte», sage ich. «*Sind die Blödmänner nicht fähig, richtige Angaben zu machen?*» Kauern uns also tropfnass unter das schmale Vordach und holen unsere belegten Brote aus dem Rucksack. Kauen eine Weile schweigend. «*Mmmmm*», meint Fabiola. «*Die Pfeffersalami ist total schmackhaft.*» – Kann man einer solchen Frau widerstehen? Ich nicht. Aber manchmal könnte ich sie *erwürgen*.

Aber gut: Wir verlassen also *Fanø* und besteigen in *Esbjerg* den Zug Richtung *Hirtshals*. Die Bahnfahrt verläuft sehr ruhig und ereignislos, oder besser gesagt: Würde verlaufen, wäre Fabiola nicht wieder mal in ihrem ‹*Alles kein Problem*›-Modus. Wir kommen rechtzeitig in *Ålborg* an, wo wir in den Zug mit den reservierten Plätzen umsteigen sollen. Es bleiben zehn Minuten bis zur Abfahrt. «*Rauchen wir noch eine*», meint Fabiola. «*Wollen wir nicht erst mal schauen, in welchem Wagen unsere Plätze sind?*», frage ich. «*Schau mal Ger*», meint Fabiola mit mitleidigem Blick. «*Da ist es angeschrieben*». Und sie zeigt auf den Wagen vor uns. «*Platz Nr. 88 – runter in diese Richtung und rauf in die andere. Also alles kein Problem!*" «*Okay, aber sollten wir nicht vielleicht doch…*» Ihr Blick lässt mich verstummen. Sie hat ja Recht: Warum bin ich immer so übervorsichtig? Rauchen also gemütlich, steigen ein, finden unsere Plätze und freuen uns, dass sie (*Dank an die Mumie*) reserviert sind, denn jetzt füllt sich der Zug immer mehr. Ganze Schulklassen verteilen sich in den Abteilen, Geschäftsleute mit Laptops und Aktentaschen, Backpacker mit Rucksäcken, ältere Damen mit Rollkoffern. Alle stehen und sitzen sie dicht an dicht in den Wagen. Ein junger Mann quetscht sich zwischen all den Leuten durch und kommt in unsere Richtung. Er zeigt auf meinen Platz und behauptet, das wäre seiner. «*Kann nicht sein*», erwidere ich und zeige ihm die Nummer auf meinem Ticket. «*Ja*», lacht er, «*Das ist die richtige Nummer, aber der falsche Wagen!*»

Schon mal mit einem prall gefüllten Dreissig-Kilo Rucksack durch einen überbelegten Zug gewandert? Winde mich, mit Fabiola im Schlepptau, durch die Menschenmassen, unentwegt in alle Richtungen «*Sorry*» und «*Unskült*» verteilend, und halte verzweifelt Ausschau nach unserer Wagennummer. Dazwischen werfe ich immer mal wieder einen vielsagenden Blick über

Mit dem Frühling kommen die Steinschmätzer.

die Schulter in Richtung meiner Lebensgefährtin. «*Alles kein Problem*», knurre ich. «*Alles überhaupt kein Problem!*» Zum Glück sind die Dänen sehr disziplinierte und wohlerzogene Menschen. Sie bemühen sich, irgendwie zur Seite zu treten, und als wir schliesslich unsere Plätze nach langer, langer Zeit erreichen, sind diese tatsächlich noch frei. «*Siehst du*», sagen Fabiolas Augen, «*Alles kein Problem.*» Aber sie traut sich dann doch nicht, es auszusprechen.

Wir haben zuvor mit Erstaunen festgestellt, dass es in Dänemark *hügeliges* Land gibt. Eine Stunde lang fuhren wir durch ein Gebiet saftig grün bewachsener Anhöhen. Wenige Siedlungen, aber grossflächiger Agraranbau. Wenn es auch schmuck anzusehen ist, die riesigen, gelb blühenden Rapsfelder, die ordentlich gepflügten Äcker, auf denen junges Grün spriesst, die saftigen Weiden und die in einer Reihe gepflanzten Hecken – es wird uns doch wieder einmal schmerzlich bewusst, wie wenig unberührte Natur in Europa noch existiert. Nicht, dass wir nicht wüssten, dass wir *selber* emsig daran mitarbeiten. Aber es ist schon unglaublich, wie stark der Mensch rund um den Globus die Umwelt geprägt und verändert hat. Ob nun die globale Erwärmung auf menschliches Tun zurückzuführen ist oder nicht: Wir müssen unser Verhalten auf jeden Fall überdenken und dementsprechend ändern, wenn wir nicht alles zerstören wollen.

Erneut umsteigen, diesmal in einen Bus, dann wieder in einen Zug. In *Hjørring* nochmals Verwirrung, da die Anschlusslinie nicht klar ersichtlich ist. Werden schliesslich zusammen mit anderen ratlosen Reisenden von einer Beamtin über einen Bahnübergang gejagt, wo eine dänische Computerstimme über Lautsprecher unentwegt verkündet: ‹*Die Geleise nicht überqueren. Da kommt ein Zug!*› Aber es klappt schliesslich alles, wie es soll, und wir kommen fahrplanmässig in *Hirtshals* an.

Die Stadt präsentiert sich uns in hellem Sonnenschein. Ziegelsteinbauten, meist in Ockergelb gehalten, Menschen flanieren auf den Trottoirs.

Wäre ich ein Bazillus – hier möchte ich leben!

Das Strassenkaffee am Hauptplatz ist gut besetzt. Lachen und Kindergeschrei dringt zu uns herüber. Auf der Aussichtsplattform, die zum Hafen hin gebaut ist, stehen Bänke, auf denen es sich ein paar Penner bequem gemacht haben. Bierflaschen werden rumgereicht, und ein schwarzer, verfilzter Hund schnüffelt in allen Ecken nach etwaigen Essensresten. Linker Hand die Einkaufsstrasse, bevölkert mit Touristen, welche die Auslagen der Geschäfte begutachten. Ein Motorrad fährt vorbei, darauf zwei junge Leute in T-Shirt und kurzer Hose, ohne Helm und barfuss. Alles wirkt entspannt und locker, und jedermann scheint auf seine Art diesen ersten, richtig *heissen* Sommertag zu zelebrieren. Setzen uns an einen der Holztische vor dem Irish Pub, bestellen zwei Bier und beobachten das Treiben. Ein angenehm kühlender Wind weht aus Richtung Meer und trägt die hafentypischen Geräusche von Schiffssirenen und Möwengekreische mit sich.

Erstehen noch ein paar Vorräte und machen uns auf zum Campingplatz, der nur wenige Minuten ausserhalb der Stadt liegt, direkt oberhalb der Klippen, mit weitem Blick auf das endlose Meer. Viele Wohnmobile stehen hier, meist von Leuten, die wie wir auf die Abfahrt der Fähre nach den Färöer-Inseln, Island oder Norwegen warten. Wir treffen *Deutsche, Dänen, Holländer, Engländer* und sogar ein *Schweizer Ehepaar* vom Zürcher Oberland.

Das Zelt ist schnell aufgestellt, und wir steigen hinunter zum Strand. Fischerboote, verfolgt von Möwenschwärmen, kehren in den Hafen zurück. Am Horizont zieht ein riesiges Frachtschiff vorbei. Zwei Typen in Neoprenanzügen und mit Harpunen bewaffnet sitzen auf einem Stein in der Brandung und bereiten sich auf ihren Tauchgang vor.

Wir schlendern Hand in Hand dem Strand entlang, halten Ausschau nach speziellen Steinen und farbigen Muscheln und finden sogar etwas Bernstein. Die Luft riecht nach Algen und Salz. Später setzen wir uns mit unserem Proviant auf die Klippen und sehen zu, wie die Sonne langsam im Meer versinkt. Es ist zehn Uhr abends. Die Dämmerung setzt ein, aber so richtig dunkel wird es bereits nicht mehr. Stellen fest, dass unsere zwei Taschenlampen wohl die *unnötigsten* Utensilien sind, die wir mit uns rumschleppen. Gehen zurück zum Zeltplatz. Waschen und Zähne putzen und nochmals aufs Klo. Der Camping ist wirklich okay und verfügt über alles, was man so braucht. Nur die Sauberkeit der sanitären Anlagen lässt etwas zu wünschen übrig. Kaum eine Toilette, die nicht bis zum Rand vollgekackt ist. Auf dem Boden liegt zerknülltes Papier, die Abfalleimer sind überfüllt, die Waschbecken mit Seifenrückständen und Rasierschaum bekleckert. Zahnpastaspritzer verteilen sich wie moderne Gemälde über die Spiegel, und die Duschkabinen zeugen von dreckigen Füssen und Haarausfall. Wäre ich ein *Bazillus* – hier möchte ich leben!

«*Viel Arbeit*», bemerke ich am nächsten Morgen in Richtung der Reinigungskraft, die mit Schrubber und Putzeimer bewaffnet im Männerpissoir zugange ist. «*Ach, nein, nein*», winkt sie lachend ab und schüttelt den Kopf. «*So schlimm ist das nicht.*» Verstehe dann auch *wieso*, denn als sie fertig ist, sieht es irgendwie immer noch gleich aus wie zuvor.

Bummeln anschliessend in die Stadt zum Frühstücken und stellen erfreut fest, dass hier im Café alles ein wenig günstiger ist als in *Esbjerg* oder auf *Fanø*.

Die dänische Familie am Nebentisch möchte ebenfalls frühstücken. Sie studieren eingehend die Karte, wo von Rührei über Käseplatte bis Speck und Toast alles angeboten wird, was das Herz begehrt, und entscheiden sich schliesslich für *Eiscreme*! Die Dänen sind lustig – *definitiv*!

Wir müssen uns noch um unsere Tickets für die Fähre kümmern und suchen deshalb die Touristeninformation auf. Dies hier ist aber, wie man uns erklärt, nur so eine Art *Filiale*, und die richtige Infostelle liegt weit ausserhalb der Stadt. Nur die sind berechtigt, Tickets zu verkaufen. Schade, das wäre jetzt mal eine nette, *kompetent* scheinende Informationsdame gewesen, und die hat keine *Kompetenzen*. Sie beschreibt uns den Weg. Einen Bus dahin gibt es nicht. Werden also ein ganzes Stück laufen müssen, wenn wir da unsere Fahrscheine kaufen wollen. Wir beschliessen deshalb, unser Glück erst direkt am Hafen beim Büro der *Smyril Line* zu versuchen. Ist zwar auch ganz

schön weit, aber doch um einiges näher als die Touristeninformation. Das Kamerazeugs konnten wir zum Glück auf dem Camping bei der Rezeption deponieren.

Fragen Passanten nach dem Weg. «*Einfach dieser Strasse folgen*», meinen sie. Tun wir dann auch, um festzustellen, dass der Gehsteig nach ein paar hundert Metern aufhört. Müssten auf der Strasse weiterlaufen, aber die ist zweispurig und mehr so was wie eine Autobahn. Ist uns nicht geheuer, also umkehren und trotzdem zur Info pilgern. *Schlau!* Jetzt haben wir noch ein paar Kilometer *mehr* gemacht. Es ist jetzt schon fast unangenehm heiss, zumal heute kein Wind weht. Der Weg führt der Hauptstrasse entlang, und Personenwagen und LKWs donnern an uns vorbei. Jetzt wäre es cool, einen Wagen zu haben. Mancherorts bist du als Fussgänger der letzte Arsch! Niemand scheint damit zu rechnen, dass es Leute gibt, die laufen. Wieso sonst sollte man eine An**lauf**stelle für Touristen meilenweit vom Hafen und Bahnhof entfernt aufstellen?

Aber wir finden hin, werden äusserst freundlich und zügig bedient *(das wird langsam unheimlich)*, kommen verschwitzt und staubig zurück und belohnen uns mit einem Fastfood beim Pakistaner und Eis im Strassenkaffee. Alles in allem hat das gut geklappt. Nur für den Weg zur Fähre morgen werden wir uns wohl ein Taxi leisten müssen. Die Vorstellung, mit unserem Gepäck auf dem mehrspurigen Highway zu wandern, ist nicht *wirklich* verlockend.

Unseren Helferinnen auf den Touristeninformationen müssen wir aber noch ein Kränzchen winden, denn sie haben nicht nur unseren Respekt vor ihrem Berufsstand entscheidend gehoben, sondern auch unsere Vorbehalte beseitigt: Die Dänen sind ein freundliches, lustiges Volk! Hatten wir vorher noch unsere Zweifel, die Damen von den Infostellen haben uns eines Besseren belehrt.

Zurück auf dem Camping lernen wir zwei deutsche Fotografen kennen. Dieter und Bernhard sind etwas älter als wir und auf dem Weg nach Island. Die beiden waren schon in der ganzen Welt unterwegs, oft zusammen. Sie laden uns zu einem Glas Wein ein und erzählen von ihren

Lachmöwen halten immer Ausschau nach Leckerbissen.

Erlebnissen. Wir kommen uns sofort näher und verbringen einen vergnüglichen Abend zusammen, jedenfalls so lange, bis die Östereicherin vom Nebenzelt kräht, wir sollten gefälligst *etwas leiser* sein, weil sie jetzt schlafen wolle. Nun gut, ist ja auch schon bald Mitternacht. Wir haben es vergessen, denn die Wolken am Horizont sind immer noch rot beschienen. Beschliessen, unsere Gespräche morgen auf der Fähre weiterzuführen und verabschieden uns.

Das bestellte Taxi holt uns anderntags pünktlich ab und bringt uns zum Hafen. Der Fahrer erzählt von seinem geplanten Urlaub in Polen und erwähnt die Preise der Flüge und der Hotels. Davon können wir nur träumen: War Dänemark schon relativ teuer – die Färöer-Inseln werden dies *vermutlich* noch übertreffen. Immerhin müssen sie viele ihrer Waren importieren, das treibt die Preise in die Höhe. Sind nicht ganz so im Budget geblieben, wie wir uns das ausgerechnet hatten. Kosten unterschätzt, Annehmlichkeiten übertrieben – ein bisschen von beidem. Ab und zu lockt schon der Luxus: Essen im *Restaurant* hier und *etwas trinken* gehen da, *Filterzigaretten* statt gedrehte – wir sind und bleiben Sklaven unseres Konsumverhaltens. Es ist nicht leicht, sich seinem Diktat zu entziehen.

Das Taxi erreicht den Hafen. Ruhig und majestätisch liegt die *Norröna* am Pier. Ihre enorme Grösse überragt alle anderen Schiffe. Von der Form her erinnert sie mehr an einen riesigen Wohnkomplex denn an ein Schiff. Sie beherbergt drei Restaurants, einen Spielsalon, einen Dutyfreeshop mit verschiedenen Abteilungen, ein Kino, eine Bar und dazu all die Schlafkabinen. Sie ist mit zwei voll funktionsfähigen Maschinen ausgestattet, sodass, falls die eine ausfällt, die andere ihre Arbeit übernehmen kann.

Wir haben die billigsten Übernachtungsmöglichkeiten gebucht. Sie liegen auf Deck zwei, sozusagen im Keller, direkt über dem Maschinenraum. Die Kojen bieten neun Personen Platz und sind recht eng. Schlucke zweimal leer, als ich meine Bettnummer entdecke. Man hat mir ein Bett ganz oben zugeteilt. Im Vergleich zu den anderen Schlafplätzen, die nach oben hin recht geräumig

sind, liegen diese gerade mal fünfzig Zentimeter unter der Decke. Realisiere, nach kurzem Probeliegen, dass dies eine schwierige Nacht werden könnte. Wäre vielleicht was für *Ozzy Osbourne,* der ja angeblich in einem *Sarg* schlafen soll. Mich überkommen da oben klaustrophobische Gefühle. Na, ja. Wir werden sehen. Wir verstauen unsere Sachen und gehen hoch zum Achterdeck. Da kann man sich nach draussen setzen und dem Treiben im Hafen zusehen.

Hier treffen wir auch Dieter und Bernhard wieder. Kamen später an Bord, weil sie mit dem Wohnmobil in der Warteschlange standen. Dieter ist mehr der extravertierte Typ. Er war früher auch in der Politik aktiv. Bernhard ist der Stille der beiden mit einem ganz eigenen, feinen Sinn für Humor. Beide sind sie Alt 68er. Inzwischen haben sie das Rentenalter erreicht, aber es ist noch viel von ihren Wurzeln spürbar, sowohl im Gebaren als auch in Outfit und Ansichten. Dieter ist ein eingefleischter Landschaftsfotograf mit Hang zum Perfektionismus. Er frönt der Besessenheit, die so manchem Fotografen anhaftet: Ständig auf der Suche nach dem vollkommenen Bild. Die Fotos, die er uns auf seinem *Smartphone* zeigt, sind auch dementsprechend. Gewaltige Panoramaaufnahmen von Wüstengegenden in Ägypten und Impressionen aus dem Monument Valley in den USA, in der Nachbearbeitung sehr auf Echtheit bemüht und eindeutig beeindruckend. Bernhard ist dagegen an Formen und Farben interessiert, und seine Bilder unterscheiden sich von denen Dieters, da er bei der Bildgestaltung mehr auf Kontraste setzt und auch gerne Details ablichtet.

Da wir ja ständig einen Glimmstängel zwischen den Fingern halten müssen, hocken wir auf dem Raucherdeck rum. Dieter ergreift die Gelegenheit, um uns darüber aufzuklären, dass er selber lange geraucht hat, wie er kämpfen musste, um aufhören zu können, und wie viel besser seine Lebensqualität geworden wäre, seit er es schliesslich stoppen konnte. Er sagt, dass er uns ganz bestimmt nicht moralisieren will, aber tut es dann doch und malt uns die Vorzüge des Nichtrauchens in den schönsten Farben vor Augen. «*Du hättest Pfarrer werden sollen*», neckt ihn Bernhard.

Sie wachsen uns echt ans Herz, die beiden, und ich sage zu mir selbst, dass es sich nur schon für sie gelohnt hat, hierher zu kommen. Das ist ja wohl auch der tiefere Sinn einer Reise: Begegnungen. Würde man um die ganze Welt pilgern und dabei niemanden kennen lernen – was hätte man mehr davon als ein paar Erinnerungsfotos.

Eine halbe Stunde nach dem Auslaufen hat die Sky-Bar geöffnet, und kurze Zeit später hängen schon die ersten Besoffenen am Tresen. Dies wird anhalten, bis wir die Färöer-Inseln erreichen, und wahrscheinlich auch bis Island. Es ist schon erstaunlich, wie viel auch im Norden getrunken wird, und das trotz der hohen Preise und der Tatsache, dass Alkohol nur in speziellen Läden und Restaurants verkauft werden darf. Die *Illusion* der drogenfreien Gesellschaft: Oft propagiert und nie verwirklicht. Trotzdem versucht man es weiter. Der Mensch lernt *nichts* aus seiner Geschichte.

Sitzen dann am Abend auch noch ein wenig in der Bar. Man entspannt sich hier auf Deck, durch Glasscheiben vor dem Wind geschützt, und hat freie Sicht aufs Meer. Die See ist spiegelglatt, für diese Gefilde sehr ungewöhnlich.
Fabiola ist gut gelaunt, hatte sie sich doch vorher noch Sorgen gemacht, wir könnten auf stürmisches Wetter treffen. Jetzt hängt sie vergnügt in einem der Holzsessel und befindet, sie könnte nun auch mal etwas *Stärkeres* vertragen. Klar, dass ich das besorgen soll. Wenn es irgend etwas zu *holen*, zu *kaufen* oder zu *fragen* gilt, ist das immer *meine* Aufgabe, und manchmal komme ich nicht umhin zu denken, dass *dies* der wahre Grund ist, weshalb sie mich dabei haben will.
Stehe ziemlich lange an der Bar, warte auf die Getränke und bemerke daher nicht, dass sich in der Zwischenzeit ein junger Däne an sie ranmacht, der sich permanent nicht abwimmeln lässt und sie nötigt, mit ihm auf einen Drink in die Lounge zu gehen. Sie wird ihn schliesslich doch noch los, und er ist wieder weg, als ich zurückkomme. Bemerke ihr süffisantes Lächeln jedoch schon von Weitem, und sie verschwendet auch keine Sekunde, mir ihren Flirt in allen Details unter die Nase zu reiben. «Okay», sage ich. «Schau dich hier

mal um. Da drüben sitzen beinahe ausschliesslich *Männer*. Die einzigen zwei Frauen dazwischen sehen aus wie Quasimodos Schwestern und haben die Form einer seiner Glocken. Die übrigen weiblichen Wesen haben sich vorne bei der Balustrade platziert, alles Teilnehmerinnen der Viking-Tour (ein etwas seltsam anmutendes Reiseangebot, auf das ich später noch zu sprechen kommen werde) *und in etwa so alt, dass sie Leif Eriksson noch persönlich gekannt haben dürften. Wen sonst hätte der arme Kerl denn ansprechen sollen?»* Aber sie lässt sich ihren Spass nicht verderben. «Na und?», meint sie. *«Du bist nur eifersüchtig, dass du nicht von einer Fünfundzwanzigjährigen angesprochen wurdest. Du nicht!»* Und sie grinst so verrucht, dass ich einen Grund mehr habe, den Umstand zu verfluchen, dass wir die Nacht in einer Neunerkabine verbringen werden. Und damit nicht genug. Als wir uns nämlich kurze Zeit später zurückziehen und zu unseren Schlafkojen hinuntersteigen, sehe ich mich neuerlich mit meinem Liegeplatz konfrontiert. Ich überwinde meine Platzangst, steige hoch und bemühe mich redlich, ein wenig Schlaf zu finden. Ich nicke sogar kurz ein, schrecke aber ein paar Minuten später hoch und denke, wir würden sinken, denn ich liege im Wasser. Sind aber nur meine Kleider, die total durchgeschwitzt sind. Wahrscheinlich sind es die Motoren vom Maschinenraum, welche die Kojen bis zum Unerträglichen aufgeheizt haben. Unter mir mag es sich noch nach *Sauna* anfühlen, aber hier oben sind es gefühlte *Bratpfannentemperaturen*, und ich bin das *Spiegelei*. Ich muss hier raus, das ist klar. Nur wohin? Robbe auf dem Bauch rückwärts zur Leiter (anders geht das nicht), steige hinunter und verlasse die Schlafkammer. Fahre erst mal mit dem Lift hoch aufs Fünferdeck, hole mir einen Kaffee aus dem Automaten und begebe mich dann nach oben an die frische Luft. Zünde mir eine Zigarette an und überlege, was ich jetzt tun soll. Bin unterdessen doch recht müde und würde mich gerne etwas hinlegen. Spiele mit dem Gedanken, mich mit dem Schlafsack hier draussen einzurichten, verwerfe ihn aber wieder, als mir bewusst wird, dass Fabiola da unten mit fünf fremden *Männern* in der Kabine liegt, was *sie* wohl nicht ängstigt, aber *mich* durchaus. Ich mei-

ne: Die schienen alle recht betrunken zu sein, und wenn schon ein *Fünfundzwanzigjähriger* auf die Idee kommt, Fabiola anzubaggern, was ist denn von solchen in unserem Alter zu erwarten? Steige als wieder runter, setze mich vor die Kabinentüre und versuche, in dieser Stellung zu schlafen. Ist aber nicht daran zu denken. Hätte vielleicht vor zehn Jahren noch geklappt, aber anscheinend bin ich mittlerweile zu verwöhnt oder ganz einfach zu alt dazu. Hol mir also meinen Schlafsack aus der Kabine und lege mich im Korridor auf den Boden. Ernte zwar einen abschätzigen Blick einer Dame, die sich an mir vorbei zur Toilette zwängt, und einen erstaunten des Nachtstewards auf Kontrollgang, aber es ist mir egal. Sollen *die* sich doch in meine Grillschublade legen.

Der nächste Tag zeigt sich so heiter wie der vorherige. Die Sonne scheint vom wolkenlosen Himmel, und der Wind ist angenehm warm. Wegen des ungewöhnlich schönen Wetters beschliesst der Kapitän, einen Umweg zu fahren, und wir durchqueren die *Shetland Islands*. Fast unwirklich ragen die sanften, grünen Hügel aus dem Meer. Ab und an erblickt man kleine Ortschaften, einsame Gehöfte, ein Auto, das auf einer der wenigen Strassen fährt. Von den Klippen grüssen Leuchttürme, und an den steinigen Hängen grasen Schafe. Ruhig gleiten die Inseln vorbei, als wären sie in das magische Blau des Meeres gemalt. Wir denken daran, die Kameras zu holen, aber lassen es dann bleiben. Es wäre schade, den Augenblick mit Aktivität zu zerstören. Zwei Stunden später verschwinden die Shetlands schliesslich am Horizont und werden vom Wasser verschluckt, als wäre alles nur ein schöner Traum gewesen.

Die zweite Nacht wird angenehmer, jedenfalls für mich. Wir haben festgestellt, dass wir uns, mit ein paar Verrenkungen, zu zweit in Fabiolas Bett legen können. Mit ihrem Hintern als Kopfkissen entgleite ich schon bald ins Reich der Träume.

*Seehunde sind von
Natur aus neugierig.*

IM LAND DER FREUNDLICHEN WIKINGER ODER:
JEDE DER INSELN IST ANDERS

Bin am Morgen schon früh auf und gehe nach oben für Automatenkaffee und Morgenzigarette. Das Wetter hat sich verändert. Das Meer ist zwar immer noch ruhig, aber am Firmament sind dunkle Wolken aufgezogen. *«Sieht nach Regen aus»*, sage ich zu dem Mann an der Rezeption. *«Ja»*, meint er und nickt bedächtig. *«Wir kommen in die Nähe der Färöer-Inseln»*. Tönt ermutigend.

Ich wecke Fabiola. Wir packen unseren Kram zusammen und setzen uns aufs Achterdeck. Rings um uns erwacht das Schiff. Immer mehr Leute strömen nach draussen und halten Ausschau nach den Inseln.

Gut eine Stunde später tauchen sie dann am Horizont auf. Schwarze Basaltberge, fein mit samtgrünem Gras überzogen, schroffe Klippen, Felsnadeln, die wie Klauen aus dem dunklen Wasser ragen. Vereinzelte Lichtstrahlen dringen durch die graue Decke und verwandeln das anthrazitfarbene Küstengestein für Augenblicke in glänzende Opale.

Dann *Tórshavn*: Bunte Häuser, leuchtend im kalten Licht der nordischen Sonne. Glasklar schneidet sie durch tiefschwarze, regenschwangere Wolken. Götterdämmerung, bizarr, fremd, grossartig. Dies wird für die nächsten zwei Wochen unsere Heimat sein.

Die Abfertigung am Zoll läuft schnell und problemlos. Draussen treffen wir wieder auf Dieter und Bernhard. Sie werden nur ein paar Stunden hier sein und dann nach Island weiterreisen. Wir würden gerne noch irgendwo zusammen einen Kaffee trinken gehen, aber es ist *acht* Uhr, und die ersten Lokale der Stadt öffnen um *zehn*. Also verabschieden wir uns. Von jetzt an werden wir wieder alleine unterwegs sein.

Tórshavn wirkt noch verschlafen. Nur wenige Leute schlendern durch die Gassen und Strassen, und der Verkehr hält sich in Grenzen. Wundern uns schon ein wenig. Wenn wir auch wissen, dass die färöische Hauptstadt verhältnismässig klein ist, wohnen hier doch gegen zwanzigtausend Leute. Die werden doch auch irgendeiner Beschäftigung nachgehen, oder etwa nicht?

Die Touristeninfo öffnet um neun Uhr, und wir setzen uns gleich nebenan auf eine Bank und warten. Wenigstens haben wir noch etwas Schokolade dabei. Als um Viertel nach neun die Türe immer noch verschlossen bleibt, dämmert uns langsam, dass da irgendetwas nicht stimmen kann. Aber klar! Es ist Pfingstmontag! Haben in den vergangenen Wochen das Zeitgefühl völlig verloren. Na, da hätten wir noch lange warten können. Und jetzt ist auch klar, warum die Stadt so ruhig ist. Suchen deshalb den Zeltplatz auf eigene Faust und finden ihn schon bald, nur ein, zwei Kilometer vom Hafen entfernt. Ein Stück Wiese und ein Holzschuppen mit WC, Dusche und einfacher Küche. *Das* ist also der Camping der Hauptstadt der Färöer-Inseln. Hinten in der Ecke stehen zwei Wohnmobile, und auf dem vorderen Teil ist gerade ein junges Pärchen dabei, sein Zelt abzubauen. Sie kommen aus *Öesterreich*, wie wir später erfahren, und waren zwei Wochen auf den Inseln unterwegs. *«Vierzehn Tage Nordwind»*, erzählen sie. *«Einmal so stark, dass wir aus Furcht vor dem Sturm im Küchenraum übernachtet haben. Und jeden Tag Regen!»* Na, das sind doch gute Nachrichten. *«Und, ach ja…»*, fahren sie fort. *«Der Camping hat offiziell noch gar nicht geöffnet. Anfangs hatten wir noch nicht einmal Wasser. Aber jetzt läuft wenigstens die Dusche auf der Frauenseite.»* Okay…! *«Aber die Inseln sind wirklich sehr schön. Auch wenn man sagen muss, dass die Leute hier vom Wegeanlegen nicht allzuviel verstehen. Meistens führen die Pfade einfach direkt in gerader Linie den Berg hinauf, und manchmal hören sie auch einfach irgendwo auf. Angeschrieben sind sie auch nicht. Aber ansonsten ist es wirklich cool, echt…»* Ja, hört sich auch echt *cool* an.

Die zwei verabschieden sich, und wir bauen unser Zelt auf. Ein älterer Mann, der im hinteren

Wohnmobil wohnt, hat zuvor unserem Gespräch gelauscht und ist offensichtlich erfreut, Deutsch zu hören. Jetzt will er wissen, woher wir kommen. «*Schwiizerli!*», ruft er begeistert aus, als ich es ihm sage. «*Schwiizerli!*» Welcher Idiot hat eigentlich die Deutschen gelehrt, dass sie immer ein ‹*Li*› anhängen sollen, wenn sie sich mit Schweizern unterhalten? Vorsicht! Das ‹*Li*› ist gefährlich! Am falschen Ort platziert, wirkt es lächerlich oder geradezu beleidigend. «*Wo kommen Sie her?*» «*Aus Deutschland.*» «*Ach, Sie sind ein Deutscherchen?*» So in etwa tönt das nämlich, wobei das ‹*Li*› nicht nur eine *Verkleinerungs-*, sondern auch eine *Verniedlichungsform* darstellt, was dann vielleicht so wiedergegeben werden könnte: «*Wo kommen Sie her?*» «*Aus Deutschland.*» «*Ach, Sie sind ein niedliches Deutscherchen?*» Aber es geht noch weiter! Wie allen bekannt ist, ist die Schweiz ein *kleines* Land. Nun sollte doch jeder halbwegs kultivierte Mensch wissen, dass man Leute nicht auf ihre

Mängel anspricht. Wenn wir einem Menschen mit abstehenden Ohren begegnen, reden wir in der Regel nicht von *Kohlblättern*. Schweizer auf ihr Kleinsein anzusprechen, ist in etwa so, als hätte man Napoleon ‹*Kaiserchen*› genannt oder man würde Deutsche als *Würste* bezeichnen, bloss weil in ihrem Land viele Wurstwaren produziert werden. So gesehen würde unser Satz wie folgt lauten: «*Wo kommen Sie her?*» «*Aus Deutschland!*» «*Ach, Sie sind ein niedliches Deutschwürstchen?*» Und last but not least ist ‹*Schwiizerli*› doppelt herabwürdigend, wenn man es gegenüber einem Schweizer*mann* gebraucht. Dann kommt nämlich noch die Komponente dazu, dass ‹*Schwiizerli*› automatisch das Wort ‹*Mändli*› impliziert, was so viel wie ‹*Männchen*› bedeutet und ganz eindeutig ein Angriff auf seine Potenz darstellt. Mann müsste also den Satz folgerichtig so weitergeben: «*Wo kommen Sie her?*» «*Aus Deutschland!*» «*Ach, Sie sind ein niedliches, impotentes*

Die Färöer Inseln - als wären die Alpen im Meer versunken.

Deutschwürstchen?» Ja – So viel steckt in dem kleinen Wörtchen ‹Li›. Vielleicht lehrt uns dies, ein wenig vorsichtiger mit Worten umzugehen, die Leute aufgrund ihrer Herkunft diffamieren könnten.

Schauen also zu, dass wir den *Ossi* möglichst schnell wieder loswerden. (War ein *Ossi*, sagte ich das nicht?)

Dann geht's zurück in die Stadt. Wir brauchen jetzt dringend einen Kaffee. Am Hafen haben die ersten Lokale geöffnet, und in einer gemütlichen Kneipe bestellen wir zwei Tassen Wachmacher und zwei Croissants. Der Kaffee kostet fünfundzwanzig Kronen, also etwas mehr als vier Schweizer Franken. Aber er ist zum Nachfüllen, und das relativiert den Preis erheblich. Allerdings bezahlt man für ein Croissant dasselbe, und da wird nicht nachgereicht. Vier Franken für ein *Hörnchen*? Die sind wohl von allen guten Geistern verlassen. Merken dann allerdings recht schnell, dass dies auf den Färöer Standard ist und die Preise in etwa mit denen in der Schweiz verglichen werden können. Einiges ist günstiger, einiges um *vieles* teurer. Werden also gut rechnen müssen, wenn wir unseren guten Vorsätzen treu bleiben wollen.

Wir wählen trotz der mässigen Temperaturen einen Tisch an der frischen Luft, weil wir harte Kerle sind und nikotinsüchtig. Ein schäbig gekleideter, älterer Mann setzt sich, ohne zu fragen, zu uns und beginnt eine Unterhaltung in Englisch. Will wissen, wo wir herkommen, wie lange wir zu bleiben gedenken und was wir alles besuchen wollen. Dazu erzählt er auch einiges über sich und über die Geschichte der Färöer und dass seine Familie von den *Wikingern* abstammt. Interessant! Steht dann mitten im Gespräch auf und ist mit einem knappen «*have a good day*» so schnell verschwunden, wie er gekommen ist. Es wird nicht das letzte Mal sein, dass uns das passiert. Die Leute hier sind unglaublich offen und kommunikativ. Es ist durchaus üblich, sich zu Leuten an den Tisch zu setzen und ein Gespräch anzufangen. Es kann dir passieren, dass du in *Tórshavn* mitten auf der Strasse von wildfremden Menschen angesprochen oder gegrüsst wirst. Uns gefällt das total. Wo wir auch hinkommen, fühlen wir uns willkommen. Beinahe überall schenkt man uns ein Lächeln oder ein nettes Wort. Natürlich gibt es auch hier unfreundliche Menschen, aber *viele* treffen wir nicht.

Zurück auf dem Camping kommt dann auch irgendwann der Platzwart angefahren. Will keinen Ausweis sehen. Füllt bloss einen Zettel aus und informiert uns, dass der Zeltplatz eigentlich noch geschlossen hat und einige Dinge nicht benutzbar sind. Aber das wissen wir ja schon. Will gleich bezahlen, aber er hat kein Wechselgeld. «*Bezahlt einfach später*», meint er. Bemerke, dass wir noch nicht genau wissen, wann wir weiterreisen werden und wir ihm *später* vielleicht gar nicht mehr begegnen. Er zuckt nur mit den Schultern und meint leichthin: «*Ihr könnt nicht fliehen. Es ist eine Insel.*»

Die Färöer-Inseln verfügen über ein gutes Bussystem. Von *Tórshavn* aus sind eigentlich alle Punkte des Inselstaates in einer Tagesreise erreichbar, hin und zurück. Einige der Inseln sind mit Unterwassertunnels verbunden andere nur mit der Fähre erreichbar. In der Regel sind die Transportmittel aber gut aufeinander abgestimmt, so dass man direkt vom Bus auf die Fähre umsteigen kann oder auch umgekehrt. Es gibt eine Viertageskarte zu lösen, mit der man dann alle Busse und auch beinahe alle Fähren benutzen kann. Für uns ideal. Werden also erstmal vier Tage in *Tórshavn* bleiben und unsere Erkundungen von hier aus starten. Zudem ist der Preis für das Abonnement im Vergleich zum Angebot wirklich mehr als in Ordnung. Durchschaue dann aber schon bald einmal den Trick der Sache: Der Fahrplan ist so kompliziert aufgebaut und mit etlichen Sonderzeichen gespickt, die man alle Nachschlagen muss, und einige Angaben sind nur in Färöisch vermerkt, sodass ein *durchschnittlich* intelligenter Mensch wie ich allein die ersten drei Tage braucht, um ihn zu verstehen. Fabiola schafft es dann in einer Stunde. Aber sie ist ja auch überdurchschnittlich. Als wir am nächsten Morgen aus dem Zelt kriechen, weht ein eisiger Wind. Der Himmel ist trübe, und über dem Meer liegt eine drohende, dunkle Wolkenbank. Schlurfe, in meine Regenjacke eingehüllt, nach vorne zur Duschkabine und treffe hier den Platzwart. «*Gutes Wetter*», meint er. «*Es ist trocken!*»

Suchen uns als erstes Ziel *Klaksvík* aus. Es liegt auf *Borðoy*, eine der nördlichen Inseln. «*Die nördlichen Inseln fanden wir die schönsten*», meinten die beiden jungen Österreicher. Warum also nicht mal im Norden anfangen? Rückblickend müssen wir jedoch feststellen, dass wir in Folge noch oft solche Aussagen hörten: «*Diese Insel ist ganz besonders.*» «*Da solltet ihr hingehen...*» «*Im Süden ist dies ganz speziell...*» «*Da, im Westen findet man dies und das...*» Wenn wir ehrlich sein sollen: Für uns sehen alle Inseln, die wir besuchen, etwa gleich aus. Schwarzes Basaltgestein, steile Hänge von kleinen Bachläufen durchzogen, schroffe Klippen. Dazwischen winzige Ortschaften mit farbigen Häusern. Manchmal haben wir das Gefühl, uns auf einer Modelleisenbahn-Anlage zu bewegen. Die grünbestreuten Hügel und Berge, auf den Spitzen noch mit Schnee bezuckert, malerische Dörfchen mit kleinen Kirchen, die wenigen Strassen, die sich wie graue Bänder durch die Landschaft ziehen, ab und zu ein Tunnel. Das ganze beinahe baumlos, nur ganz selten etwas Gebüsch oder ein paar einsame Föhren. So sieht es eigentlich fast überall auf den Färöern aus.

Damit wollen wir aber nicht sagen, es sei langweilig, im Gegenteil: Gerade wenn man zu Fuss unterwegs ist, ist die Landschaft sehr facettenreich. Immer wieder trifft man auf Orte, die vielleicht besonders wasserreich sind oder optimal vom Wind geschützt, und da wuchert die Natur dann geradezu. Es wachsen verschiedene Blumen und diverse Kräuter, und das Gras ist so saftig, dass man am liebsten reinbeissen würde. Oder man findet kleine, versteckte Bergseen, oft umgeben von Moorgebieten, dazwischen Felsbrocken und moosbewachsene Steine. Was aber besonders beeindruckt, ist die klare, saubere Luft und die Ruhe. Auf den Färöern entspannt man sich, ob man nun will oder nicht. Die Zeit scheint ein wenig gemächlicher zu fliessen, und das ist sogar in den Dörfern und Städten spürbar. Die Leute bewegen sich *relaxt*, ohne Stress. An den Bushaltestellen setzen sie sich einfach hin und warten geduldig. Keiner schaut auf die Uhr oder läuft nervös hin und her. Dasselbe gilt auch für die Fahrer: Obschon sie eigentlich immer pünktlich nach Plan fahren, wirken sie nie gehetzt. Sie haben *immer* Zeit, dir eine Frage zu beantworten, dir beim Verstauen des Gepäcks zu helfen oder auch nur ein Schwätzchen zu halten. Und es ist ansteckend. Nach zwei, drei Tagen passt du dich dem Rhythmus an und wirst ruhiger und entspannter. Die Färöer sind ein kleines Stück Frieden, irgendwo im Nirgendwo.

Was man natürlich auch überall findet, sind Schafe. *Achtzigtausend* Stück sollen auf den Inseln leben, und das sind immerhin *dreissigtausend mehr* als Menschen. Wo man auch geht und steht: Überall blökt ein Schaf. In den Gärten, auf den Wegen, hoch in den Klippen oder auf dem Parkplatz – Schafe, Schafe, Schafe. Und nicht in Herden, wie man sich das vielleicht vorstellt, sondern immer in Grüppchen von drei, vier Stück. Es gibt weisse Schafe, braune Schafe, gescheckte Schafe, graue Schafe, schwarze Schafe, zottelige Schafe, kleine Schafe, grosse Schafe, riesige Schafe, zwergige Schafe, elegante Schafe, hässliche und schöne Schafe – die ganze Bandbreite dieser Tierart ist hier vertreten.

Und natürlich stehen sie auch immer mal wieder auf der Strasse rum. In unserem Reisewörterbuch steht unter der Rubrik ‹*Sätze, die sie vielleicht brauchen könnten*› der Hinweis: ‹*Ich habe ein Schaf überfahren.*›

Und wo es Schafe gibt, hat es natürlich auch Zäune. Sie ziehen sich oft bis ganz oben die steilen Berghänge hinauf. Wenn man Landschaftsfotos machen will, kann das ab und zu schon nerven, zumal die Tiere eh meist *ausserhalb* der Umzäunungen zu finden sind. Man kommt nicht umhin, sich zu fragen, für was die Absperrungen eigentlich gut sein sollen.

Schafe haben ja den Ruf, dumme Tiere zu sein, und man kann nicht behaupten, dass sie sich bemühen, uns das Gegenteil zu beweisen. Wenn wir ihnen auf den Wanderwegen begegnen, laufen sie immer ängstlich von uns weg. Dabei gehen sie aber nicht zur Seite, sondern zotteln vor uns her. Manchmal zehn Minuten lang. Dazwischen bleiben sie stehen, werfen einen panischen, verstörten Blick zurück und rennen dann weiter. Da-

Manchmal haben wir das Gefühl, uns auf einer Modelleisenbahn-Anlage zu bewegen.

Stockenten sind so ziemlich das Letzte, was man auf den Berggipfeln der Färöer Inseln erwartet.

bei lassen sie ein jämmerliches Böh-böh hören. Dann endlich, nachdem sie *Hunderte* von Metern geflüchtet sind, dämmert es ihnen, dass sie ja eigentlich auch nach links oder rechts ausweichen könnten. Also trippeln sie in weitem Bogen um uns rum, langsam und unsicher, die Augen weit aufgerissen, und hetzen anschliessend den ganzen Weg zurück, als wär' der Teufel hinter ihnen her. Na, ja: *Schafe* halt! Sie sind aber auch drollig. Hört man dem Geblöke eine Zeit lang zu, kann man eine echte Kommunikation erkennen. Mütter rufen ihre Kleinen, andere geben Standortsbestimmungen durch oder markieren ganz einfach Präsenz. Blöke ein paar Mal mit und erhalte auch Antwort. Die Lämmer tollen auf der Wiese rum, spielen Fangen, machen Wettläufe, vollführen Bocksprünge oder messen ihre Kräfte in Scheinkämpfen, so wie es alle Kinder tun.

Wir treffen in *Klaksvík* ein. Es ist der Hauptort der Nordinseln. Das will nicht heissen, dass er besonders gross wäre (auf den Färöern ist *nichts* besonders gross), aber man findet alles, was man braucht: Eine Tankstelle, ein Einkaufscenter, Gaststätten und ein Hotel. Wie in den meisten grösseren Siedlungen gibt es auch hier einen Hafen und viele Fischerboote. Die Fischerei ist immer noch der wichtigste wirtschaftliche Faktor auf den Inseln. Wir haben zwei Mal Gelegenheit, färöische Nachrichten zu sehen, und beide Male geht es hauptsächlich um Fische und Fischerei. (Wir verstehen ja nichts von dem, was sie sprechen. Aber im *Hintergrund* schwimmen immer irgendwelche *Fischerboote* oder *Fische* rum, und in den Interviews werden *bärtige Männer in Ölklamotten* befragt.)

Wir suchen nach einem Wanderweg in *Klaksvík* und stellen fest, dass es eigentlich nur einen gibt. Er führt hoch zum Hausberg, der sinnigerweise *Klakur* heisst.

Kraxeln (oder *klakseln*?) hinauf. Von oben hat man eine schöne Sicht auf den Ort, den Meeresarm, an dem er liegt, und hinaus auf die offene See. Wir finden einen kleinen Bergsee *(okay, ein grosser Tümpel),* an dem wir ansitzen und auf Vögel warten. Viele kommen nicht. Dafür entdecke ich einen interessanten Felsbrocken. Er ist

beinahe rund und liegt wie eine riesige Kugel am Fuss eines pyramidenförmigen Berges. Den will ich fotografieren. Ich möchte ihn aber genau in der Mitte des Bildes haben, mit der dreieckigen Spitze im Hintergrund. Dafür muss ich ein Stück laufen. Der Boden ist recht morastig, und teilweise geht es durch regelrechten Sumpf. Wäge also, vorsichtig, wie ich bin, jeden meiner Schritte genau ab und hüpfe von Steininsel zu Steininsel. Schliesslich fehlen nur noch fünf Meter bis zum idealen Standpunkt. Ich springe enthusiastisch vorwärts und stecke auch schon bis zu den Hüften im Moor. Bin zwar schnell wieder draussen, aber Schuhe, Strümpfe, Hosen und Unterhosen sind klitschnass. Knipse trotzdem ein paar Mal lustlos. Das Foto wird *scheisse*. Hat von da drüben besser ausgesehen. Hüpfe zurück zu Fabiola und ernte schadenfreudiges Gelächter. «*Aber das sieht man doch*», meint sie. Na, wenn ich es gesehen hätte, wäre ich wohl nicht reingesprungen. Zum Glück weht ein starker und nicht zu kalter Wind, und meine Sachen trocknen recht schnell. Wird mir eine Lehre sein, mich in der Natur vorsichtiger zu bewegen. Hätte ja auch tiefer sein können, dann würde ich diese Geschichte vielleicht nicht mehr schreiben.

Auf dem Rückweg beobachten wir einen Spaziergänger, der Plastikabfälle vom Weg aufsammelt und sie zum Mülleimer beim Rastplatz trägt. Dasselbe machte schon eine Frau, der wir beim Hinaufsteigen begegnet sind. Die Färinger scheinen wirklich naturbewusste Menschen zu sein. Selten trifft man auf weggeworfenen Sachen, welche in den Wiesen rumliegen. Vielleicht geht es aber auch darum, dass die Schafe nichts Falsches in den Magen kriegen. Nichtsdestotrotz ein *sehr* sympathischer Zug.

In *Klaksvík* bleibt es den ganzen Tag bewölkt. Auf dem Rückweg fahren wir in den schönsten Sonnenschein, dann verfinstert sich die Szenerie, und es giesst wie aus Kübeln, und als wir in Tórshavn ankommen zeigt sich der Himmel zwar bedeckt, aber es bleibt trocken. Auch das ist typisch Färöer: Das Wetter ist oft von Tal zu Tal verschieden, und nicht nur das: Es kann auch von einer Minute zur anderen wechseln. Auf den Färöern muss man *immer* auf alles vorbereitet sein. Während der vielen Stunden, die wir hier in der Natur verbringen, müssen wir unsere Pullover und Regenjacken unzählige Male an- und ausziehen, manchmal schon beinahe im Viertelstundentakt. Die Einheimischen nehmen das aber nicht so genau. Mehr als einmal sitzen wir in all unsere Kleider gehüllt in einer Strassenkneipe und sehen junge Mädchen in Minirock und mit nackten Beinen vorbeischlendern. Sie sind *zäh*, die Insulaner.

Zurück auf dem Camping, treffen wir auf drei junge Studenten, die gerade von Island angekommen sind, zwei deutsche Jungs und ein Mädchen aus Schweden. Sie waren eben einkaufen und sind *schockier*t von den hohen Preisen auf den Färöern. Wir wiederum sind *begeistert* von der Aussicht, dass Island für uns günstiger werden wird.

Am nächsten Tag besuchen wir *Sandoy* im Süden. Die Überfahrt mit der Fähre bietet eine unglaubliche Sicht auf verschiedene, kleine Inseln. Unter anderem auf den *Trolls Hat*, einen Felsen, der seinen Namen aufgrund seiner aussergewöhnlichen Form erhalten hat. Er erinnert an eine überdimensionale *Zwergenkappe*.
Das Wetter ist mild, das kobaltblaue Wasser glitzert im Sonnenlicht. Klippen und Riffs schimmern in goldbraunen Tönen, und vereinzelte luftige Wölkchen ziehen am azurfarbenen Himmel vorbei. Vom Meer aus gesehen, sind die Färöer-Inseln am faszinierendsten. Die schroffen, bizarr geformten Felsformationen, die sanftgrünen Hügel, die weisse Gischt zwischen schwarzem Gestein – pittoreske Postkartenidylle.
Fünf Ortschaften liegen auf *Sandoy*: *Skopun*, *Sandur*, *Skálavík*, *Húsavík* und *Dalur*, wobei die drei Letzteren nur aus wenigen Gebäuden bestehen. Die Fähre landet in *Skopun*. Hübsche farbige Häuser, eine kleine, schon fast kitschig verzierte Kirche, das Dorf schläfrig eingekuschelt in die schmale Bucht. Nebst der neuen, modernen besteht eine alte, nicht ausgebaute Strasse, die sich den steilen Hang hinaufwindet. Wir laufen ein gutes Stück bis zu einem kleinen, einsamen See. Eine grosse Schar Sturmmöwen hat sich hier zum morgendlichen Bad eingefunden. Es herrscht ein munteres Gekreische und Geplansche. Dann

plötzlich Aufregung: Zwei Schmarotzerraubmöwen sind am Horizont aufgetaucht. Wie der Name schon sagt, leben diese Vögel gerne mal von der Arbeit anderer. Sie suchen sich ein geeignetes Opfer aus und bedrängen es, indem sie immer wieder wie Falken von oben herabstossen, bis es seine gefangene Beute aus dem Schnabel fallen lässt und seine Angreifer profitieren können.

Eigentlich ein ähnliches Prinzip, wie es oft in der Politik angewandt wird: So lange *Angst* machen, bis das gewünschte Resultat erreicht ist.

Es ist ein total friedlicher Ort und, abgesehen von einer alten, etwas baufälligen Fischerhütte, absolut unbesiedelt. Karge Bergspitzen erheben sich über das grüne Tal, brüchige Felsbänder von Wind und Wetter geformt, die Wiesen durchzogen von murmelnden Bächen, gesäumt von Sumpfdotterblumen – Natur in ihrer schönsten Form. Wie fast überall auf den Färöern zeigt sich die Landschaft unberührt. Wenn man mal von der jahrhundertelangen Beweidung mit Schafen absieht, sind die Inseln ursprünglich und wild geblieben. Wasserläufe bahnen sich ungehindert ihren Weg. Verbauungen sieht man nur ganz selten. Es gibt kaum Felderwirtschaft, höchstens hier und da ein paar Quadratmeter Gemüsegarten. Eigentlich wundert uns das. Natürlich befinden wir uns hier im Norden, aber die Lichtverhältnisse und die langen Sommertage wären eigentlich ideal für diverse Gemüsearten. Man kennt das ja von Alaska, wo regelmässig die grössten Kürbisse gezüchtet werden.

«Ja, das stimmt schon», nickt später unser Platzwart in *Tórshavn*. *«Aber die Schafe sind einfacher. Wir kaufen Gemüse im Supermarkt.»* Dann lächelt er verschmitzt und meint: *«Wir sind einfach zu faul.»*

Wieder in *Skopun,* bleibt uns noch Zeit, um in dem kleinen Dorfladen einzukaufen. Unglaublich, welche Auswahl in dem winzigen Lokal feilgeboten wird. Von Lebensmitteln über Strickzeug bis hin zu Angelbedarf und Gummistiefeln – alles findet in den engen Regalen Platz. Würden gerne etwas einheimischen Fisch erstehen, aber *Fehlanzeige*. Abgesehen von dem kleinen Fischmarkt

Allgegenwärtig und immer am Kauen – Schafe.

in *Tórshavn* ist es gar nicht so einfach, auf den Färöer-Inseln fangfrischen Fisch zu bekommen. Wir hätten gedacht, man findet dies hier an jeder Ecke. Aber die Globalisierung macht auch vor diesen Eilanden nicht Halt, und der tiefgefrorene Lachs, den wir schlussendlich aussuchen, stammt zwar von hier, ist aber in Dänemark abgepackt. Verkehrte Welt: Im Binnenland Schweiz hat man

eigentlich *nie* Probleme, frischen Meeresfisch zu kaufen.

Die drei jungen Studenten sind immer noch in *Tórshavn*. Fragen uns über *Sandoy* aus und beschliessen am nächsten Tag dorthin zu gehen und auf dem Camping zu übernachten. Sind dann abends, als wir zurückkommen, auch weg. Nur der Sack mit den *Zeltstangen* ist noch hier. Das Wetter hat unterdessen gedreht, und es ist nasskalt und windig. Na dann: *Toi, toi, toi!*

Die folgenden zwei Tage bleiben grau und regnerisch, kein Fotowetter. Nutzen die Gelegenheit, um ein wenig die Hauptstadt unsicher zu machen. Sehr viel gibt es nicht zu entdecken. *Tórshavn* ist recht überschaubar. Es ist zwar über eine relativ grosse Fläche gebaut, aber in den Aussenquartieren stehen meist nur Wohnhäuser. Das Stadtleben konzentriert sich rings um den Hafen. Hier findet man Restaurants, Shops, Bars und all das andere, was eine *Downtown* ausmacht. Schlendern durch die Strassen und Gassen und beschauen die teils recht alten Gebäude. Einige der Häuser sind noch im traditionellen Stil mit Grasmatten gedeckt, nicht nur hübsch anzuschauen, sondern auch ökonomisch und ökologisch sinnvoll. Fabiola ersteht ein paar Knäuel färöische Wolle in einem Strickgeschäft. Und das, wo sie mir noch vor ein paar Minuten abgeraten hat, einen Buchladen aufzusuchen, weil wir *aufs Budget* schauen müssten. «*Aber Wolle ist hier günstig, und Bücher sind teuer*», behauptet sie. «*Ausserdem sind Bücher ein Verbrauchsartikel. Ich stricke etwas, was länger hält. Blablablabla....!*» Strickt dann einen *Schal* daraus. Den können wir in den kommenden Sommermonaten *ganz bestimmt* gebrauchen, mhmm!

Landen schlussendlich in einer Imbissbude, wo *the best coffee in town* angeboten wird. Hocken uns draussen an den Holztisch und kriegen bald Gesellschaft. Zwei ziemlich zwielichtige Typen setzen sich zu uns. Der eine, *Armann*, wirkt nicht ganz so abgerissen und ist der Wortführer der beiden. Er redet und lacht viel und erzählt, dass er ein *Master* wäre, was heisse, dass er berechtigt sei, jede Art von Schiff zu führen. Na, ja. Ich weiss nicht, ob ich mit *dem* mitfahren würde. Er ist so um die fünfundfünfzig, mit kurzen, weissen, vorne langsam etwas dünner werdenden Haaren, trägt einen Wollpullover, darüber eine Armeejacke und dazu verwaschene Jeans. Seine Augen sind wasserblau und eindringlich, aber nicht ohne einen gewissen Schalk, und *natürlich* stammt er von den *Wikingern* ab!

Der andere, *Stefan*, vielleicht drei, vier Jahre jünger, könnte dem Filmset von *Pirates of the Caribbean* entsprungen sein. Die halblangen, hellbraunen Haare sind gelockt und verfilzt. Sein Gesicht, bärtig und haselnussbraun, ist wettergegerbt und von tiefen Furchen durchzogen, das Stirnbein etwas nach vorne verschoben, eine Nase wie aus Holz geschnitzt, die blauen Augen zwei eingelegte Glasmurmeln. Er trägt eine Jacke in undefinierbarem Braungrün, aus deren Ärmeln schwielige, kräftige Hände hervorlugen. Seine Jeans sehen aus, als wären sie zwanzig Jahre im Salzwasser gestanden, und seine Füsse stecken in ausgelatschten, schwarzen Arbeitsschuhen. Alles in allem: *Nicht* der Typ, dem ich morgens um zwei in einer dunklen Gasse begegnen möchte.

Er fragt, wo wir herkommen. Ah, *die Schweiz?* Die hat er in jungen Jahren mit dem Motorrad bereist! Der Typ ist erstaunlich: Sieht aus wie Räuber Hotzenplotz und spricht wie ein Hochschulprofessor. Er beherrscht acht Sprachen, mein lieber Mann! Auch er ist Seemann, allerdings Maschinist. Daher wohl seine rauen Pranken.

Armann hat unterdessen in seinem Plastiksack gewühlt und bringt vier Dosen Bier zum Vorschein. Stellt uns auch je eine hin. Dann zieht er noch eine kleine Färöer Flagge aus der Tasche und pflanzt sie auf den Tisch. «*Die ist für euch*», verkündet er. «*Die Merkið – sie ist unser ganzer Stolz. Wir haben unser eigenes Land, wir haben unsere eigene Sprache, wir haben unsere eigene Flagge.*» Er richtet sich im Sitzen auf und beginnt, lauthals die Nationalhymne zu singen. Danach will er wissen, wie unsere Flagge heisst. «*Tja*», antworte ich ratlos, «*Schweizerkreuz? Weisses Kreuz auf rotem Grund?*» «*Was?*», brüllt er. «*Das kann nicht sein. Eine Flagge muss einen Namen haben.*» Er ist richtig empört und verlangt, dass ich zuhause anrufe und nachfrage. «*Wie wär's mit: Gegenteil von rotem Kreuz?*», witzelt Stefan und öffnet ihm ein zweites Bier. Armann setzt schon an, sich weiter zu ereifern, aber er wird abgelenkt, weil ein Mann in schwarzem Anzug an unseren Tisch tritt. Er scheint Stefan zu kennen und redet eindringlich auf ihn ein. Armann beäugt ihn argwöhnisch, hört eine Zeit lang zu und steht dann plötzlich auf. Der Mann weicht erschrocken zurück, denn

Armann hat bereits die Hand zum Schlag erhoben. Stefan weist ihn scharf zurecht, und Armann setzt sich wieder hin. Der schwarz Gekleidete sucht eilig das Weite. «*Der Mann ist Priester*», erklärt Stefan. «*Er ist ein Scheisser!*», versetzt Armann. «*Wenn er dich nicht endlich in Ruhe lässt, kriegt er was auf die Fresse.*»

Wir bekommen nicht wirklich mit, um was es geht, denn den Rest des Gesprächs führen die beiden in Färöisch. Jedenfalls beruhigt sich Armann wieder, prostet Stefan zu und leert sein zweites Bier. Stefan schüttelt den Kopf und murmelt mit einem Seitenblick auf Armann: «*Er muss immer den wilden Mann spielen!*» «*Er hatte kein Recht, so mit dir zu sprechen*», rechtfertigt sich Armann. «*Du bist ein guter Mann!*» Er schmollt noch ein wenig. Dann öffnet er die nächste Dose Bier und meint, an uns gewandt: «*Da wo ich wohne, gibt es ein separates Zimmer mit Küche und WC. Wenn's euch auf dem Camping zu kalt wird, kommt da hin. Ihr könnt es gratis haben.*» Er reicht mir seine Karte. Bin echt baff und bedanke mich für das grosszügige Angebot.

Wir sitzen noch lange mit den beiden da und quatschen über dieses und jenes. Langweilig wird es uns dabei nicht, denn die zwei sind richtige *Originale*.

Armann ist ziemlich laut und ausfällig. Pöbelt jeden an, der vorbeiläuft, und lässt zotige Sprüche fallen, wenn ein weibliches Wesen darunter ist. Stefan ermahnt ihn mehrmals auf Färöisch. Trotz seinem furchterregenden Äusseren ist er ein ganz anderer Typ. Er wirkt ruhig und bedacht, hat ein angenehmes, anständiges, ja schon fast scheues Wesen. Ausserdem ist er gebildet und verfügt über ein grosses Allgemeinwissen. Von ihm erfahren wir auch, dass die Färöer-Inseln noch gar nicht so lange unabhängig sind. Gerade mal knapp siebzig Jahre. Davor war es dänisches Hoheitsgebiet. Es gab sogar eine Zeit, da war es *verboten*, Färöisch zu reden, und sein Grossvater wurde als junger Mann ins Gefängnis gesteckt, weil er die dänische Flagge auf dem Hauptplatz in *Tórshavn* heruntergerissen hatte. Trotzdem sind die Inseln auch heute noch eng mit Dänemark verknüpft. Viele junge Färinger gehen zum Studieren dahin, die Währung ist dieselbe, und die meisten Produkte, die in den Läden angeboten werden, sind dänisch. Und auch finanziell sind die Färöer von Dänemark abhängig. Ohne die regelmässigen Zahlungen vom Kontinent stünde es wohl einiges schlechter um die Inselwirtschaft. Dennoch geniesst das Königreich bei den Insulanern keine ungeteilte Sympathie, und längst nicht jeder Färinger freut sich, als in diesen Tagen Dänemark bei der Fussballeuropameisterschaften Holland schlägt. Zu nahe liegen für manchen noch die Unterdrückung und Benachteiligung durch die dänische Krone. Sie sind ein *stolzes* Volk, die Färinger.

Als wir uns schliesslich von unseren Tischgenossen verabschieden, nötigt mich Armann, mit ihm für ein Foto zu posieren. Fabiola schiesst ein Bild, und wir schicken es ihm später per Mail. Wir haben es noch, und es erinnert uns immer wieder an einen vergnüglichen Nachmittag in *Tórshavn*. «*Ich habe euch heute gesehen*», meint der Platzwart am Abend. «*Ihr wart in guter Gesellschaft!*» Erzählen ihm von unserer Begegnung und, dass wir viel Spass mit den beiden hatten. «*Naja*», nickt er mit zweifelndem Blick. «*Der mit den langen Haaren ist in Ordnung, aber der andere... er ist eine verdammte Nervensäge!*» In Englisch tönt das noch viel schöner: «*He's a pain-in-the-ass !*» Wir lachen und verstehen genau, was er meint. Aber mit *uns* war er sehr nett.

Google dann später noch, was *Merkið* eigentlich bedeutet, und finde die Übersetzung: *Flagge – Banner*. Okay, da sind wir ja mit *Schweizerkreuz* gar nicht so schlecht dran.

Alle, die wir treffen, erzählen uns dasselbe: «*Ihr müsst nach Vestmanna! Vestmanna ist wunderschön! Vestmanna muss man gesehen haben. Vestmanna, Vestmanna, Vestmanna.*»

Also klar: Wir gehen dahin! Mit dem Bus ist es gar nicht mal so weit, denn es befindet sich auf derselben Insel wie *Tórshavn*.

Vielleicht liegt es am *trüben* Wetter, an dem immer noch *saukalten* Wind oder einfach an unseren *nicht insulanisch* geschulten Augen ... jedenfalls sieht für uns *Vestmanna* genauso aus, wie all die anderen Plätze, die wir bisher besucht haben. Basaltberge voll mit grasenden Schafen und ein nettes, aber nicht gerade umwerfendes Dörfchen inklusive obligatem Hafen.

Von hier aus könnte man eine Bootstour buchen, vorbei an den Klippen, wo Tausende von Seevögeln brüten und durch die berühmten Felsbögen, die wie riesige Tore einer versunkenen Stadt in der Brandung stehen. Das wäre ja womöglich die *Sensation*, von der alle gesprochen haben. Aber ehrlich gesagt: Das Meer trägt heute Schaumkronen und sieht nicht sehr einladend aus. Und dasselbe kann man auch vom Preis für den Trip behaupten. *Be-trägt* auch viele *Kronen* und lädt uns deshalb auch nicht ein. Der sympathische Engländer, der wie wir auf dem Camping in *Tórshavn* übernachtet, bucht die Fahrt trotzdem. Wird kräftig durchgeschüttelt und sieht gar nichts. Haben wir also am richtigen Ort gespart. Bei schönem Wetter wäre die Tour bestimmt ein Erlebnis, nur – wann ist auf den Färöern mal *schönes* Wetter? Beschliessen stattdessen, einen Berg zu besteigen. Die Strasse führt uns bis zur Mitte hoch und verliert sich dann irgendwo in einer Wiese. Wie sagte die Frau, die wir nach dem Weg gefragt haben? *«Einfach da hinauf und dann links abbiegen.»* Stimmt schon. Aber der Steig endet am nächsten Schafszaun. Dahinter ist noch so etwas wie ein Trampelpfad erkennbar. Steigen also über die Umzäunung und klettern weiter den Berg hinauf. Zwei Widder stehen am Wegrand und beobachten uns argwöhnisch. Aus ihren zotteligen Mähnen lugen mächtige, spiralförmige Hörner hervor. Sie gaffen uns an, aus ihren gelben, geschlitzten Teufelsaugen, und Rauch steigt aus ihren Nüstern. Nein, nein: Ich werd' mich doch nicht vor ein paar dummen Schafen fürchten. Aber die sind gar nicht so klein, wenn sie direkt neben dir stehen. Ausserdem ist es schwierig, in ihren Gesichtern zu lesen. Sind sie gerade nur interessiert und gucken einfach doof, oder sind sie aggressiv und entschlossen, dir ihren hammerharten Schädel ins Steissbein zu rammen? Habe ja keine Ahnung, ob die so was überhaupt machen, aber *vorsichtshalber* nehme ich mal meinen Rucksack von den Schultern, um ihn gegebenenfalls als Pufferzone zu verwenden. Machen sich dann aber blökend vom Acker. Haben sicher gemerkt, dass mit *mir* nicht zu spassen ist.

Oben, auf dem Bergrücken, erwartet uns dann einmal mehr der verdammte Seewind, aber auch eine phantastische Aussicht. Der Blick geht hinaus über das Meer, an die schroffen Gestade der Insel *Vágar*. So geheimnisvoll, wie ihr Name klingt, liegt sie da in der rauen See, unter dem wolkenverhangenen Himmel. Wir sind uns erneut einig, dass *dies* den Zauber der Färöer-Inseln ausmacht: Eilande und Felsen wie riesige, schlafende Fabelwesen in dem sich ständig verändernden Wasser, als hätten sie sich hier einst zur ewigen Ruhe gebettet. Sie sind *magisch*, die Inseln. In Würde und Erhabenheit trotzen sie den Elementen und vermitteln das Gefühl von Beständigkeit in einer allzu oft unbeständigen Zeit. Wäre die Welt immer noch flach, *hier* würde man das Ende vermuten.

So mag das auch den irischen Mönchen vorgekommen sein, die noch vor den Wikingern hier gelandet sein sollen. Mit ihnen, so sagt man, seien einst auch die Schafe auf die Inseln gekommen. Frage mich, was die eigentlich hier wollten. Waren die nicht unterwegs, um Leute zu bekehren? Was suchten sie denn *hier*? Wenn man der Geschichtsschreibung glauben darf, lebte damals nämlich noch niemand auf den Färöern. Aber man darf ihr eben *nicht* immer glauben. Erst vor kurzem hat man auf einer der Inseln Grundmauern von Behausungen entdeckt, die wohl zeitlich noch weiter zurückreichen. Es gab also doch irgendwelche Bewohner vor der Invasion der Mönche und Schafe. Vielleicht wurden die ja bekehrt und sind dann *selber* missionieren gegangen? Oder: Sie wollten sich *nicht* bekehren lassen und wurden verbrannt? Soll ja vorkommen. Jedenfalls sind sie beinahe spurlos verschwunden und wurden, historisch gesehen, unter den Teppich der Geschichte gekehrt.

Bei den späteren Bewohnern hatten die Missionare anscheinend mehr Glück. Die Färöer sind voll mit Kirchen und Missionsstationen der verschiedensten Konfessionen. «Viel zu viele», knurrt der Platzwart. Mit ihnen ist auch der Glaube an die Trolle und Elfen verschwunden oder besser gesagt: in den Untergrund gedrängt worden. *«Da sind schon noch Leute, die an so was glauben»*, meint der Campingchef. *«Aber darüber zu reden, ist tabu!»*

51

Packen am nächsten Morgen unsere sieben Sachen und machen uns auf Richtung Hafen. Wir wollen mit der Fähre nach *Suðuroy*, der südlichsten Insel des kleinen Staates. Die Fahrt dauert immerhin zwei Stunden. Viele ihrer Bewohner arbeiten in *Tórshavn* und kehren jeweils erst am Wochenende zu ihren Familien zurück. *Suðuroy* ist nur auf dem Wasserweg zu erreichen und einfach zu abgelegen, um täglich hin- und herzureisen. So bleiben diese Leute während der Wochentage in der Hauptstadt und wohnen in Pensionen oder auch ihn Wohnwagen, um dann die freien Tage auf *Suðuroy* zu verbringen. Dementsprechend rege wird die Fähre an Freitagabenden und Montagmorgen benutzt. Sie bietet vielen Passagieren und Wagen Platz und verfügt über ein Bordrestaurant und einen kleinen Einkaufsladen. An diesem Samstagmorgen steigen jedoch nicht sehr viele Leute zu, und auf dem Oberdeck sitzen wir vorerst noch alleine. Etwas später gesellt sich ein Typ mit Fotokamera zu uns. Erfahren, dass er aus Polen stammt. *Dies wäre ein Land, welches wir auch gerne einmal besuchen würden*, und ich frage ihn deshalb, wie es da so ist, wenn man öffentlich reist, und wie sicher es wäre, mit Backpack unterwegs zu sein. *«Ach, die Bus- und Bahnnetze sind recht gut, und das Reisen ist angenehm»*, sagt er. *«Nur vor Dieben muss man sich in den Städten etwas in Acht nehmen. Aber…»*, und er wirft einen mitleidigen Blick auf meine Canon. *«Deine Kamera sieht ja nicht gerade teuer aus.»* - Was für ein *arrogantes* Arschloch! Rennt dann anschliessend mit seiner *Fuzzi-Kamera* auf dem Deck herum und fotografiert munter gegen Regen und Wind die im Dunst kaum erkennbaren Inselgestade. Ganz bestimmt ein *Fotoexperte*. Polen? Wer will schon nach *Polen? Ich* ganz bestimmt *nicht*. Ich meine: Beleidige mich, aber beleidige nicht meine Kamera!

Die Fähre landet in *Tvóroyri*, dem Hauptort von *Suðuroy*. Wir wollen aber nach *Vágur*, der zweitgrössten Siedlung der Insel, die etwas weiter süd-

lich liegt. Der Bus steht schon bereit, und nachdem alle Passagiere ihr Gepäck verstaut haben, geht es auch schon los. Die Fahrt dauert etwa eine halbe Stunde, und wir stellen schon mal fest: Entgegen der Beschreibung in Broschüren und den Aussagen der Leute, mit denen wir gesprochen haben, sieht auch *Suðuroy* genau so aus, wie all die anderen Inseln. Zugegeben: Die Hügel sind etwas weicher und die Täler ein wenig ausladender. Aber alles in allem sind es halt trotzdem wieder grün bewachsene Basaltberge, mit Wasserläufen, farbigen Dörfern, gesäumt von Zäunen und mit Schafen bevölkert. Die Vielfalt der Färöer ist ganz einfach ein werbetechnisches *Märchen* oder, was genauso gut möglich ist: Wenn man nicht hier aufgewachsen ist, fallen einem die Unterschiede nicht auf. Das sollte aber niemanden daran hindern, die Inseln zu bereisen, denn wunderschön sind sie auf jeden Fall!

Der Bus hält in *Vágur*, und der Chauffeur steigt extra aus, begleitet uns bis zur nächsten Abzweigung und weist uns den Weg zum Camping. So was würde uns zu Hause nicht passieren. Auch, dass sich keiner der Fahrgäste wegen der Verzögerung beklagt, ist hier absolut selbstverständlich. Was für ein Land, was für *unglaublich* nette Menschen, und jede der Inseln unterscheidet sich Landschaftlich von der anderen. Haben sie das gewusst?

So liebenswert die Insulaner sind, vom Wegeanlegen verstehen sie definitiv *nichts!* Der Pfad zum Zeltplatz, der mitten im Dorf neben der Jugendherberge liegt, führt uns zwar direkt ans Ziel, aber genau da liegt der Haken: Direkt bedeutet nämlich *schnurgerade* den Berg hinauf. So sind wir ziemlich geschafft und durchgeschwitzt, als wir oben ankommen, und erst mal etwas konsterniert, denn der Campingplatz ist ein etwa zwölf auf sechs Meter grosses Stück Wiese, das direkt vor dem Hostel liegt. Abgesehen davon, dass er mit grösseren Steinen und sonstigem Schutt übersät ist, steht hier auch noch ein alter, verrosteter Ofen. Zelte gibt es momentan keine oder hat es vielleicht auch *nie* gegeben!?

Ein einzelner Wohnwagen ist oben auf dem Parkplatz aufgebockt. Benutzt scheint er seit mindestens zwanzig Jahren nicht mehr zu sein. Auf der Suche nach der Anmeldung versuche ich es mit einer der Türen des *Youth Hostels* und finde sie unverschlossen. *«Hello?»*, rufe ich in den dunklen Vorraum. Aber es scheint niemand da zu sein. Etwas ratlos umrunden wir einige Male das Haus. Ein paar Kinder, die im Nachbargarten spielen, winken uns zu. *«Where you're from?»*, wollen sie wissen. Der Älteste der Dreikäsehochs ist wohl etwa neun und der Jüngste gerade mal sechs. Trotzdem sprechen sie schon alle mehr oder weniger fliessend englisch. Sie belehren uns, dass da in der Herberge niemand zu finden sei, wissen aber auch nicht, wo man die Verantwortlichen erreichen könnte. Zum Glück kommt da gerade ein Auto des Weges, und ich winke dem Fahrer zu, ob er wohl schnell anhalten könnte. Hinter dem Steuer sitzt ein älterer Mann, der sich unser Anliegen freundlich lächelnd anhört und uns ohne viele Worte auffordert, zu ihm in den Wagen zu steigen. *«Ich fahre euch dahin, wo man euch weiterhelfen wird»*, meint er. Obwohl er, wie er uns erzählt, eigentlich gerade nach Hause fahren wollte, kutschiert er uns quer durchs Dorf und bringt uns zu dem Haus, wo die Hostelleiter wohnen. *«Gehen Sie mal nachschaue*n, *ob jemand zu Hause ist»*, weist er mich an. *«Ich warte hier.»* Steige die kurze Treppe hoch, suche vergebens nach einer Türklingel und klopfe an Türen und Fenster. Der Einzige, der auftaucht, ist jedoch ein schwarzweisser Hund, der mich argwöhnisch beschnüffelt. Ziehe mich also zurück. Weiss ja nicht, ob die Hunde auf *Suðuroy* genauso freundlich sind wie die Menschen. *«Okay»*, entscheidet unser Helfer. *«Versuchen wir es anderswo.»* Ein paar Strassen weiter hält er vor einem älteren, schmucken Holzhäuschen. Finde auch hier keine Klingel und bleibe etwas ratlos vor dem Eingang stehen. *«Geh einfach rein»*, gestikuliert der Mann im Auto. Ich öffne also etwas scheu die Türe und rufe ins Haus hinein. Von irgendwoher antwortet eine krächzende, heisere Stimme in Färöisch, und im Korridor erscheint ein knochiges, hutzeliges

Die Stare auf den Färöern sind etwas grösser und kräftiger als ihre Verwandten im restlichen Europa.

Weiblein. Frage, ob sie englisch spricht, aber sie schüttelt nur den Knopf. Lotse sie zur Tür und zeige auf den Mann im Auto. Sie winkt ihm zu, und er kurbelt das Fenster runter. Es folgt ein kurzer Wortwechsel in der Landessprache. Dann lächelt mich die Frau an, nickt mir zu und verschwindet wieder im Haus. *«Alles in Ordnung»*, verkündet unser Fahrer. *«Sie wird jemanden anrufen, und die kommen dann hoch zum Hostel.»* Danach fährt uns der Mann den ganzen Weg zurück. Erzählt uns unterwegs ein wenig von sich, dass er hier geboren ist und nur ein einziges Mal im Ausland war. Das war auf seiner Hochzeitsreise, damals vor vierzig Jahren. Da ist er mit seiner Frau nach Dänemark gefahren. Aber sonst hat er die Färöer nie verlassen und die meiste Zeit hat er auf *Suðuroy* verbracht. *«Ja, so geht das»*, sinniert er. *«Aber wir hatten kein schlechtes Leben. Ich war hier der Lehrer, wissen Sie? Aber jetzt bin ich alt»*, und seine Stimme wird etwas wehmütig. *«Jetzt bin ich kein Lehrer mehr.»* Aber das stimmt nicht! Eben hat er uns *gelehrt*, wie viel es bedeuten kann, seinen Mitmenschen etwas Freundlichkeit entgegenzubringen. *Wir* jedenfalls werden ihn und seine Lehre nicht vergessen.

Es geht dann noch etwas über eine Stunde, bis ein grüner Jeep auf den Vorplatz des Hostels fährt. Ihm entsteigt ein Paar um die dreissig. Unterdessen hat es zu regnen angefangen, und wir haben uns unter das Vordach gesetzt. *«Aber warum seid ihr denn nicht reingegangen?»*, fragt uns die fröhliche junge Frau. Warum? Na, weil wir *Schweizer* sind. *Schweizer* gehen nicht einfach in ein *fremdes* Haus- okay, *einige* schon. Aber das sind dann Diebe. Hier läuft das ganz anders. Es war kein Zufall, dass ich vorher bei den Häusern keine Klingeln gefunden habe. So was braucht man auf *Suðuroy* nämlich nicht. Wenn man hier jemanden besucht, öffnet man ganz einfach die Türe und ruft *hallo*. Wohnungen abzuschliessen, wie man es sich auf dem Kontinent gewohnt ist, daran denkt man auf der Insel nicht. Diebstahl und Einbruch, das kennt man nur aus dem Fernsehen und der Zeitung.

Vernagelt und verrammelt werden die Häuser höchstens wegen des Windes. Die Winterstürme auf *Suðuroy* sind verheerend. Gerade letztes Jahr wurden hier etliche Häuser abgedeckt und einige sogar gänzlich zerstört. *«Das ist schon ein Problem»*, berichtet die Hausmutter. *«Mein kleiner Junge wurde schon zweimal auf dem Schulweg weggewindet.»*

Weggewindet? Wie muss man sich das vorstellen? So wie *der fliegende Robert* in *Struwwelpeter?* ‹*Wo der Wind ihn hingetragen – ja, das weiss kein Mensch zu sagen!*› Wie ich heraushöre, scheint er aber wohlauf zu sein. Trotzdem: Im *Winter* möchte ich hier nicht unbedingt wohnen.

Da uns der Campingplatz nicht gerade anheimelnd erscheint, fragen wir nach den Preisen für ein Doppelzimmer im Hostel. Es ist supergünstig und wir zögern nicht lange. *«Ihr seid die einzigen Gäste diese Woche»*, informiert uns die Frau. *«Nur die Scouts werden an zwei Abenden hier sein.»* Das Hostel ist nämlich zugleich das Pfadfinderheim. Überall an den Wänden hängen ihre Embleme. *«Sie sind nicht immer sehr ordentlich»*, entschuldigt sich die Leiterin, als wir das Haus betreten. In der Tat! Die meisten Räume sehen ziemlich chaotisch aus. Da liegen Matratzen und Kissen, kreuz und querübereinander geschichtet. Ganze Stapel von Brettspielen und Büchern in den Ecken aufgetürmt. Die Gänge sind mit Möbeln und Kisten vollgestellt und die Böden mit Zeltstangen und anderem Kram übersät. Unser Raum ist aber recht akzeptabel. Er verfügt über ein Doppelbett und ein kleines Regal, wo wir unsere Habseligkeiten verstauen können. Gleich nebenan gibt es eine Art Wohnzimmer. Hier stehen zwei ausgeleierte Sofas und sogar ein altes Fernsehgerät.

Das Leiterehepaar zeigt uns noch die übrigen Räumlichkeiten. Herrscht auch im ganzen Haus ein rechtes Tohuwabohu, die sanitären Anlagen und die geräumige Küche im Erdgeschoss sind sauber. Nachdem sich die zwei verabschiedet haben, grinsen wir uns erst mal an. Für ein paar Kronen haben wir für sechs Tage ein ganzes *Youth Hostel* gemietet. Was will man mehr? *«Wenn ich jetzt hier noch WIFI kriege, ist es perfekt»*, bemerke ich heiter. Schalte den Laptop ein, und: *Bingo!* Da ist ein offenes Netz. Funktioniert zwar nur im hintersten Zimmer, aber egal.

Als Erstes wuchten wir einen klobigen Salontisch vom Korridor ins Wohnzimmer und machen es uns auf den quietschenden Sofas gemütlich. An den Wänden entdecke ich diverse Fotografien. Sie zeigen allesamt Gruppen von Pfadfindern. Sind wohl Aufnahmen von verschiedenen Ausflügen. Sie sind datiert: Die ältesten stammen aus den Fünfzigerjahren, die jüngsten tragen das Datum 2010. Obwohl die Bilder immer wieder andere Gesichter zeigen, bleibt sich die Landschaft im Hintergrund gleich: schroffe, grasbewachsene Basaltberge. Muss schon ein wenig schmunzeln. ‹*Der Staat der Färöer besteht aus achtzehn Inseln – keine gleicht der anderen.*› *«Ha, ha»*, lache ich. Verstumme aber sogleich, als mich der strafende Blick *Baden Powells* trifft. Stolz und aufrecht steht er da, der General der *Scouts* mit seinem breitkrempigen Hut, und blickt mich in schwarz weiss streng und tadelnd an. *«Jeden Tag eine gute Tat»*, murmle ich und hänge den schiefen Holzrahmen gerade.

Nebst der geradezu luxuriösen Unterkunft hält Vágur noch ein paar andere Überraschungen für uns bereit. Handelt es sich auch um den zweitgrössten Ort auf *Suðuroy* – für mitteleuropäische Verhältnisse ist er lächerlich klein. Gerade mal vierzehnhundert Menschen leben hier. Nichtsdestotrotz verfügt er über *drei* Einkaufsmöglichkeiten. Zwei davon haben täglich von morgens um neun bis abends um zehn und die Dritte sogar bis *elf* Uhr geöffnet. Das Angebot im Supermarkt, wo wir unserer Einkäufe machen, ist zwar nicht ganz so breit wie jenes im Shoppingcenter der Hauptstadt, aber vor dem popligen *Bruggsen* auf *Fanø* braucht es sich fürwahr nicht zu verstecken. Ausserdem sind die Preise hier deutlich tiefer als in Tórshavn, sodass wir uns auch mal wieder ein Stück Fleisch zum Braten leisten. Gerade beim Ausgang findet man eine kleine Cafeteria. Hier gönnen wir uns jeweils morgens einen Kaffee und eines der schmackhaften Süssgebäcke. Draussen vor dem Laden steht eine Festbank, und das kommt uns sehr gelegen. So können wir frühstücken und erst noch eine Zigarette zum Kaffee geniessen. *Leben wie Gott auf Färöer.*

Eines Morgens gesellt sich *Jonathan* zu uns. Er ist so um die sechzig und in *London* aufgewachsen. Jetzt, nach langen Wanderjahren, hat er sich auf *Suðuroy* niedergelassen und ist begeistert von der Insel. Er bestätigt unseren Eindruck von der Freundlichkeit der Menschen. «*Färinger sind generell freundliche Leute*», meint er. «*Aber die hier auf Suðuroy ganz besonders.*»

Jonathan war schon an vielen Orten. Als er erfährt, dass wir Schweizer sind, erzählt er uns eine Anekdote aus seinem Leben: In jungen Jahren hatte er im Rahmen eines Studentenausflugs die Schweiz bereist. Eines Abends war ihm und seinen Freunden ums Feiern zumute und sie gingen in ein Geschäft, um Alkohol zu kaufen. Die Frau an der Kasse kam ihrem Wunsch zwar entgegen, ermahnte die jungen Leute aber, dass *zu viel* Alkohol der Gesundheit schade.

Viele Jahre später besuchte Jonathan denselben Ort wieder, diesmal in Begleitung seines Sohnes. Sie gingen zufällig wieder in den gleichen Laden, um Spirituosen zu erstehen, und trafen auf dieselbe Frau. Und auch diesmal konnte sie es sich nicht verkneifen, auf die schädlichen Auswirkungen von Alkohol hinzuweisen.

Wirklich eine *witzige* Geschichte. Andererseits, wenn ich mir Jonathan etwas genauer anschaue, hätte er wohl besser auf sie gehört!

Vágur ist schon ein gemütlicher Ort. Rings um den natürlichen Fischereihafen hat sich eine Art Zentrum gebildet. Hier herrscht immer Betrieb, jedoch stets mit der für die Färinger so typischen Gelassenheit. *Stress*, so was scheint man nicht zu kennen. Weder auf der Strasse noch in den Einkaufsläden geht es gehetzt zu und her. Die Leute wirken entspannt, nehmen sich für alles die nötige Zeit und bleiben immer mal wieder für einen kurzen Schwatz stehen.

Wie so oft sind es nicht die im Reiseführer angepriesenen *Sehenswürdigkeiten*, die den Besuch des Städtchens lohnenswert machen. Der vielgerühmte *Wald* ist nicht mehr als eine quadratische Ansammlung von Bäumen oberhalb der Siedlung. Er mag ja einer der grössten der Inseln sein, aber was heisst das schon? Es gibt ja beinahe keine anderen!

Inmitten der spärlich bewachsenen Bergwelt wirkt er eher deplatziert, und die speziell erwähnte Kirche mit der Bronzestatue des Theologen *Jakup Dahl*, na ja – eine Kirche halt. Wer dafür extra nach *Suðuroy* reist, wird wohl etwas enttäuscht sein. *Vágur* besticht eben gerade nicht durch seine Besonderheiten, sondern durch seine *Normalität*. Die Stadt ist durchschnittlich und zeigt auch keine grossen Ambitionen, mehr zu sein. Warum sollte sie auch, hier am äussersten Winkel der Welt? Sie bietet das, was ihre Bewohner zum täglichen Leben brauchen, nicht mehr und nicht weniger. Eine in sich geschlossene, überschaubare Welt, *dies* ist es, was den Charme von *Vágur* ausmacht. Auf den Strassen begegnet man streunenden Hunden, im Bach plantschen spielende Kinder, und in den Gärten steht schon mal ein Schaf und knabbert an den Blumen. Es gibt ein Elektrogeschäft, in dessen Regalen sich die verschiedensten Geräte in abenteuerlichem Durcheinander stapeln, ein kleines Museum der Malerin und Grafikerin *Ruth Smith*, die hier geboren wurde, ein *Hotelrestaurant*, das jeweils nur an den Wochenenden geöffnet hat, und eine Wollspinnerei, die, wie man sagt, ‹*färöische Mode bis über die Grenzen hinaus bekannt gemacht hat*›.

Nichts Weltbewegendes, nichts Umwerfendes, nichts wirklich Spezielles, und genau *deshalb* fühlt man sich in *Vágur* so wohl.

Natürlich interessieren wir uns auch hier vor allem für die Natur. Kein Berg ist uns zu steil und kein Schafszaun zu hoch, um nach Fabiolas gefiederten Freunden zu jagen. Habt ihr die *versteckte Ironie* bemerkt? Habt ihr sie bemerkt? Es ist ja nicht so, dass Fabiola immer voll Enthusiasmus die Steilhänge hochklettert und ich nur widerwillig hinterherkrieche, aber *irgendwie* eben doch. Mich haben ja immer die Indianer fasziniert, die, in sich ruhend, in der Wildnis hocken und Visionen suchen. Das beschreibt in etwa das, was ich unter *Naturerlebnis* verstehe. Dass dieselben Indianer oft erst in der Wildnis herumkraxeln, bevor sie zu ihrem Visionsort finden, hatte ich bei meinen Tagträumen stets erfolgreich verdrängt. Fabiola ist da anders: Gebt ihr *einen* Vogel zu fotografieren, und sie läuft vierzig Kilometer weit. Schlussendlich treibt uns aber beide dieselbe Motivation: Wir gehen nicht in die Natur, um zu laufen, sondern wir laufen, um in die Natur zu kommen. *Laufen* ist mehr Mittel zum Zweck, mit dem positiven Nebeneffekt, dass es körperlich fit hält. Das eigentliche Erlebnis aber ist *das Sitzen.* So gesehen sind wir eigentlich keine *Hiker,* sondern *Sitter.* Für unsere Passion bevorzugen wir einsame Orte, und die findet man nun mal am ehesten da, wo keine Strasse hinführt. Also bleibt uns gar nichts anderes übrig, als zu laufen. Mancher mag jetzt lachen, wenn wir das Sitzen in der Natur als *Aktivität* bezeichnen. Andererseits sollte man bedenken, was für ungeahnte Möglichkeiten dieser Sport gerade für die *Freizeitindustrie* mit sich bringt. Was gäbe es da nicht alles an neuen Ausrüstungsutensilien zu entwickeln wie zum Beispiel den *geheizten Klappstuhl,* die *Rundumsichtbrille,* um das ständige Hin- und Herdrehen des Kopfes zu vermeiden, oder weit reichende *Elektroschockgeräte* zwecks Vertreibens von lärmenden Wanderern. Ausserdem böte dieses Hobby viel Raum für Variationen: *Adventuresitting* (Sitzen an besonders gefährlichen Orten wie aktiven Vulkanen oder von Steinschlag gefährdeten Berghängen). *Extremsitting* (Sitzen in der eisigen

Arktis oder der brütenden Hitze der Sahara). *Nakedsitting* (nackt in der Natur sitzen und für das besondere Erlebnis – nackt in einem *Ameisenhaufen* sitzen) oder *Nordic-Sitting* (sitzen auf Stöcken). Die Liste liesse sich beliebig fortsetzen.

Es sind nicht die *Hot-Shots* die wir auf den Färöern kriegen. Sicher, wir haben ein paar recht gute Vogel- und Landschaftsbilder aber diese sind nicht das Wichtigste, was wir von hier mitnehmen werden. Was wir auf den Inseln finden, sind Eindrücke, Momente, Szenen. Das Gefühl, wenn man auf einem der steinigen Wege durch die raue Bergwelt streift. Nackte Felsen, dürftig mit Grün bewachsen, als wollten sie ihre Blösse bedecken. Der Blick, der immer wieder über die steilen Klippen hinaus aufs offene Meer geht. Der Wind, der dir schon im sanften Säuseln andeutet, wie mächtig und erschreckend er sein kann. Die Luft, die sich in deine Lungen ergiesst, als würdest du Quellwasser einatmen.

Wir sitzen an einem See. Weit unten bricht die Brandung an den glänzend schwarzen Gestaden, über uns die alten Berggipfel mit ihren runden, krummen Rücken; auf den mächtigsten liegen noch Reste von Schnee. Ein kleiner Wasserfall stürzt sich keck in die Tiefe und zerschellt an den scharfsteinigen Hängen, und ganz oben, in schwindelerregender Höhe, stehen ein paar Schafe auf der äussersten Kante einer Felsnase und grasen gelassen.

Das macht die Färöer aus: Ursprünglichkeit! Ein Ort, an dem die Natur den Menschen lehrt, wie sehr er sie braucht und um wie viel stärker sie ist, als er es je sein wird.

Natürliche sitze ich jetzt, wo ich das schreibe, auf einem gemütlichen Bürostuhl. Manchmal, und das gebe ich offen zu, könnte mein Urteil über die Färöer auch so lauten:

«Na, ja. Die könnten ihre Wege ja auch mit etwas Eleganterem als diesem faustgrossen Schotter auslegen. Wollen die hier eine Eisenbahn bauen? Überall dieselben, kargen Felsen und – Meer, schön und gut! Sieht ja toll aus! Aber von da kommt auch immer dieser saukalte Wind – und diese Schafe! Immer und überall Schafe!!»

Stimmen würde jede der Beschreibungen, denn

Färöer Wetter - in fünf Minuten scheint vielleicht die Sonne, oder es regnet in Strömen.

die Inseln sind beides: Öde und *wunderschön*, *langweilig* und *total faszinierend*, *lebensfeindlich* und voll von *Daseinsfreude*, *ausgesetzt* und *inmitten des Universums*, *am Ursprung* und *am Ende der Welt*. (Und habe ich das schon erwähnt? Jede der Inseln ist *anders…*)

An einem der Morgen taucht plötzlich die Hausmutter mit zwei riesigen Kanistern auf und fragt, ob wir noch Wasser hätten. Offenbar sind schon viele der Haushalte im Dorf trockengelegt. Dass auf den Färöern Wassermangel je ein Problem sein könnte, auf diese Idee wären wir echt nie gekommen. Regnet es hier nicht ständig? Wenn wir es uns aber genau überlegen, war das, was wir in den vergangenen Tagen erlebt haben, abgesehen von ein paar kurzen Schauern, immer nur ein Nieseln. *So*, erklärt sie, ist es seit Anfang Jahr. Richtiger Dauerregen blieb aus, und die Zisternen konnten sich nicht füllen. Ganz anders im letzten Jahr. Da hat es an dreihundert Tagen geregnet. *Dreihundert!* Man stelle sich das mal vor: «*Sind sie es leid, ihren Urlaub an brütend heissen Stränden zu verbringen? Färöer Islands: dreihundert Regentage im Jahr!*» Aber auch *dies* sei nicht normal, erklärt die junge Frau. Mehr und mehr neigt das Wetter auf den Inseln zu Extremen, und das könnte in der Zukunft zu echten Problemen führen. Und sie weiss, wovon sie spricht. Immerhin studiert sie Biologie im Fernstudium. Gerade am nächsten Tag wird sie nach Dänemark fliegen, um ihre letzten Prüfungen abzulegen.

Gestern noch hat sie mit ihrem Mann das Boot auf Vordermann gebracht, heute kümmert sie sich um die Wasserversorgung, und morgen geht's mal kurz über den Atlantik, um den Doktor zu machen. Sie sind *emanzipiert*, die Färingerinnen, und das auf so sympathisch normale Art. Am Abend verfinstert sich der Himmel. Ein saftiger Regen ergiesst sich über das Dorf und hält die ganze Nacht an. Hoffentlich ist dies ein gutes Zeichen.

Die Tage auf *Suðuroy* erscheinen uns sehr lang. Vielleicht kommt es daher, dass es mittlerweile gar nicht mehr dunkel wird. Die Nacht gleicht einer ständigen Dämmerung. Wir gehen spät zu Bett und stehen am Morgen jeweils trotzdem recht zeitig auf. Aber dies ist nicht der einzige Grund: In Vágur bekommt man den Eindruck, die Zeit hätte sich der Gemächlichkeit der Leute angepasst, und schon nach zwei Tagen haben wir das Gefühl, wir wären bereits Ewigkeiten hier. Man bewegt sich anders, man plant anders, und man denkt anders. Alle Notwendigkeiten konzentrieren sich auf dieses Fleckchen Erde, und die Welt scheint weit weg zu sein. Ob bei Spaziergängen im Dorf, Wanderungen in der Bergwelt oder beim Ansitzen in der Natur, überall begegnen wir derselben Stimmung: *Gleichmütige Ruhe*. Für mich, ehrlich gesagt, erst mal gewöhnungsbedürftig. Zu tief steckt in mir der geschäftige Schweizer. Meine Räder sind es sich gewohnt, ständig zu drehen. In der Abwesenheit einer pausenlos um Aufmerksamkeit buhlenden Umgebung werde ich nervös und übellaunig. Ich habe mich schon so sehr an die in unserem Land stets präsente Reizüberflutung gewöhnt, dass sie mir jetzt fehlt. Keine Geräusche der nahen Autobahn, kein Dröhnen der Baumaschinen, keine mit Wahlplakaten vollgehängte Hauptstrasse, keine Warteschlange im Einkaufszentrum, keine Mütter mit Kinderwagen und Kleinkind an der Hand, die auf den Bus rennen, keine Spur von gehetzten Leuten, genervten Autofahrern, verbissenen Joggern. Und ich frage mich: *Wie krank ist das denn?* Jahrelang habe ich davon geträumt, diesem Irrsinn zu entfliehen, nur um jetzt festzustellen, dass ich ihn schon verinnerlicht habe? Da sitze ich nun *endlich* einmal an einem Ort, der förmlich nach Ausspannen schreit, und mein Gewissen mahnt mich, ich sollte gefälligst irgendetwas *Produktives* tun? Traurig, aber wahr: Wir leben nicht nur in einer leistungsorientierten und marktschreierischen Gesellschaft, sondern *sie* lebt im Gegenteil schon längst *in uns drin*. Überall, wo wir hingehen, tragen wir sie mit uns. Kein Wunder sterben wir im Urlaub an Herzinfarkt.

Eines Morgens steigen wir hinauf zu einer nahe gelegenen Hochebene. Fabiola setzt sich in eine Wiese, um Regenbrachvögel zu beobachten. Ich laufe noch ein Stück weiter, bis ich an den Rand der steilen Klippen gelange. Der Wind weht hier so stark, dass ich mich nicht ganz nach vorne traue und unwillkürlich in die Hocke gehe. Tief unter mir schlagen die Wellen ungestüm an die trutzigen Wälle. Für einen Moment verschwinden die Felsnadeln und Steinblöcke in der tosenden Gischt, nur um Sekunden später wieder triumphierend aufzutauchen. Das endlose Kräftemessen der Elemente. Wie *klein* bin ich doch, gemessen an diesen Urgewalten, und wie *unbedeutend* sind meine Sorgen im ewigen Tanz des Universums. Für einen Moment bin ich entrückt. So muss sich das anfühlen, wenn man mit sich und der Welt zufrieden ist.

Ein weiteres Beispiel dafür, wie anders die Leute hier ticken, zeigt sich uns am nächsten Abend. Im Nachbarhaus steigt eine Party. Immer mehr junge Leute erscheinen, und es ist ein fröhliches Gelärme wie überall, wo Teenager zusammenkommen. Aber dann fängt einer an Gitarre zu spielen und ein Lied zu singen, und die anderen stimmen mit ein. Während der nächsten zwei Stunden geht das so weiter: Songs aus der Hitparade, Evergreens und dazwischen auch mal etwas, das nach traditionellem Volkslied tönt. Das ist die *Party*. Natürlich wissen wir nicht, wie viel dabei getrunken oder geraucht wird. Selbstverständlich sind auch die jungen Leute von *Vágur* ganz einfach junge Leute. Aber, dass es hier anscheinend zu einem guten Fest gehört, dass man sich zusammensetzt und Lieder singt – das hat uns irgendwie schon beeindruckt.

Wenn die Zeit auch langsam läuft, irgendwann sind die Tage doch um, und wir müssen zurück nach Tórshavn. Da wir nicht wissen, wo die Bushaltestellen liegen, fragen wir die Kassiererin im Einkaufszentrum. «*Es gibt schon welche*», meint sie. «*Aber ihr könnt euch auch einfach an die Strasse stellen und winken.*» Praktisch!

Der Bus kommt pünktlich, und wir sind die einzigen Fahrgäste. Auf dem Weg zur Fähre haben wir noch einmal die Gelegenheit, die Landschaft zu studieren. Kleine, verschlafene Siedlungen, umringt von schweigender Einsamkeit. *Gäbe* es auf den Färöern Füchse und Hasen, *hier* würden sie sich gute Nacht sagen.

Am Fährhafen herrscht diesmal ein ziemlicher Betrieb. Es ist Freitagabend und manche verbringen das Wochenende in der Hauptstadt. Viel anderes bleibt den Leuten nicht übrig, wenn sie mal ins Kino oder in einen Club oder einfach nur mal so richtig *shoppen* gehen möchten.

Das Meer sieht heute nicht sehr einladend aus. Anhand der schäumenden Wellen kann man sich vorstellen, dass es weiter draussen *ziemlich* unruhig werden könnte. Fabiola wirkt sehr gefasst und konzentriert – ein sicheres Zeichen, dass sie die Hosen voll hat. Ausser uns scheint aber niemand nervös zu sein.

Schliesslich läuft die Fähre mit einiger Verspätung ein, und alle drängen sich, an den aussteigenden Fahrgästen vorbei, aufs Schiff. Die Meisten verteilen sich im Restaurant und dem Einkaufsladen. Wir steigen aufs Oberdeck und setzen uns an eines der runden Tischchen. Die Fahrt geht erst noch recht ruhig los. Es schaukelt zwar ein wenig, und ab und zu trägt der Wind ein paar Regentropfen unters Dach, aber alles in allem noch recht angenehm. Je weiter raus wir aber kommen, desto höher werden die Wellen. Drohend türmen sie sich auf, heben unser Schiff in die Höhe und lassen es im nächsten Moment in die Tiefe fallen. Vorne am Bug spritzt die Gischt hoch und ergiesst sich übers Deck. Überlege mir, ob wir drinnen nicht besser aufgehoben wären, aber *ein* Blick auf Fabiola genügt. Sie sitzt da und hält den Tisch fest, als wäre er ein Steuerrad. Nichts wird sie dazu bringen, ihren Platz zu verlassen. Mir geht es eigentlich noch recht gut, bis ich den Fehler mache, aufzustehen, um etwas vom Rucksack zu holen. Ich setz' mich danach zwar wieder hin, aber mein Magen tut es nicht. Wird mir echt *scheissübel*. Darf mir aber nichts anmerken lassen, um meine Partnerin nicht noch mehr in Panik zu versetzen, zumal sie sich ja nicht primär vor dem Untergehen fürchtet, sondern davor, dass sie *kotzen* müsste.

Mit der Zeit sind wir uns aber nicht mehr sicher, ob uns nicht doch eher *Ersteres* ängstigen sollte. Unser Schiff kämpft sich schlingernd durch die aufgebrachte See und ächzt dabei in allen Fugen. Irgendwie würde es uns nicht überraschen, wenn jeden Moment ein Alarm losginge.

Austernfischer erkennt man leicht an ihrer markanten Färbung.

Als ich mich allerdings eine halbe Stunde später todesmutig Wind und Wetter trotzend nach unten kämpfe, um die Toilette aufzusuchen, sehe ich die Färinger scherzend und lachend im Restaurant sitzen. Sie essen *Burger* und *Pommes frites* und trinken *Bier*. Ist wohl also doch kein *echter* Sturm.

Kommen jedenfalls wohlbehalten in *Tórshavn* an. Die Ersten, die uns begegnen, sind der *Ossi* und seine Frau. «*Hallo, die Schwiizerli!*», ruft er schon von Weitem. «*Hallo, niedliches, impotentes Deutschwürstchen!*» Nein, sage ich natürlich *nicht*! Ich bin *Schweizer!* Wir sind *nett!*

Auf dem Camping treffen wir auch unseren Platzwart wieder. «*Welcome back*», sagt er, und diesmal darf ich auch gleich bezahlen. Er stellt mir sogar eine Quittung aus. Als er unterschreibt, hält er kurz inne. Er heisst *Reim*. «*Aber das ist kein

deutscher Name*», erklärt er. «*Er kommt von hier – von den Wikingern!* » Natürlich! Was kommt hier schon *nicht* von den Wikingern? ‹*Diese Kirche wurde von den Wikingern niedergebrannt und später wieder aufgebaut.*› ‹*Dieses Schaf stammt in direkter Linie vom Hausschaf Eriks des Roten ab.*› ‹*An diesem Stein haben die Wikinger jeweils ihre Notdurft verrichtet, bevor sie zu einem Raubzug aufbrachen.*› Wikinger, Wikinger, Wikinger! Es scheint schon beinahe ein nationaler Komplex zu sein, dass man alles auf sie zurückführen muss. *Jeder*, mit dem wir uns hier länger als fünf Minuten unterhalten haben, musste irgendwann im Laufe des Gesprächs darauf hinweisen, dass er einer *Wikingerfamilie* entstammt. Die Vorfahren ehren ist ja schön und gut, aber irgendwann hat man auch mal genug davon. Jedenfalls nervt mich heute dieses *Wikinger-Machogehabe*. «*Meine Familie», sage ich und lehne mich dabei etwas vor, «*stammt von den Kreuzrittern ab.*» Bin mir zwar bewusst, dass dies kaum belegt und eigentlich nicht mehr als ein familieninternes Gerücht ist, aber es zeigt Wirkung. Der Platzwart schaut mich einen Moment lang prüfend an und nickt dann zufrieden. Ich kann die Veränderung in seiner Haltung spüren. Auch *meine* Ahnen waren *ungehobelte, skrupellose Freibeuter* und *Banditen.* Auch sie haben *Land erobert, Frauen geschändet* und *Dörfer niedergebrannt.* Mein Gegenüber sagt zwar nichts, aber sein Gesichtsausdruck spricht Bände: Von nun an gehöre ich *dazu.*

Die restliche Zeit auf den Färöer-Inseln verbringen wir rings um *Tórshavn*, sitzen hier und da mal an ohne nennenswerte Bildausbeute, weil das Wetter einfach nicht mitspielt. Aber das alles stört uns mittlerweile nicht mehr so sehr. Wir sitzen hier auf einer Insel, und der Rest der Welt kann uns mal; wir sind im *Färöer-Groove.*
Ab und zu streifen wir durch die Stadt. Wir treffen unseren *Piraten* Stefan wieder und frühstücken zusammen. «*War ein guter Morgen*», sagt er. «*Ich wach auf, und da stehen zwei Bier.*»
Jogvan begegnen wir abends im Pub. Er stammt von *Suðuroy* und freut sich wie ein Schneekönig, als er hört, dass wir eine *ganze Woche* auf seiner Heimatinsel waren. Allerdings findet er es schade, dass wir in *Vágur* wohnten. «*Vágur mag ich nicht*», meint er. «*Ist mir zu gross!*»
Er ist Maler und streicht vorwiegend Häuserfassaden. Deshalb ist er einer derjenigen, die sich über das trockene Wetter freuen. «*Letztes Jahr*», erzählt er, «*war vor Ende März gar nicht ans Arbeiten zu denken. Es hat ja ständig nur geregnet!*» Aber auch er macht sich Gedanken über die sich verändernden Klimaverhältnisse. «*So wie in den vergangenen Jahren*», meint er kopfschüttelnd, «*so war das früher nicht.*»

Färinger sind toll, das Land der Färinger ist toll, und die Färöer Islands sind tolle Inseln. Wären es bloss… ja, wären es bloss keine *Inseln.* Ich weiss nicht, wie viele von euch *Jim Knopf* gelesen haben, aber diejenigen werden mich verstehen, wenn ich sage, ich fühle mich ab und zu wie *Lukas der Lo-*

komotivführer *auf Lummerland!* Insel – ein paar Tunnels – rein, raus, und überall winkt das Meer. Für nicht *Jimknopfianer* will ich es mal so erklären: *Das ständige Gefühl, aufpassen zu müssen, nicht ins Wasser zu fallen.* Das ist natürlich Blödsinn. So klein sind die Färöer nun auch wieder nicht. Immerhin sind es achtzehn Inseln (*und alle sind landschaftlich verschieden*). Trotzdem befällt mich in den letzten Tagen eine Art *Inselklaustrophobie.* Das seltsame Gefühl, mitten im Meer auf einem Stein zu hocken und dass da draussen womöglich gar nichts anderes mehr existiert als Wasser, Wasser und immer nur Wasser.
So bin ich am Montag, als wir schliesslich unser Zelt abbrechen und uns auf den Weg zur Fähre nach Island machen, einerseits ganz froh, die Eilande zu verlassen. Andererseits macht es mich aber auch traurig, und ein Teil von mir wird sich wohl immer hierher zurücksehnen.
«*Icestorm in Iceland*», verkündet der Platzwart mit verschmitztem Lächeln, als wir uns verabschieden. Auch diesen Kerl werd' ich vermissen.
Die Färöer-Inseln sind ein kleiner, *ganz grosser* Staat. Glücklich, wer sie kennen lernen darf!

Dem Himmel über den Färöer Inseln fehlt es selten an Dramatik.

Wir checken auf der *Norrøna* ein und suchen erst mal unsere Schlafkojen. Wie könnte es anders sein – *meine* Bettnummer gehört zum Handschuhfach unter der Decke. Werden uns also wieder Fabiolas Schlafplatz teilen. Auf der mittleren Pritsche hat sich schon jemand zur Ruhe gelegt. Blickt kurz hoch, wie wir reinkommen, und wir erkennen ein bärtiges Gesicht mit langen, blonden Haaren, die unter einer Lapplandkappe hervorlugen. Der Mann lächelt uns an.

Als wir oben auf Deck unseren ersten Kaffee schlürfen, treffen wir ihn wieder, und er setzt sich zu uns. Er ist Isländer und war die letzten paar Jahre in Osteuropa unterwegs, um irgendwelche geologischen Studien zu betreiben. Wir sprechen über dies und das und kommen irgendwann auf die Färöer-Inseln zu sprechen, wobei ich beiläufig erwähne, dass man da gerade eine Siedlung aus grauer Vorzeit entdeckt hat. Damit habe ich genau sein Thema getroffen. Er ereifert sich, dass in der Vergangenheit viel *Schindluder* mit der Geschichte getrieben worden wäre und dass vor allem die *katholische Kirche* immer wieder Überlieferungen *manipulierte*, um ihre Gräueltaten zu verbergen. «*Vor den Mönchen*», erklärt er, «*waren da nämlich schon die Samen, die Pikten, und keltische Seefahrer....*» Interessant – der Mann scheint einiges zu wissen! «*...ja und davor*», fährt er fort, «*lebten da die Elfen, die Zwerge und die Berserker*» – Aha!?

Einar, so heisst der Mann, erzählt munter weiter. Wie er vor Jahren einst auf einem Schiff die Faröer-Inseln bereiste und da durchs Fernglas auf einem Berg eine *wunderschöne* Frau entdeckte, die ihm zuwinkte. Als er aber die Kamera hervorholte, um sie zu fotografieren, war sie *verschwunden*. Das muss eine *Elfin* gewesen sein, vermutet er. Ich denke ja eher, dass es eine Touristin war, die sich auf einem der unglaublich gut gekennzeichneten Wanderwege der Inseln verlaufen hatte und jetzt um Hilfe schrie. Aber Einar lässt sich nicht beirren. Munter erklärt er uns weiter seine Weltsicht. Ich muss dazu sagen, er ist sehr intelligent und hat ein enormes Allgemeinwissen. Allerdings erstreckt sich dieses auch auf *psychoaktive Drogen*. Einar ist begeistert von den Milben, die unsere Haut bevölkern. «*Das sind Aliens*», meint er, und ich bin nicht sicher, ob er dies nun wörtlich meint oder ob sich diese Aussage nur auf ihre Gestalt bezieht. So oder so ist er besessen von ihnen und verkündet, dass er zu gerne mit diesen Wesen kommunizieren würde.

Na, ja, was soll's? Es gibt schlimmere Irre. Nebst seinen etwas befremdenden Aussagen über *unsichtbare* Leute und Ausserirdische erzählt er auch viele vernünftige Dinge. Er hat ein fundiertes, politisches Wissen und ist bewandert in den verschiedensten Zweigen der Naturwissenschaft. Der Typ ist zwar *strange,* aber ganz bestimmt nicht dumm. Sich mit ihm zu unterhalten, ist jedenfalls alles andere als langweilig. Zudem hat er ein heiteres Gemüt, lacht oft und blickt uns freundlich an aus seinen wasserblauen, schalkhaften Augen.

Wer weiss? Möglicherweise ist der Kerl gar nicht so abgedreht und sieht einfach *etwas mehr* als andere Leute. Vielleicht macht es ihm aber auch nur Freude, seine Zuhörer zu verulken, oder, und auch dies würde mich nicht überraschen, er hat sich vor der Abfahrt ein paar *Pilze* reingezogen und schwebt auf Wolke sieben. Wie auch immer, wir haben Spass zusammen.

Verabschieden uns dann irgendwann, um in der Cafeteria unser im Preis inbegriffenes Mittagessen einzunehmen. Wie schon auf der Fahrt zu den Färöern handelt es sich dabei um Fleischklösse mit Salzkartoffeln, zentimeterdick mit einer braunen, glibberigen Sauce übergossen. Ich weiss: ‹*Einem geschenkten Gaul schaut man nicht ins Maul*›. Aber muss man ihn sich deswegen gleich ins Maul *stopfen*? Wir würgen die Mahlzeit trotzdem runter. Schliesslich haben wir Hunger. Wenn wir später seekrank werden sollten, wissen wir wenigstens, warum.

*Eissturmvögel ver-
bringen die meiste
Zeit ihres Lebens auf
dem offenen Meer.*

Wir haben auch diesmal Glück, und das Meer verhält sich ruhig. Stundenlang hängen wir auf Deck in den hölzernen Ruhesesseln und blicken über die offene See. Eissturmvögel begleiten die Fähre und schweben schon beinahe gelangweilt in der Luft, immer im Windschatten des riesigen Schiffes.

Stelle fest, dass ich nicht der Kreuzfahrt-Typ wäre. Natürlich bietet dieses Boot so einiges: Es gibt drei verschiedene *Restaurants*, wo nebst den in Saucen ertränkten Menüs auch ganz passable Gerichte angeboten werden. Ich könnte ins *Kino* gehen, mich im *Swimmingpool* vergnügen, im *Spielsalon* mein Geld verpulvern, mich im *Dutyfreeshop* mit billigem Alkohol eindecken oder mich ganz einfach an der *Bar* besaufen. Bei einem *richtigen* Kreuzfahrtschiff käme da natürlich noch mehr dazu wie *Revue-Shows*, *Tanzabende* oder *Konzerte* – aber mal ehrlich: Das kriege ich doch alles auch, ohne dafür ein Boot zu besteigen und übers Meer zu tuckern.

Als mein Vater im Rahmen eines Geschäftsausflugs das erste Mal das Meer zu Gesicht bekam und danach von meiner Mutter gefragt wurde, wie es denn gewesen wäre, antwortete er: «*Na, Wasser halt!*»

Klar! Viel *unromantischer* könnte man dies nicht beschreiben, aber ein Körnchen Wahrheit steckt schon drin. Ich will nicht behaupten, dass mich die Weite des Ozeans unberührt lässt. Trotzdem glaube ich, dass die Meisten der Leute, die da an der Reling stehen und auf die unendliche, blaue Fläche starren, insgeheim nach etwas anderem Ausschau halten. Ein springender Fisch, tauchende Vögel, Delphine und Wale oder gar ein Floss mit Schiffbrüchigen – *irgendwas!* Denn der Rest ist ja doch recht eintönig – *Wasser halt!*

Wobei, so etwas einlullend Meditatives hat es schon, dazusitzen und ins Nichts zu starren. Der Geist öffnet sich, die Gedanken fliessen ruhiger, und Alltagssorgen treten in den Hintergrund. Irgendwann gibt man sich dem ständigen Geschaukel des Schiffes und dem eintönigen Gestampfe der Maschinen hin und lässt sich einfach treiben. Wir verkürzen uns die Zeit mit eifrigem Kaffeekonsum, bis die Grenzen der Belastbarkeit des Nervensystems erreicht sind, dann wechseln wir auf Bier.

Gegen Abend fällt mir auf, dass plötzlich der Musikstil geändert hat. Ein deutscher Fahrgast hat den Barkeeper überredet *Eloy* aufzulegen. Aus den Lautsprechern dringt jetzt anstelle des fröhlichen Partygedudels plötzlich sphärischer, psychadelischer Sound aus den Siebzigern. Für die folgenden fünfundvierzig Minuten hebe ich ab! Die monotonen, Synthesizer-untermalten Songs vermischen sich perfekt mit dem sanften Wogen der Wellen und dem sich langsam rötenden Horizont. Einen wunderbaren Moment lang verliere ich mich in totaler Harmonie, und es ist ein schon beinahe spirituelles Erlebnis. Dann plärrt wieder *Lady Gaga* los und holt mich auf den Boden der Konsumgesellschaft zurück.

Neben uns hat sich ein Paar hingesetzt, das immer wieder tuschelt und in unsere Richtung schaut. Dann sprechen sie uns an. Es stellt sich heraus, dass sie uns schon auf der Fahrt von Dänemark zu den Färöern gesehen haben (*Scheisse, wie müssen wir aussehen, dass die sich noch an uns erinnern?*).

Sie sind die Fahrer der *Viking-Tour*, die ich ja bereits früher erwähnt habe. In der Vorsaison bietet diese Gesellschaft regelmässig Reisen nach Island an, aber *was* für welche!

Die Gäste steigen in Deutschland in einen Car und fahren erst mal *am Stück* durch ganz Dänemark. In *Hirtshals* fährt der Bus auf die Fähre, und dann schippert man zwei Tage bis zu den *Färöer-Inseln*. Da gibt es einen Unterbruch, den man nützt, um während zwei Stunden auf der Insel *Streymoy* im Kreis zu fahren, danach geht's zurück aufs Schiff. Ein Tag und eine Nacht später erreicht man *Island*. Hier dauert der Aufenthalt eineinhalb Tage, und danach geht's *back to Germany*! Hallo? Ich meine – wer tut sich so was an? Diesmal zeigt sich das Meer ja von seiner freundlichsten Seite, aber das ist durchaus nicht die Regel. Dieser Teil des Atlantiks ist für sein stürmisches Wetter bekannt, und nicht selten erreichen die Wellen eine höhe von *sechs bis acht Metern*. Fünf Tage kotzen, um eineinhalb Tage auf Island zu verbringen?

Es sind allerdings vermehrt ältere Leute, die diese Reise buchen, und ihnen scheint es mehr um die Geselligkeit als um die Entdeckung neuer Länder zu gehen. So gesehen kann man ein gewisses Verständnis für diese Art von Urlaub aufbringen. Und trotzdem – vielen Dank!

Aber, und das möchte ich hervorheben, die beiden *Fahrer* sind ausgesprochen nett. Sie sind sehr interessiert an unserer Reise, stellen viele Fragen und erzählen, dass sie sich selber mit dem Gedanken tragen, irgendwann mal noch etwas total Unkonventionelles zu unternehmen. Wir haben eine angeregte Unterhaltung, und es ist schade, dass sie sich schon früh zurückziehen müssen, um schlafen zu gehen. Doch sie müssen morgen wieder fit sein. Später werden sie uns am Hafen noch nachlaufen, um uns eine Büchse mit Würstchen für unterwegs zu schenken. So was von lieb. Ein anderes sympathisches Paar, das wir auf der Überfahrt kennen lernen, stammt aus Basel. Sie sind mit dem Wohnmobil nach Island unterwegs und werden anschliessend noch an einem *Segelturn* in der Disco Bay in Grönland teilnehmen. Nicht zum ersten Mal denke ich, wie unglaublich privilegiert wir Menschen in der westlichen Hemisphäre doch sind. Wir bereisen diesen Erdball kreuz und quer, während in anderen Teilen der Welt die normalen Bürger schon froh sein müssen, wenn sie einmal im Leben ihr Dorf verlassen können. *Irgendwann*, so fürchte ich, werden wir diese Rechnung begleichen müssen.

Morgens gegen neun Uhr kommt Island in Sicht. Schon von Weitem kann man erkennen, dass die Berge noch schneebedeckt sind. Eine dichte, graue Wolkendecke hängt über der Insel, und als wir schliesslich in den *Seyðisfjörður* einfahren, schleichen noch vereinzelte Nebelschwaden an den steil abfallenden Hängen entlang. *Seyðisfjörður* bedeutet: Fjord der Feuerstelle, und das kann ich gut verstehen. Wäre ich der Wikinger gewesen, der hier vor Urzeiten gelandet ist, hätte ich ebenfalls erst mal ein Feuer gemacht. Während das Schiff immer tiefer in den Fjord hineinfährt, fühle ich mich auch ein wenig wie ein Seefahrer, der nach langer, entbehrungsreicher Reise fremde Gestade erreicht. Was erwartet uns hier? Leben auf dieser Insel bereits *Menschen*? Gibt es *wilde Tiere* oder sogar *Monster* und böse Geister? Klar, im Zeitalter von *Google* und *Wikipedia* braucht man sich solche Gedanke nicht

mehr zu machen. Schliesslich sind wir heute über alles und jedes informiert. Aber wenn man zum ersten Mal die Küste Islands erblickt, kann man sich trotzdem nicht ganz des Gefühls erwehren, eine unbekannte, geheimnisvolle Welt zu betreten. Schon jetzt wird uns klar: Island wird ganz anders werden, als wir uns das vorgestellt haben. Island kann man sich nicht *vorstellen*! Island muss man *erleben*.

Im Gegensatz zu den Färöer-Inseln, wo nur ein müder Grenzbeamter seinen Kopf aus einem Schalter steckte, stehen hier bei unserer Ankunft an die zehn bewaffnete Zöllner in voller Montur und mit grossen, schon unruhig herumschnüffelnden Hunden an der Leine. «*Ach, du Kacke*», denke ich. Island ist bekannt für seine absolute Nulltoleranz in Sachen Drogen. Haben zwar diesbezüglich nichts zu befürchten, aber zwei *langhaarige, ausgefreakte Typen* wie wir sind einfach prädestiniert, kontrolliert zu werden. Sehe uns schon in Unterhosen unsere Rucksäcke aus-, und wieder einpacken. Hoffe, sie bestehen nicht auch noch auf *Leibesvisitationen*. Na gut, da müssen wir jetzt durch. Ergebe mich in mein Schicksal und trete auf den erstbesten Beamten zu, der mich bereits kritisch begutachtet. Strecke ihm meinen Pass hin. «*Switzerland?!*» ruft er mit einem erfreuten Lachen aus. «*Welcome to Island*». Ach, ist es nicht schön, ein Schweizer zu sein? Wir bringen keine *Drogen*, wir bringen nur *Geld!* Draussen sitzt schon der Eloy-Typ und seine zwei Kollegen Klaus und Gabi. Er selber heisst Rolf. Sie denken daran, die erste Nacht hier im Ort zu verbringen, der übrigens denselben Namen wie der Fjord trägt: *Seyðisfjörður*. Wir haben uns bis jetzt noch keine Gedanken gemacht, ob wir erst mal bleiben oder gleich weiterreisen sollen. Bis zu diesem Zeitpunkt haben wir ja noch immer die Idee, den grössten Teil unseres Islandaufenthalts in den Westfjorden zu verbringen und dann nach Grönland weiterzureisen. Der einzige Bus würde aber schon in einer Stunde losfahren, und so entscheiden wir uns ebenfalls, vorerst mal hier Halt zu machen. Für eine Nacht schon wieder das Zelt aufzubauen, dazu sind wir momentan zu faul. Also machen wir uns auf die Suche nach

*Die Küste Islands –
eine Kulisse, die kei-
nen unberührt lässt.*

der Jugendherberge. Zuerst landen wir aber am falschen Ort. Das Haus ist zwar auch mit *Hostel* angeschrieben, ist aber ein Hotel und liegt nicht in unserem Budget. Die Besitzerin wirkt ein wenig enttäuscht, als wir ihr das mitteilen, aber sie erklärt uns dennoch sehr hilfsbereit den Weg zur *richtigen* Herberge und ruft sogar da an, um abzuklären, ob noch ein Zimmer frei sei.

Unterwegs finden wir auch noch einen Geldautomaten, wo wir zum ersten Mal isländische Kronen beziehen. «*Vierzigtausend für mich, vierzigtausend für dich.*» Wow! Wir sind reich!

Liegt aber nur an der Währung, die seit der Krise ziemlich in den Keller gefallen ist.

Das Hostel ist im alten Spital untergebracht. Ein weisser Holzbau mit niederem Giebeldach und ausladenden Fenstern. Die Fassade wirkt schon ziemlich heruntergekommen.

Als wir das Haus betreten, haben wir das Gefühl, wir wären in der Zeit zurück gereist. Die Wände sind mit indischen Tüchern behängt, die Luft ist erfüllt mit Räucherstäbchenduft, und im Hintergrund krächzt *Bob Dylan.* Cool! Wir sind in den frühen Siebzigern gelandet! Würde jetzt noch ein bärtiger Hippie mit Blumen in den Haaren erscheinen und uns erst mal LSD anbieten, ich wäre nicht überrascht. Es ist aber eine junge Frau, die uns in Empfang nimmt. Sie stellt sich als *Gudrun* vor, kassiert und zeigt uns unser Zimmer. Bequemes Doppelbett, Lavabo und ein grosser Wandschrank, und auch hier ein paar indische Accessoires – wir fühlen uns sofort wohl.

Das Haus ist zweistöckig. Oben sind die Schlafräume untergebracht sowie Toilette und Dusche. Auf der unteren Etage befinden sich zwei Aufenthaltsräume. Der eine gleich vorne beim Eingang, auf beiden Seiten verglast mit langem, thekenartigem Tisch und hohen Stühlen, hell und sehr modern. Der andere im hinteren Teil mit Esstisch, Sofas, Ruhekissen und Salontischchen – eher gemütlich, *heimelig.* An den Wänden Wandteppiche, Tücher und Bilder. Ausserdem ein Bücherregal und ein Fach mit verschiedenen Brettspielen. Gegenüber dann,

und das ist das einzige Manko, die doch recht kleine Küche. Wenn hier mehrere Leute kochen, das werden wir noch erfahren, kann es recht eng werden. Daneben findet sich aber noch ein weiterer Raum mit vier Esstischen. Da sitzen schon Rolf, Klaus und Gabi bei einer Flasche Wein. Auch sie haben hierher gefunden.

Wir brauchen nicht lange, um zu dem Entschluss zu kommen, länger als einen Tag in *Seyðisfjörður* zu bleiben. Beim ersten Spaziergang durchs Dorf beobachten wir schon mal ein paar Vögel, die wir nicht kennen, die Landschaft wirkt einladend (ein wenig wie in den Alpen oberhalb der Baumgrenze), und im Shop finden wir alles, was wir so brauchen. *Seyðisfjörður* wird im Reiseführer als *eines der schönsten Dörfer Islands* angepriesen. Das dünkt uns nun doch leicht übertrieben. Nicht, dass die Siedlung hässlich wäre. Es gibt einige schmucke Bauten und viele fröhliche, farbige Häuser. Aber gleich das *schönste*? Die werden doch noch etwas mehr zu bieten haben? Wenn wir dann aber nach elf Wochen hierher zurückkehren, werden wir feststellen, dass die Aussage schon eine gewisse Berechtigung hat. Nicht bloss deshalb, weil es wirklich nicht *viele* attraktivere Orte gibt, sondern auch, weil sich unsere Massstäbe verändert haben. *Island* kann nur an *Island* gemessen werden.

Wir verlängern erst mal um drei Tage. Schlussendlich werden wir aber eine ganze Woche hier verbringen.

Zurück im Hostel verstauen wir unsere Einkäufe im Kühlschrank und machen uns ans Kochen. Unterdessen sind noch ein paar andere Gäste eingetroffen, und es herrscht ein ziemlicher Betrieb. Rolf, Klaus und Gabi sitzen immer noch im Essraum. Die Flasche Wein ist unterdessen ausgetrunken und die drei entsprechend fröhlich. Auf dem Tisch stehen drei leer gegessene Teller. «*Wir wollten euch einladen*», sagt Gabi. «*Aber da wart ihr plötzlich verschwunden.*» «*Kein Problem*», entgegnen wir. «*Wir haben schon was eingekauft.*» Aber Gabi lässt sich nicht beirren. «*Wir haben noch Spaghetti*», verkündet sie, läuft zum Kühlschrank, holt eine Schüssel hervor und hält sie mir auffordernd unter die Nase. Hey, ich liebe Spaghetti! Es ist sozusagen eines meiner Leibgerichte. Aber ich esse sie gern einzeln, *al dente*, mit der Gabel aufgerollt. Am Stück, zu einem handlichen Omelett zusammengekocht – das ist eher *nicht* so mein Ding. Aber da steht Gabi, ihren auffordernden Blick auf mich gerichtet, mit einer Haltung, die keinen Widerspruch duldet. «*Oh…*», antworte ich ratlos und spüre schon die Panik in mir hochsteigen, als Fabiola mir geistesgegenwärtig zu Hilfe eilt. «*Das wird nicht reichen für uns beide*», meint sie. «*Wir kochen besser neue!*»

Und sofort machen wir uns an die Arbeit, Gabis Einwand geflissentlich überhörend («*Man kann sie auch mischen*»). Am liebsten würde ich Fabiola jetzt innig umarmen! Das war Rettung in letzter Sekunde!

Setzen uns dann zum Essen zu den dreien an den Tisch. Sind witzige, nette Leute, und wir unterhalten uns prächtig. Unterdessen ist in der Küche ein anderes Paar am Kochen. Sie sprechen englisch, und Gabi behauptet, sie hätte *die Frau* schon auf der Fähre gesehen. Sie wäre ihr aufgefallen, weil sie dieselben Schuhe wie sie trägt. Die Männer können sich nicht erinnern, aber Gabi will es genau wissen. Sie geht in die Küche, baut sich vor der Frau auf und fragt auffordernd: «*Käim ju wiss de Schiff?*» Ihr Gegenüber schüttelt nur ratlos den Kopf und hebt fragend die Augenbrauen. Gabi blickt sich hilfesuchend nach ihren Begleitern um, aber diese sitzen nur am Tisch und lachen sich kaputt. Sie nimmt noch einen Anlauf und zeigt auf die Füsse der Frau: «*Ju häv Schuhs*», erklärt sie energisch und macht damit die Verwirrung komplett. Rolf und Klaus können sich vor lachen nicht mehr halten, darum greife ich ein und kläre mit ein paar Sätzen die Situation auf. Muss allerdings selber schauen, dass ich nicht einfach rausplatze. In den folgenden Tagen werden Fabiola und ich uns noch oft gegenseitig fragen: «*Käim ju wiss de Schiff?*»

Leider reisen die drei am nächsten Tag schon weiter. Dafür lernen wir andere interessante Leute kennen. *Jane* (die Frau aus der Küche) und ihr Mann *Graham* sind Kanadier aus Ontario. Sie haben, wie wir, ihre Jobs gekündigt, um sich diese Reise zu ermöglichen. *Francine*, eine Weltenbummlerin, die schon diverse Länder bereiste, stammt ebenfalls aus Kanada, allerdings aus dem französisch sprechenden Teil, was sie auch betont. Sie ist schon Kanadierin, meint sie, aber in erster Linie stammt sie aus *Québec*. *Eddie*, der äusserlich eher in einen hipen House Club gehört als in die raue Wildnis Islands, ist Engländer und lebt in London. Er erklärt, dass er einfach mal Ruhe brauche und diese in England nicht mehr finden würde. Er ist dann auch täglich alleine unterwegs und unternimmt lange Fussmärsche. *Ted*, der grosse, fröhliche Amerikaner, ist oft am Telefon und tätigt irgendwelche Geschäfte. Seine Heimatstadt ist Miami. In Jeans, Lederjacke und weissem Hemd will auch er nicht so recht in die Umgebung passen.

Mich bringen solche Begegnungen immer zum Nachdenken. Da leben Menschen irgendwo auf der Welt, und du kennst sie nicht, hast nie von ihnen gehört, und irgendwo kreuzen sich ihre und deine Wege. Für eine kurze Zeit entsteht eine Gruppe, ja schon fast ein *Team*. Vielleicht erledigt man zusammen den Abwasch, oder einer fragt nach Salz. Man tauscht Erfahrungen aus, und jemand gibt dir einen guten Tip für die Weiterreise. Und für diesen flüchtigen Moment spielen Dinge wie *kultureller Hintergrund*, *politische Einstellung*, *Alter*, *sozialer Status*, *Hautfarbe* oder *Herkunft* eine absolut untergeordnete Rolle. Man ist einfach froh, dass da noch andere Leute sind, mit denen man sich unterhalten oder die man vielleicht auch mal um Hilfe fragen kann. Reduziert auf ihre Grundbedürfnisse von Essen und Schlafen, werden sich die Menschen plötzlich ähnlich, und oft setzt man sich mit Typen an einen Tisch, die man im täglichen Leben wohl eher meiden würde nur, um festzustellen, dass sie *so* anders nicht sind.

Fabiola will natürlich schon am ersten Tag auf Fotopirsch gehen, aber ich bin jetzt erst mal froh, einen Platz zu haben, wo ich schreiben kann. So macht sie sich alleine auf den Weg.

Als sie am Abend zurückkommt, ist sie ganz aufgeregt und berichtet, dass sie von Vögeln angegriffen wurde. Lache sie erst mal aus. Ich meine: Von *Vögeln* angegriffen? Habe natürlich schon gehört, dass Adler und andere Raubvögel oder sogar Krähen ab und zu recht aggressiv reagieren können, aber aus ihrem Bericht zu schliessen, handelt es sich bei den Aggressoren um specht-grosse, filigrane Seevögel. Das kann ich nun wirklich nicht ernst nehmen.

Ändere meine Meinung aber recht schnell bei unserem nächsten Ausflug. Die Scheissviecher, unterdessen wissen wir, dass es sich um *Küsten-seeschwalben* handelt, sind wirklich ungemein angriffig. Wenn du dich ihrem Brutgebiet näherst, steigen sie mit heiserem Schrei in die Luft, fliegen bedrohlich nahe an deinem Gesicht vorbei oder rammen dir ihren eisenharten Schnabel in den Schädel. Das ist schon ziemlich beängstigend. Ausserdem reden wir hier nicht von *einer* oder *zwei* – da hocken *Hunderte* in den Wiesen. Zudem haben sie noch eine andere unangenehme Angewohnheit: Sie scheissen dich an!

Das erlebte auch die junge Koreanerin aus Seoul, die mit ihrer Kollegin drei Wochen auf Island verbringt. «*They've shitten on me!*», berichtet sie geschockt.

Kairi und Mika sind Studentinnen und das erste Mal auf einer grösseren Reise. Sie finden das alles unheimlich aufregend und sind beide sehr wissbegierig. «*Stimmt es*», fragt Kairi, als sie hört, dass wir auf den Färöer-Inseln waren, «*dass die Leute dort so seltsam aussehen?*» Seltsam aussehen? Nein, wäre uns nicht aufgefallen. «*Na, hier hat man uns erzählt*», erklärt sie, «*dass die Menschen da alle riesige Köpfe und ganz kurze Arme und Beine hätten!*»

Das ist typisch! Die Isländer erzählen gerne Witze über die Färinger und umgekehrt übrigens auch. Es handelt sich dabei aber mehr um ein liebevolles Genecke unter Brüdern als um echte Antipathie.

Küstenseeschwalben oder *Arctic Terns*, wie sie auf Englisch heissen, werden wir in Zukunft noch oft begegnen. Bald kennen wir aber auch schon den Trick, um sie uns vom Leib zu halten. Es reicht schon, einen Stock oder auch nur eine Petflasche über dem Kopf zu balancieren, um sich vor Angriffen zu schützen. Gegen die Scheissattacken hilft allerdings nichts als leicht abwaschbare Kleidung.

Eines der Ziele unserer Reise war es ja, die *Wildnis* in Europa zu suchen. In Island ist dies aber ein müssiges Unterfangen, denn meistens fängt sie schon hinter dem nächsten Haus an. Wo immer du auch bist, lauf ein paar Kilometer, und du findest dich mitten im Niemandsland wieder. Natürlich wurde auch hier die Landschaft von Menschen geprägt. Aber abgesehen davon, dass die Bevölkerungsdichte auf der Insel ausgesprochen gering ist, zeigt sich die Natur dermassen rau und geradezu lebensfeindlich, dass sich die Zerstörung in Grenzen hält. Klar, einst war Island bewaldet. Davon ist heute nicht mehr allzu viel zu sehen. Es gibt zwar vielerorts Bemühungen, gewisse Teilstücke wieder aufzuforsten, aber über den Erfolg lässt sich streiten. Meist handelt es sich bei den isländischen *Wäldern* um quadratisch angesetzte Baumgruppen, die zudem noch ausschliesslich aus Fichten bestehen. Oft sind sie viel zu dicht gepflanzt und entsprechend voll mit braunem Geäst. Obwohl wir keine Waldspezialisten sind, haben wir uns schon ab und zu die Frage gestellt, welchen Nutzen sich die Isländer von solchen Monokulturen versprechen. Haben sie vor, den Borkenkäfer zu kultivieren?

Die andere Art von Forst, die man bewundern kann, besteht aus Quadratkilometern von hüfthohen Birkengewächsen. Später einmal werden wir stundenlang in einem Tal nach dem in einer Broschüre angepriesenen Wald suchen, bis wir erkennen, dass die von dem *Gestrüpp* sprechen, welches an den ganzen Berghängen wuchert. «*Ja, ja*», lacht eine Einheimische, der wir davon erzählen. «*Wenn du dich im isländischen Wald verirrst – steh einfach auf!*»

Auch rings um *Seyðisfjörður* stehen ein paar Baumgruppen, aber die Umgebung besticht gerade durch ihre Schlichtheit. Die gefurchten Felswände wie aus Kohle geschnitzt, das jetzt im Juni noch braun-grüne Gras, der Schnee, der sich oben in den Rillen versteckt – dazu die vielen Wasserläufe und Bächlein. Folgt man dem kleinen Fluss Richtung Pass erreicht man einen imposanten Wasserfall. Das Gewässer ergiesst sich schäumend über die ausgewaschenen Felsen und zwängt sich durch die enge Schlucht. An den Hängen wächst vereinzeltes Buschwerk zwischen den von Flechten bewachsenen Felsen. Wo immer Wasser ist, verändert sich die Flora. Blumen und

Gräser in den verschiedensten Farben wuchern, wo das lebensspendende Nass aus dem Boden tritt. Giftgrüne Moosteppiche schmiegen sich an die steinigen Bachufer und schaffen leuchtende Inseln und verwunschene Gärten. Darüber ein sich ständig verändernder Himmel: Mal zeigt er sich in tiefem, kaltem Blau, das die umliegenden, vereisten Berggipfel scharf umreisst, dann umgibt er sie mit trägen Dunstschwaden und lässt sie fern und geheimnisvoll erscheinen. Manchmal türmt er sich auch auf zu imposanten Wolkengebilden, die das Land gross und weit wirken lassen, oder er legt sich wie ein schwerer Deckel auf das Tal, macht es eng und trostlos und erstickt die Farben in seinem Grau. Häufig erlebt man dies alles am selben Tag.

Setzt man sich hier auf eine Wiese und betrachtet die stille Bergwelt, erfasst einem manchmal ein Gefühl einsamer *Weltferne*. Das kommt nicht zuletzt daher, dass man beinahe nichts hört. Insekten, welche die Luft mit ihrem Summen er-

füllen würden, gibt es nur sehr wenige. Und man braucht nicht weit zu gehen, und auch die Zivilisationsgeräusche fallen weg. So bleibt oft nur das Säuseln des Windes und das gleichmässige Rauschen ferner Wasserfälle.

Vögel gibt es hier allerdings genug. Sie sind nicht sehr scheu, und Fabiola gelingen einige stimmungsvolle Bilder.

Manche Leute stellen sich das mit der *Tierfotografiererei* ja ganz falsch vor. Sie denken, man begibt sich irgendwohin, wo diese und diese Tiere leben, legt sich auf die Lauer und kommt mit *vielen tollen Schnappschüssen* zurück. Ganz vereinfacht gesagt, stimmt das ja, aber es kommen eben noch diverse andere Faktoren hinzu. Erst einmal garantiert die Tatsache, dass Tiere in einem bestimmten Gebiet *vorkommen,* noch lange nicht, dass man sie auch *sieht*. An erster Stelle steht also immer die Suche nach idealen Ansitzplätzen. Dabei gilt es einiges zu beachten wie zum Beispiel: Wie ist das Licht? Wo steht wann die Sonne? Was

Kragenenten brüten in Europa einzig auf Island.

71

verdeckt unter Umständen die Sicht, oder wo kann man sich am besten verbergen?

Hat man sich für einen Ort entschieden, bleibt einem erst einmal nichts anderes übrig, als abzuwarten. Dass man am Vortag an einer Stelle einiges an Aktivität beobachtet hat, garantiert nämlich noch lange nicht, dass sich dies am nächsten Tag wiederholt. Oft sitzt man stundenlang, und *nichts* passiert, oder das Tier, das man gerne ablichten möchte, kommt zwar vorbei, versteckt sich aber permanent hinter einem Stein, einem Grasbüschel oder einem Strauch. Manchmal erscheinen die Viecher auch just in dem Moment, wenn sich gerade die Sonne hinter einer Wolke versteckt, oder sie sind zwar da, aber pausenlos in Bewegung, was hohe Anforderungen an den Fotografen stellt. Wenn dann wirklich einmal alles zu stimmen scheint, das Tier stellt sich in Pose, das Licht ist perfekt und der Hintergrund stimmig (was auch ganz wichtig ist), bläst dann vielleicht gerade der Wind so stark, dass sich die geschossenen Fotos nachträglich alle als verwackelt erweisen. Wenn man also nach einem Tag auf der Pirsch zwei, drei wirklich gute Bilder mit nach Hause bringt, kann man schon mehr als zufrieden sein. Klar! Manchmal sind es auch zehn, aber häufig bleibt halt auch gar keines.

Für Vogelfotografie ist Island vorzüglich geeignet, da es sich bei vielen der heimischen Arten um Bodenbrüter handelt. Sie halten sich oft in den mageren Wiesen und dürftig bewachsenen Steinfeldern auf und sind, trotz guter Tarnung, in den Sommermonaten leichter zu erwischen als ihre gefiederten Verwandten in den dicht belaubten Wäldern und Hecken etwa der Schweiz. Andererseits sind viele der Vögel in *unserem* Land Kulturfolger. Das heisst: Sie bewegen sich vorzugsweise in der Nähe von menschlichen Siedlungen; in Gärten, auf Äckern oder auch im Gartenrestaurant von *Mac Donalds*. Hier, wo es endlos weite, unbewohnte Gebiete gibt, sind die Jagd- und Brutplätze noch mehrheitlich von den Gegebenheiten der Natur bestimmt. Natürlich findet man auch in Island andere Beispiele. Häfen und Fischereibetriebe sind von Möwen und ähnlichen Seevögeln bevölkert wie überall auf der Welt. In der Regel bedeutet aber das, was die Natur zu bieten hat, noch die Lebensgrundlage der meisten Arten. So gesehen, sollte man, nebst dem technischen Wissen, auch eine Ahnung vom *Verhalten* der Tiere haben, wenn man sie fotografieren möchte. Diesbezüglich haben wir zugegebenermassen noch ein grosses Nachholbedürfnis. Um genau zu wissen, warum der Austernfischer nun gerade auf diesem und nicht auf jenem Stein sitzt, dazu müsste man schon der bekannte Naturfilmer *Andreas Kieling* sein. Genau aus *diesem*, und *nur* aus diesem Grund, wie sie mir eifrig versichert, schaut sich Fabiola auch jedes Mal *von neuem* seine diversen Dokumentationen und Filme an. Und ich muss zugeben: Sie überrascht mich immer wieder! Unterdessen kennt sie schon all die Orte, Nahrungsgewohnheiten und Balzeigenschaften, zu denen *Andreas Kieling* neigt.

Apropos erotische Schwärmereien: Darüber spricht man ja nicht oder wenn, dann meistens nicht ehrlich. Da hält sich doch noch immer, trotz sexueller Befreiung, *Lebensabschnittspartnern* (wer hat sich denn dieses kranke Wort ausgedacht?) und Abertausenden von publizierten Büchern über dieses Thema, ein naives Ideal in den Hinterköpfen: *Wenn ich mich für einen Partner entschieden habe, müssen alle anderen reizlos werden!* Nun, wir wissen ja, dass dem nicht so ist. Trotzdem versuchen wir dieses Bild vor unseren Partnern (und oft auch vor uns selber) aufrecht zu erhalten. So was *Blödes!* Wenn ich also sage: Fabiola *steht* auf Andy – dann stimmt das auch. Auf mich steht sie aber halt immer noch ein bisschen *mehr*, und das wird auch so bleiben, wenn ich es nicht vergeige.

Solange wir ehrlich zueinander sind und die Treue des Partners als Geschenk und nicht als gottgegebenes Recht verstehen, kann eigentlich gar nicht viel passieren.

Und überhaupt! Immerhin bin ich fünf Jahre jünger als der Kerl, sehe *bedeutend* besser aus, und sie wird ja wohl nicht – oder ob sie mich belügt, dieses Luder?

Da uns schon *Seyðisfjörður* fasziniert und länger aufhält als geplant, kommen wir zu dem Schluss,

Apropos erotische Schwärmereien: Darüber spricht man ja nicht ...

dass es schade wäre, am Süden vorbeizurasseln, nur um möglichst schnell in die Westfjorde zu gelangen. Der neue Plan sieht vor, dass wir uns ein Bus-Rundticket besorgen, um uns Island von verschiedenen Seiten anzusehen.

Dafür müssen wir aber in die Touristeninfo nach *Egilsstaðir*, das nur ein paar Kilometer von *Seyðisfjörður* entfernt und der grösste Ort im Osten ist. Wir zwängen uns also frühmorgens in den Bus. Haben ja erst gemeint, es sei ein Lieferwagen, aber da Jane, Graham und Francine aus dem *Youth Hostel* schon drinsitzen, *muss* es sich wohl um das offizielle Beförderungsmittel handeln. Es fährt dann unpünktlich los, allerdings nicht zu spät, sondern zu früh – beinahe *zehn* Minuten! Wenn man hier mit dem Bus reist, sollte man zeitig an der Haltestelle stehen. Zumal täglich nur eine Fahrt hin, beziehungsweise zurück angeboten wird. Ausser den dreien aus dem Hostel, die heute zu ihrer Rundreise um die Insel starten, sind nur noch wenige Fahrgäste zugestiegen.

Um nach *Egilsstaðir* zu gelangen, überqueren wir zuerst die Hochebene *Fjarðarheiði*. Hier liegt noch Schnee, und die zahlreichen kleinen Seen sind mehrheitlich zugefroren. Nebelschwaden ziehen über die kalte, steinige Eiswüste, und es würde mich nicht überraschen, wenn jetzt auch noch ein *Eisbär* vorbeispazieren würde. Alle paar Jahre soll ja eines dieser Tiere auf Island stranden. Allerdings werden die Bären immer gleich geschossen, da sie auf der Insel mangels Nahrungsangebot wohl schon bald auf Schafe oder auch auf Menschen zurückgreifen würden.

Als nach etwa einer halben Stunde *Egilsstaðir* in Sicht kommt, zeigt sich uns ein Phänomen, das wir auf Island noch viele Male erleben. Der erste Eindruck, als wir die weite Fläche von oben betrachten, ist nämlich wie folgt: Braun, grau, trostlos, öde, *Mad Max Country!!*

Am Abend, wenn wir dann die Stadt auf gleichem Weg verlassen und einen Blick zurückwerfen, zeigt sich uns ein vollkommen anderes Bild. Unterdessen hat die Sonne die Wolken verdrängt, und das Licht fällt flach auf die Landschaft. Was für Farben, welche Nuancen und Kontraste, was für eine phantastische Aussicht, *Slumberland!!*

Unser Busticket haben wir schnell erstanden.

Es existieren mehrere Angebote, aber wir haben uns für die *Luna*-Buslinie entschieden, da sie als Einzige auch Rundreisen in den Westfjorden anbietet.

Nachdem wir uns von den drei Kanadiern verabschiedet haben, machen wir uns erst mal auf Erkundungstour. Schliesslich haben wir massenhaft Zeit, denn der Bus zurück fährt erst Abends um fünf.

Egilsstaðir ist nicht gerade das, was ich einen attraktiven Ort nennen würde. Die für isländische Verhältnisse recht ausladende Siedlung scheint ziemlich planlos über die Gegend verteilt und lässt ein harmonisches Stadtbild vermissen. Trotzdem – wenn man im Gartenkaffee des Tankstellenshops sitzt und dem regen Treiben auf den Strassen und vor dem Einkaufszentrum zusieht – kann man ihr einen gewissen rauen Charme nicht absprechen.

Da wir nicht den ganzen Tag Kaffee trinken können, suchen wir uns eine andere Beschäftigung und laufen die paar Kilometer nach *Fellabær*, das jenseits des Flusses *Lagarfljót* liegt und politisch mit *Egilsstaðir* verbunden ist. Da hat uns Gudrun vom *Youth Hostel* nämlich ein *Bókakaffi* empfohlen. Das ist ein Lokal, wo man sowohl essen und trinken als auch Bücher aus zweiter Hand erstehen kann. Unterwegs knipst Fabiola noch ein paar Vögel. Auch hier, im Hauptort des Ostens, braucht man nicht weit zu gehen, um die Natur zu finden.

Ein plötzlicher Schauer treibt uns dann aber schon bald mal über die Brücke Richtung Restaurant. Es ist klein, einfach und zweckmässig eingerichtet und durchaus gemütlich. Die Wände sind von hohen Regalen bedeckt, vollgestopft mit aller Art Bücher in buntem Durcheinander. Es sind vornehmlich isländische Werke, daneben ein paar deutsche und englische. Kaufe mir eines der englischen Taschenbücher. Halte es erst für eine philosophische Abhandlung. Merke dann aber nach ein paar Seiten, dass mich das Buch lehren soll, mein *Vermögen* zu vermehren. Trotz ehrlicher Anstrengung schaffe ich es nicht, die Anleitung zum Reichsein zu Ende zu lesen. Sie bleibt dann später auf irgendeinem Camping liegen. Werde also weiterhin arm bleiben. Vielleicht hat ja der nächste Leser mehr Erfolg.

Der Regenbrachvogel gilt als eine der Arten, die vom Klimawandel besonders betroffen sein wird. Durch die ständige Erwärmung verkleinert sich sein Brutgebiet dramatisch.

Das Essen, das neben der Theke bereitgestellt wird, ist echt lecker. Zum Eingang wird Lammfleischsuppe geboten, danach zarter Schinken und eine Art Salzkartoffeln mit diversen Gemüsebeilagen und zum Schluss sogar noch ein Süssgebäck mit Kaffee. Alles sehr schmackhaft und zu einem günstigen Preis. Als besondere Attraktion interpretiert die Chefin während der Mittagszeit dezent im Hintergrund bekannte Songs auf der Gitarre. Sie spielt gut und hat eine aussergewöhnliche Stimme.

Das *Bókakaffi* scheint ein beliebter Treffpunkt zu sein. Alle Tische sind voll besetzt. Zum Glück sind wir etwas früher gekommen, denn eine Viertelstunde später hätten wir keinen freien Platz mehr gefunden.

Den Rest des Tages streifen wir noch ein wenig durch die Gegend und sind dann pünktlich eine Viertelstunde *zu früh* am Busstop vor der Touristeninfo. Bewährt sich! Der Fahrer kommt nämlich auch diesmal vorzeitig, bedient erst unsere statt der vorgesehenen Haltestelle am nahen Flughafen und fährt auf dem Rückweg, *jetzt* rechtzeitig, nur noch mit einem kurzen Seitenblick am zweiten Anhalteplatz vorbei. Wenn da zufällig noch ein Reisender hinter der Ecke wartet, hat er einfach Pech gehabt.

Die Tage in *Seyðisfjörður* verlaufen kurzweilig. Die Landschaft rings um den Ort bietet viele Plätze zum Ansitzen. Ob an den Hängen der umliegenden Berge oder am Ufer des nahen Fjords: Meistens gibt es etwas zu beobachten. Ausserdem lernen wir im *Youth Hostel* immer wieder interessante Leute kennen. Mit den beiden Angestellten des Hauses, Gudrun und Rick, verbindet uns nach kurzer Zeit schon etwas Freundschaftliches. Gudrun ist eine fröhliche, hübsche Isländerin um die dreissig und stammt eigentlich aus *Reykjavík*. Sie ist viel in Indien gereist, wo sie auch die Besitzerin des Hostels kennen lernte und dadurch zu diesem Job kam.

Rick ist ein Weltenbummler, halb Spanier, halb Irländer, in den USA aufgewachsen und ein durchgeknallter Typ. Schon über fünfzig, aber im Herzen noch zwanzig, albert er während des Putzens in den Gängen rum, singt zu den Liedern der Stones und Tom Waites und tanzt auch schon mal mit Gudrun durch die Gänge. Er führt seit Jugend auf ein Wanderleben, hat schon an manchen Ecken dieser Welt gewohnt und ist eines Tages in Island gelandet. Die Schweiz, meint er, *da* würde er gerne leben. Hat vor einiger Zeit ein paar *Chinesen* kennen gelernt, und die erzählten ihm, *da* wäre es sehr schön. Na ja - ob das ein *objektiver* Bericht war?

An einem der Abende taucht Thomas auf, ein junger Deutscher mit langen, blonden Haaren. Seit er mit fünfzehn die Schule verlassen hat, gondelt er durch die Welt, verdient sein Geld mit Gelegenheitsjobs und bereist fremde Länder. In Island ist er per Anhalter unterwegs. Ginge *meistens* recht gut, meint er.

Ans Leben stellt er keine grossen Ansprüche: «*Solange es reicht für Essen und Schlafen und ab und zu ein paar Drogen, ist das genug*», erklärt er. «*Und wenn ich hier und da mal eine Frau abkriege, bin ich ganz zufrieden.*»

Eine Gruppe junger Österreicher belagert die Küche und den Essraum. Sie sind in nur sechs Tagen um die ganze Insel gebrettert und jetzt auf dem Weg zurück nach *Reykjavík*. Ihre Gespräche drehen sich ausschliesslich um Schulstoff und die Fächer, die sie an der Uni belegen. Ob *die* was vom Land mitgekriegt haben?

Gegen Ende der Woche füllt sich das Hostel mit immer mehr Touristen. Die Saison fängt an, und wir bekommen einen ersten Eindruck, wie viele Leute im Sommer Island bereisen.

So sind wir eigentlich recht froh, als wir schliesslich am Montag *Seyðisfjörður* Richtung Süden verlassen. Wieder geht's erst nach *Egilsstaðir*, wo der *Luna*-Bus startet.

Im Strassenkaffee treffen wir Francine, die Frau aus Québec wieder. Sie ist nach einem kurzen Abstecher zum *Borgarfjörður* hierher zurückgekehrt und fährt ebenfalls heute weiter, allerdings Richtung Norden. Wenn man sich diese kleine, zierliche Frau so ansieht, würde man nicht vermuten, wie viele Länder sie schon bereiste. Auch in arabischen Staaten war sie ganz alleine unterwegs und schwärmt von der Freundlichkeit der Leute. Dabei sucht sie, wie wir auch, eher die Abgeschiedenheit und zeigt sich ebenfalls ein wenig erschrocken über den Strom von Besuchern, der sich in den letzten Tagen immer mehr abzeichnet. Da sie kein Zelt mit sich trägt, ist sie auf *Hostels* und *Guest Houses* angewiesen. Diese sollte man aber, wie sie *jetzt* feststellen musste, in Island während der Saison *immer* im Voraus buchen. Solches schränkt natürlich ein, wenn man gerne individuell reisen und das nächste Ziel jeweils spontan aussuchen möchte.

Der *Luna*-Bus fährt pünktlich vor. Ein schon etwas älterer Fahrer hilft uns und den beiden jungen, österreichischen Fahrradtouristen, die ebenfalls warten, das Gepäck zu verstauen. Er ist näher bei siebzig als bei sechzig, Kettenraucher, *nett* gesagt, etwas übergewichtig und schnauft bei jeder Bewegung besorgniserregend.

Nichtsdestotrotz legt er aber anschliessend ein flottes Tempo vor und rumpelt recht zügig über die enge Ringstrasse. Heute scheint die Sonne, und in dem kleinen, nicht klimatisierten Bus steigt die Temperatur an wie in einem Backofen. Zum Glück ist der Chauffeur nebst nikotin- auch koffeinsüchtig, sodass er oft etwas länger an den verschiedenen Stationen stehen bleibt, um sich mit Nachschub zu versorgen.

Wir durchfahren einsame Bergtäler und passieren wilde Küstengebiete. Die Ortschaften, bei denen wir anhalten, sind klein und bestehen oft nur aus wenigen Häusern. Unverbaute Flüsse und naturbelassene Bäche säumen den Weg. Nackte, vulkanische Felsen, zu Fratzen erstarrt, und grosse Steinbrocken, über die mageren Wiesen zerstreut wie Spielsachen in einem unaufgeräumten Kinderzimmer. Auch in den abgelegensten Winkeln entdeckt man noch ein paar grasende Schafe. Wer soll *die* je wieder einfangen?

Fabiola ist begeistert von den vielen Vögeln, die wir beobachten. Scharen von Graugänsen bevölkern das nahe Ufer, Singschwäne schwimmen in Teichen neben der Strasse, und auf manchen der Steine stehen Austernfischer wie Wachposten auf einem Ausguck. Mich fasziniert der Himmel, eisklar leuchtend in tiefem Sehnsuchtsblau. Erst noch mit zarten Wölkchen betupft, später mit schweren Kumulusgebilden behangen, lässt er das raue Land endlos erscheinen.

Der Fahrer scheint davon unbeeindruckt zu sein. Er hat das alles wohl schon tausend Mal gesehen. Gleichmütig rattert er unvermindert rasant unserem Ziel entgegen. Endstation für diese Fahrt ist *Djúpivogur*, eine kleine Fischerstadt an einem natürlichen Hafen und der südlichste Ort der Ostfjorde. Zuvor fahren wir aber noch ein ganzes Stück über den einzigen noch nicht asphaltierten Abschnitt der *Ringstrasse*. Wie wir hören, ist man sich hier über den zukünftigen Verlauf der Strasse noch nicht einig, weshalb die Teilstrecke bislang unausgebaut geblieben ist. Wenn auch etwas unkomfortabler – *abenteuerlicher* ist die Fahrt auf Schotterstrassen auf jeden Fall und passt auch besser zu der ungezähmten Landschaft.

Der Bus hält schliesslich am späten Nachmittag vor dem Hotel *Framtíð*. *Djúpivogur* hat uns freundlich begrüsst. Vor zwei Tagen hat man den Unabhängigkeitstag gefeiert, und die Strassen sind bunt beflaggt in Gelb, Orange und Pink. Jedes der drei Quartiere bekommt eine Farbe zugeordnet, und in dieser werden dann Häuser und Umgebung geschmückt. Die Leute stellen lebensgrosse Puppen auf und kleiden sie in den entsprechenden Tönen. Eine Wäscheleine ist mit lauter pink gefärbten Kleidungsstücken behängt. Andernorts trifft man auf eine orange Säuferfigur, die schlafend im Gras liegt, daneben ein paar leere Bierflaschen, und am gegenüberliegenden Berghang hat ein ganz Verrückter einen knallgelben VW Käfer installiert.

Die originellsten Beiträge werden prämiert. Gewonnen hat dieses Jahr die *Hochzeitsgesellschaft in Orange* vor der kleinen Kirche im Ort.

Aber auch ohne Dekoration ist *Djúpi* (so oder ähnlich nennen es die Einheimischen. Irrtum, wie bei *allen* isländischen Kurzformen, vorbehalten!) ein ansprechendes Städtchen.

Wobei: Städtchen: Hier sollte man mich nicht wörtlich nehmen. *Djúpivogur* ist kein Städtchen, nicht mal ein *Städtchenchen*. Man muss diese Begriffe in isländischen Relationen sehen. *Seyðisfjörður* zum Beispiel hat um die siebenhundert Einwohner, besitzt das Stadtrecht und wäre von uns, hätten wir dies nicht gewusst, als *kleines* Dorf

Die «Black Sands»
bei Djúpivogur

beschrieben worden. Die Einwohnerzahl von *Djúpivogur* bewegt sich um die vierhundert. Erwartet also keine Wohnbausiedlungen, wenn ihr den Ort besucht.

Aber *Djúpi* hat Charme und Charakter! Die farbigen Häuser schmiegen sich rings um den zentralen Hafen in die sanfte, friedliche Landschaft. Im *Við Voginn*, wo man nebst Schnellrestaurant auch einen kleinen Einkaufsladen findet, treffen sich die Einheimischen zum Kaffee. Hier essen wir auch zum ersten Mal die typischste aller isländischen Spezialitäten – den *Hamburger!* Es gibt ihn auf der Insel in allen erdenklichen Variationen, und wir vermuten, dass er in Island als Grundnahrungsmittel gilt. Die Folgen seines ständigen Verzehrs, stets in Begleitung des Nationalgetränks *Coca-Cola*, sind dann auch allzu oft ersichtlich. XXL wird mit an Sicherheit grenzender Wahrscheinlichkeit die meist verkaufte Grösse in isländischen Kleiderläden sein. Da habe ich doch in irgendeiner Broschüre über die sprich-

wörtliche Schönheit isländischer Frauen gelesen, und fürwahr: Solch *geballtes* Sexappeal bekommt man wirklich nicht an vielen Orten geboten.

Aber das *Við Voginn* ist in seiner schlichten Einfachheit ziemlich cool, und wir hängen während der nächsten Tage noch öfters da rum. Ausserdem kriegen wir hier freies WIFI.

Der Camping liegt gleich oberhalb des Hafens auf einer Anhöhe. Unmittelbar dahinter fängt die freie Natur an. Der Blick geht über wildes, hügeliges Land, das zum entfernten Strand hin zur Ebene abflacht. *Djúpivogur* ist auf einer Landzunge erbaut und auf beiden Seiten vom Meer umfasst. Es angemessen zu beschreiben, fällt mir nicht leicht. Überragt von dem pyramidenförmigen Berg *Búlandstindur*, der oft in dichte Wolken gehüllt ist, liegt es eingebettet in die urtümliche, grünbraunschwarze Landschaft. Oft zieht am Morgen der Nebel auf und legt sich melancholisch auf den Ort. Die Luft riecht nach salziger See, und im Wind liegt ein ständiges Fernweh.

Trotzdem bietet das Dorf Geborgenheit und Heimat. Wie alte Leute am See sitzen die Häuser um den Hafen und blicken gelassen in die Zukunft. Wenn man in *Djúpi* ist, kann man sich nicht vorstellen, dass der Welt Veränderungen drohen. Es scheint einfach unwahrscheinlich, dass hier irgendwann mal was anders sein wird. Alles wirkt wie ein eigener Mikrokosmos, der seinen seit Ewigkeiten vorbestimmten Lauf nimmt. Klar ist das eine *Illusion*, aber geh mal nach *Djúpi*, dann weisst du, was ich meine.

Wenn wir auch beide von dem Ort begeistert sind, *voneinander* sind wir das nicht immer. Fabiola und ich zusammen auf Reisen – eine Problematik mit Zündstoff! Zu sagen, wir wären verschieden, wäre leicht untertrieben. Aber wie soll ich euch das beschreiben? Nehmen wir an, wir wären *Bäume*, dann wäre sie ein blühender Kirschbaum und ich eine herbstliche Trauerweide. Wo sie noch voller Vorfreude nach vorne blickt, lasse ich schon desillusioniert die Äste hängen.

Wenn wir vor einer Situation stehen, wo wir nicht mehr weiterwissen sage ich in der Regel: «*So ein Mist*», während sie leichtmütig bemerkt: «*Wir müssen nur fragen – geh fragen!*»

Ein Thema, das uns seit den Färöer-Inseln begleitet, ist mein ständiges Heimweh. Ich hätte ja selber nicht gedacht, dass mir das passieren würde. Kurz nach unserer Ankunft in *Tórshavn* hat es mich angesprungen wie ein Tier aus dem Hinterhalt und bis jetzt nicht mehr losgelassen. ‹*Zwei Seelen wohnen ach in meiner Brust*› soll Faust einst voll Pein ausgerufen haben. Das ist aber *gelogen*, denn sie wohnen bei mir. Die eine freut sich über alles, was wir erleben und zu sehen kriegen, die andere will nichts anderes als möglichst schnell weg von hier. In einem Moment begeistere ich mich mit Seele Nummer eins für die unglaubliche Landschaft, und im nächsten malt mir Seele Nummer zwei den Wald in unserem Dorf vor Augen. Wie er wohl jetzt im Sommer aussehen mag? Wie riechen die Wiesen? Was machen meine Leute zu Hause? Ob das Open-Air-Kaffee beim Fluss im nahen Städtchen schon geöffnet hat, da wo wir letztes Jahr so oft sassen und – unser Sofa! Wie schön wäre es, jetzt bei uns im Wohnzimmer zu liegen, an einem regnerischen Tag, und behag-

lich die Füsse auszustrecken. «Aber», interveniert Seele Nummer eins, «*diese Aussicht, diese Luft, die unglaubliche Farbenpracht der Wildnis!*» «*Scheiss auf die Wildnis*», antwortet Seele Nummer zwei.

So lebe ich in einem ständigen inneren Zwiespalt, und das fühlt man mir natürlich ab. Verständlich, dass dies Fabiola stört, habe ich doch auch noch die schlechte Angewohnheit, ständig darüber zu reden, wenn mich was beschäftigt. *Sie* wiederum nervt *mich*! Wie kann man nur so unsentimental durchs Leben gehen? Ein paar Wochen Ausland, und schon ist alles vergessen? Hat die Frau kein Herz? Da knistert es schon ab und zu gewaltig.

Man mag sich fragen, wie es zwei wie wir überhaupt so lange miteinander ausgehalten haben. Nun, diese Frage ist einfach zu beantworten. Nebst der Tatsache, dass ich einfach immer noch total auf Fabiola stehe, gibt es etwas, was uns ganz tief verbindet: Wir haben immer was zu lachen. Wir lachen über uns und oft auch über andere, wir lachen über die Scheisse, die passiert, und über traurige Situationen. Wir lachen über mein Heimweh und Fabiolas Fatalismus. Wir lachen *beinahe* über alles!

Über etwas zu lachen, bedeutet nicht, dass man den Ernst der Sache nicht erkennt. Es ist vielmehr die Kunst, den traurigen Dingen des Lebens eine lustige Seite abzuringen. Ich weiss nicht, ob ich noch lachen könnte, wenn ich morgen den Befund bekäme, an einer schweren Krankheit zu leiden. Aber *wenn* ich es könnte, dann mit Fabiola.

Mein Heimweh verfolgt mich noch bis ans Ende der Westfjorde – dann macht es sich plötzlich vom Acker. Das ständige *Hin und Her* ist ihm wohl auch zu blöde geworden. Jedenfalls hält von da weg Seele Nummer zwei vornehmlich die Schnauze und lässt Seele Nummer eins sprechen. Hey – reisen ist *cool!*

Auf dem Camping haben wir unser Zelt ganz nach hinten gestellt. Hat zwar den Nachteil, dass man recht weit zur Toilette laufen muss, aber dafür überblicken wir *Natur pur!*

Sitzen wir eines Abends beieinander, etwas abseits, rauchen eine und geniessen die Aussicht, als sich ein junger Mann unserer Unterkunft nähert. Er studiert unser Zelt eingängig von allen Seiten und scheint sehr interessiert an den Schnüren und Verankerungen zu sein. «*Ich will es mir nur anschauen*», ruft er schon von Weitem, als er unser Kommen bemerkt. Er hätte eben auch so ein *Vaude*-Zelt gekauft, erklärt er dann, aber mit *Silikonnähten*. «Hat dieses *Silikonnähte*?» Ja, nein – woher soll *ich* denn das wissen? Es hält *dicht*! «*Nein*», stellt er fachmännisch fest, «dieses hat *keine Silikonnähte*!» Eine leichte Enttäuschung schwingt in seiner Stimme mit, aber eigentlich ist er froh: *Seines* ist besser!

Unseres ist jedoch *auch* ganz geil, wenngleich *seines* natürlich noch etwas teurer war, und *Vaude* ist halt schon das Beste, was man haben kann, und so gesehen haben wir *beide* das Beste, aber seines ist noch ein *klein* wenig ausgefeilter. Hey! So was gibt es also auch: Ein *Zeltfetischist*! Allein der Name *Vaude* lässt seine Erregungskurve steil ansteigen. Ich glaube, am liebsten würde er unser Zelt aufessen. Verabschiedet sich dann aber in die Küche, um etwas anderes zu kochen. Da treffe ich ihn eine Viertelstunde später wieder, wo er enthusiastisch Karotten, Lauch und Sellerie hackt. Fastfood, so erklärt er, hat er bereits vor *vielen, vielen* Jahren aufgegeben. Okay, er ist ja auch schon im biblischen Alter von zweiundzwanzig. Abwaschen hat er wohl auch aufgegeben, denn am nächsten Morgen ist *er* zwar wieder weg, aber sein *dreckiges Geschirr* steht immer noch da.

Die Küste von *Djúpi* zu beschreiben, übersteigt meine dichterische Kraft. Wie könnte man *diese* Landschaft je in Worte fassen? Gleich hinter dem Dorf führt ein schmaler Pfad den Wanderer mitten in die Wildnis. Der Weg umrundet die Landzunge auf der einen Seite und endet schliesslich wieder im Ort. Ich weiss nicht, ob es Zeiten gibt, wo man da mehr Menschen trifft, aber wir sind jedes Mal vollkommen alleine unterwegs. Was für ein Gefühl von tiefer, zufriedener Einsamkeit. Du setzt dich hin, lässt den Blick über die von Härte gezeichnete Küste streifen, die Algenteppiche über den kohleschwarzen Steinen; der Wind, der immer einen Hauch von Eis in sich trägt, und

das zähe Grün, das sich verbissen an den kargen Boden klammert – Traumzeit! Du kriegst den Eindruck, dass auf seltsame Weise plötzlich alles stimmt. Als sässest du im Herzen einer Uhr, welche seit Ewigkeiten, unbeirrt von menschlichem Tun, eine uns verborgene Zeit anzeigt.

Zwischen den Felsbrocken wuchern Kräuter, Flechten und Blumen. Sie nützen jede Ritze, die ihnen Schutz vor den Launen des Wetters bietet. Moose legen sich wie Pelzkappen über die runden Steine, und wo sie nur *ein wenig* Erde finden, recken Margeriten ihre gelben, weiss bekränzten Köpfe der Sonne entgegen. In den Mulden ducken sich Teiche und Weiher. Sumpfiges Gelände, mit schilfartigen Pflanzen bewachsen.

Wir hocken uns oben auf eine der Klippen, und keine drei Meter unter uns nisten Eissturmvögel. Immer wieder gleiten sie ruhig an uns vorbei. Sie beobachten uns; nicht aggressiv, nur aufmerksam. Sie strahlen eine ungeheure Sanftmut aus, und man kann ihnen nicht lange zusehen, ohne nicht ein *kleines* bisschen glücklich zu sein. Wenn Männchen und Weibchen zusammen im Nest sitzen, wirken sie wie frisch verliebte Paare. Sie liebkosen sich gerne gegenseitig mit den Schnäbeln oder stecken auch einfach nur die Köpfe zusammen.

Wenn du nicht weisst, wie du deinen Partner behandeln sollst, beobachte die Eissturmvögel. Sie lehren dich mehr als alle *Brangelinas* dieser Welt. Austernfischer sind weniger entspannend. Mit ihrem ständigen Hin und Her versuchen sie, dich von ihrem Gelege oder den Jungvögeln abzulenken, und starten auch schon mal einen Scheinangriff. Ihre langen, leuchtend orangen Schnäbel erinnern entfernt an die Nase von Pinocchio. Sie sind recht ansehnlich, wenn sie ihr schwarzweisses Gefieder spreizen, und geschickte Flieger. Ihre blutroten Augen haben dich immer im Visier, und sie geben keine Ruhe, bis du dich wieder aus ihrem Revier entfernt hast. Dabei setzen sie auf die *Zermürbetaktik* – irgendwann geht dir das Gezeter so auf die Nerven, dass du dir ein anderes Plätzchen suchst.

Da, wo das Meer enge Buchten in die zähgraue Masse geschnitten hat, plantschen Dutzende von Eiderenten. Bei ihnen läuft alles *traditionell*

«*Wenn der Goldregenpfeifer singt*», so sagt man hier, «*ist der Sommer da!*»

ab: Die schwarzweissen, auffälligen Männchen schwimmen in Gruppen, meist etwas abseits von den eher unscheinbaren Weibsbildern. Diese kümmern sich ständig um die Kleinen. Wahrscheinlich sind sie auch fürs Kochen und Putzen zuständig. Unsere Schweizer *Ureidgenossenpartei* hätte helle Freude an ihnen!

Oft sieht man Muttertiere mit zwölf, dreizehn Kücken im Schlepptau das unruhige Wasser überqueren. Eiderenten sind keine Schönheiten, aber wer bei *diesem* Anblick nicht ein wenig weich wird, der hat kein Herz.

In den Wiesen lässt der Goldregenpfeifer seinen melancholischen Ruf ertönen. Er ist der Sommerbote Islands. ‹Wenn der Goldregenpfeifer singt›, so sagt man hier, ‹ist der Sommer da!› Kann aber nicht stimmen – oder ist der Sommer hier wirklich *so scheisskalt?*

Wann und weshalb der Goldregenpfeifer *genau* pfeift, finden wir nicht heraus. Er hockt mal *hier* und hockt mal *da* und macht *püüh.* In der Regel sitzt dann irgendwo ein zweiter und *püüht* zurück. Als Liebesgeflüster doch recht eintönig. Soll es eine *Warnung* sein, ein *Orientierungszeichen* oder eine Art *Code?* Wir beobachten keine erkennbare Logik hinter seinem Gebaren. Also belassen wir es dabei: Er kündet den *Sommer* an, nicht immer *sehr* zuverlässig.

Ich meine, ich will uns ja hier nicht als Fachleute hinstellen! Fabiola sammelt zwar fleissig Informationen über ihre Fotomodelle; *sie* hat wahrscheinlich das Zeug dazu, ein Spezialist zu werden. Aber ich – na, ja. Ich habe mich nun mal einer philosophischen Weltsicht verschrieben und schon Probleme genug mit dem *Huhn* und dem *Ei.* Wenn ich mir jetzt auch noch merken

Für dieses Foto haben wir Stunden gewartet: Kleine Brandgänse.

soll, ob da *blaue* oder *grüne* Punkte drauf sind – *oje!* *Natürlich* lerne auch *ich* ständig dazu, und weiss unterdessen mehr über Vögel und andere Tiere, als ich je wissen wollte. Aber darum geht es nicht! Ich freue mich einfach, wenn ich sie beobachten kann. Es bringt mich dem Leben näher und lenkt meine Aufmerksamkeit auf das Wesentliche: Was wissen wir schon? ‹*Staub im Wind*› heisst es in einer melancholischen Rockballade. ‹*Alles, was wir sind, ist Staub im Wind!*›

Dies macht die Landschaft um *Djúpivogur* mit dir: Sie reduziert dich auf das Jetzt! Wenn du warm angezogen bist, genügend Zwischenverpflegung dabei hast und im Trockenen sitzt, schenkt sie dir einen Moment *unspektakulärer* Zufriedenheit mit dir und der Welt. Und ich sinniere noch etwas weiter, und schon bin ich wieder beim Huhn und beim Ei. Ich denke, es war das *Huhn* – oder das *Ei?*

Am Abend, als wir zum Camping zurückkehren sind wir erstaunt über die vielen neuen Gäste. Alles Franzosen – wie nett! Der früher bekannte Spruch: ‹*Il sont foux, les Gaulloises*› ist dem Texter wohl zugeflogen, als er einst die Ferien im Ausland verbrachte und seine Landsleute beobachtete. Der französische Outdoor-Tourist ist stets naturabwehrgerecht gekleidet. Seine ganze Erscheinung schreit: *Funktional!* Er bindet die absolut wasserdichten Gebirgsstiefel mit grosser Sorgfalt und richtet seine polartaugliche Kappe mit gebührendem Ernst in die korrekte Stellung. Den Rucksack packt er peinlich genau mit gelegentlichem, prüfendem Blick auf den Berg, den er bezwingen will. Dabei ist er so vollständig konzentriert, dass er alles andere vergisst. Er vergisst zu *grüssen*, er vergisst, dass es schon nachts um *drei* ist, wenn er seinem Hiker-Kollegen letzte, wichtige Details quer über den Platz zubrüllt, er vergisst, dass er nicht in *Frankreich,* ja, er vergisst sogar, dass er nicht bei sich *zu Hause* ist. Alles wird dem grossen Vorhaben untergeordnet: Die Toiletten, die Duschen, die Campingküche, die *Nachbarn…*! Der Franzose auf Reisen lebt wirklich nur für eines: Die *Selbstverwirklichung!* Und wenn er sich am nächsten Morgen grusslos verabschiedet, vergisst er *meistens* auch noch seinen Abfall.

Ganz vorne auf dem Camping ist eine Militärplane schräg über den Boden gespannt. Darunter liegen ein Schlafsack und diverse andere Utensilien. Der Besitzer, so vermuten wir, muss wohl ein *ganz* harter Outdoorbursche sein, so wie *der* haust. Um so erstaunter stellen wir fest, dass es sich dabei um den vom Aussehen her etwa dreizehnjährigen Jungen handelt, den wir zuvor schon im Aufenthaltsraum bemerkten. Er ist Engländer und immerhin schon *siebzehn*. Zuvor hat er sich bereits sechs Monate durch Italien gejobt, und jetzt ist er seit Juni auf Island. Wie er das genau bewerkstelligt, bleibt uns verborgen, ist doch sein *Konto* nach eigenen Angaben so gut wie leer. Das erklärt auch, weshalb seine Mahlzeiten in der Regel aus einem Pfännchen Pasta mit Sauce bestehen. Trotzdem denkt er nicht ans Nachhause-Fliegen, zumal er dafür eh zu wenig Geld hätte.

Wir bleiben mit ihm auch später per Mail in Kontakt. Er meldet sich von *Reykjavík* und von anderen Orten, berichtet über seine Reisepläne und ist schliesslich immer noch auf Island, als wir bereits die Rückreise antreten. Dazwischen schreibt er, dass er vielleicht nach *Indien* reise, um da den *Buddhismus* zu studieren, bleibt dann aber trotzdem noch eine Weile auf Island hängen. Letzten Meldungen zufolge plant er, *Grönland* zu besuchen. Die Welt ist *voll* mit lustigen Irren!

Jón begegnen wir, als wir von einer unserer Wanderungen am Strand zurückkehren. Er werkelt vor seinem Haus, und nachdem ich eine lobende Bemerkung über seinen Steingarten gemacht habe, bittet er uns hinein, damit wir uns die Anlage von Nahem ansehen können. Jón sammelt mit Leidenschaft Halbedelsteine und Kristalle in den umliegenden Bergen. In seiner Werkstatt verarbeitet er sie zu Schmuckstücken und Souvenirs. Hinter seinem Haus hat er aus grösseren Fundstücken eine Art Ausstellung aufgebaut, die er auch gerne den Touristen zeigt. Es gibt Steine in allen Formen und Farben zu bewundern, und Jón erzählt uns stolz, in welchen Gebieten er sie jeweils gefunden hat.

Früher war Jón Fischer und fuhr zur See. Schon mit vierzehn hat er die verhasste Schule verlassen, um auf einem Boot anzuheuern. Noch jetzt, über vierzig Jahre danach, verfinstert sich sein Gesicht, wenn er über seine Schulzeit spricht. Aber die *Fischerei* – das war seine Berufung! Er hätte sie niemals aufgegeben, wäre er nicht vor ein paar Jahren vom Mast gefallen. Danach war sein Rücken geschädigt und die schwere Arbeit auf dem Meer nicht mehr zu bewerkstelligen. Lange hat er mit seinem Schicksal gehadert, wurde depressiv und trank zu viel, bis er auf drängen seiner Familie und Freunde sein langjähriges Hobby zum Beruf machte und damit begann, bearbeitete Schmucksteine zum Verkauf anzubieten. Mittlerweile hat er grosse Freude daran und berichtet mit Begeisterung von den Aufträgen, die er nach und nach erhält.

Künftig treffen wir ihn täglich im *Við Voginn,* wo er, wie viele der Ansässigen, seinen Morgenkaffee einnimmt. Er setzt sich immer kurz zu uns hin, erzählt und stellt Fragen.

Jón ist durch und durch Isländer und hat die Insel noch nie verlassen. Er liebt die rauen Küsten und die Einsamkeit der Berge und möchte, wie er sagt, nirgendwo anders leben. Trotzdem ist er sehr an Menschen aus fremden Ländern interessiert. Er hört aufmerksam zu, wenn wir ihm von der *Schweiz,* von *Deutschland* und *Dänemark* berichten, und macht die obligaten Witze, als wir auf die *Färöer-Inseln* zu sprechen kommen.

An einem Morgen nimmt er uns mit dem Auto mit und fährt uns zu einem *Hot Pot,* den nur die Einheimischen kennen. Mitten im Feld, da, wo die heisse Quelle aus dem Boden tritt, steht eine grosse Wanne. Man kann sich reinsetzen und das fantastische Panorama von Bergen und Meer geniessen. Leider, so meint Jón, hat er heute wenig Zeit und muss wieder zurück. Aber wenn wir selber noch mal hier rausfahren wollen, können wir seinen Wagen nehmen. Er hat ja zwei!

Grundsätzlich habe ich die meisten Namen in unserer Geschichte mit Rücksicht auf die jeweiligen Personen geändert. Aber für Jón habe ich schlichtweg kein passendes Pseudonym gefunden, und ich glaube nicht, dass ihn das stören würde. Jón wird in unserer Erinnerung schlicht *Jón* bleiben – eine der liebenswertesten Personen, die wir je getroffen haben.

Djúpi zieht uns in seinen Bann! Ob wir durch die wildwuchernde Landschaft streifen, an einem der malerischen Seen Vögel beobachten oder vorne bei *Black Sands* über die schwarzen, samtweichen Dünen wandern – von allem sind wir gleichermassen begeistert. Einzig das Essen wird uns langsam etwas eintönig. Die Gemüse- und Früchteauswahl in dem kleinen Supermarkt ist, gelinde gesagt, *dürftig.* Wenn wir abends in der Campingküche unsere obligaten Spaghetti oder Kartoffeln mit Würstchen zubereiten, sind Gurken oder Tomaten als Beilage das Höchste der Gefühle.

Fabiola vermisst vor allem *Salat.* Auch wenn wir auswärts essen gehen, haben wir bis anhin keinen Ort gefunden, wo so was auf der Speisekarte angeboten würde. Will ihr eine Freude machen und versuche beim nächsten Besuch im *Við Voginn* etwas Grünzeug für sie zu bestellen. Die Bedienung schaut mich nur verständnislos an. «Da ist Salat im Hamburger!» sagt sie. So viel zum isländischen Verständnis von vitaminreichem Essen.

Nur ungern verabschieden wir uns von *Djúpivogur.* Doch wir wollen ja schliesslich auch noch etwas anderes sehen, und so stehen wir schliesslich wieder vollbepackt vor dem Hotel *Framtíð.*

Diesmal kommt der Bus zu spät, ganze zwanzig Minuten. Der Fahrer erklärt uns, dass er hier im Ort wohnt und jeweils seine Wäsche erledigt, wenn er schon mal hier ist. Aber das ist kein Problem, meint er. Wir werden die fehlende Zeit spielend wieder einholen. Und er lügt nicht! Bis zur nächsten Station drückt er das Gaspedal bis zum Anschlag durch, meistert Kurven und enge Stellen in einer Manier, die *Sebastian Vettel* alt aussehen lassen würde, und ist wieder *genau* im Plan, als wir beim nächsten Halt ankommen. Schon beeindruckend, wenngleich nicht sehr gemütlich. Wenn Einstein recht hatte und die Zeit ab einer gewissen Geschwindigkeit rückwärts läuft, sind wir während dieser Fahrt *bestimmt* ein ganzes Stück jünger geworden.

Unser nächstes Ziel ist *Skaftafell*, das Tor zum *Vatnajökull* Nationalpark. Dafür müssen wir aber erst mal in *Höfn* Zwischenstation machen. Telefonisch haben wir hier ein Zimmer im *Youth Hostel* reserviert. Bei den unzähligen Touristen, die mittlerweile unterwegs sind, eine Notwendigkeit.

Die Unterkunft ist zwar in Ordnung, aber ansonsten begeistert uns *Höfn* nicht. Die recht grosse, hauptsächlich an *einer* Strasse entlang gebaute Siedlung ist eine unattraktive Ansammlung von Wohnhäusern und Industrie, die ein richtiges Zentrum vermissen lässt. Ist sie auch der Hauptort der Region und Knotenpunkt für die umliegenden Dörfer, entbehrt sie jeglichen städtischen Charmes. Daran ändern auch die verschiedenen Einkaufsmöglichkeiten, Restaurants und Museen nichts. Trotzdem ist *Höfn* ziemlich touristisch, da es als Basis für diverse Adventure-Touren dient. Ein Grund mehr für uns, es nicht *wirklich* zu mögen.

Dass wir schliesslich trotzdem für zwei Nächte hier bleiben, liegt daran, dass der Bus schon morgens um *neun* losfährt, das Einkaufszentrum aber erst um *zehn* Uhr öffnet. Wir haben nämlich inzwischen erfahren, dass es in *Skaftafell* keine Einkaufsmöglichkeit gibt, und müssen uns deshalb noch mit Proviant eindecken.

Zum Zeitvertreib besuchen wir das Vogelschutzgebiet unten am Meer.

Einen Ort, an dem Hunderte von Küstenseeschwalben brüten, als *Birdwatcher Paradise* anzupreisen, ist in etwa gleich zynisch, wie zu einem Jäger zu sagen: ‹*Setz dich an diesen Platz! Da hat es die meisten Querschläger.*›

Wir haben die Viecher ja bereits in *Seyðisfjörður* und *Djúpivogur* kennen gelernt und sind deshalb schon etwas abgebrüht. Trotzdem: Wenn sie sich wie eine Wolke erheben und wild kreischend um uns kreisen, ziehen wir immer noch instinktiv die Köpfe ein.

Alle reden ja ständig von den Papageitauchern. Sie sind die unbestrittenen *Stars* Islands. Die Vögel, die aussehen, als hätte ein Clown einen Pinguin vergewaltigt, erfreuen sich ungeteilter Sympathie. Klar, wir mögen sie auch, aber sie sind nicht unsere Favoriten. Gerade die Küstenseeschwalbe finden wir weitaus faszinierender. Ihr deutscher Name tönt ja recht harmlos und lässt bei diesem Vogel nichts Besonderes vermuten. Das englische *Artic Tern* (Arktische Schwalbe) klingt da schon geheimnisvoller und kommt der Sache etwas näher. Die isländische Bezeichnung *Kria* trifft den Nagel auf den Kopf: Genau so tönt nämlich ihr wilder Kampfschrei, wenn sie wie ein angriffslustiger Vampir über dir in der Luft steht, die Flügelspitzen angewinkelt und den roten, spitzen Schnabel zum Schlag erhoben. Für ihren heiseren Ruf brauchst du keinen Übersetzer. Er ist unmissverständlich und kann nur *eines* bedeuten: ‹*Hau ab!*›

Die schwarzweiss gefiederten Krieger greifen unerbittlich alles an, was sich ihrem Gelege nähert: Raubvögel, Füchse, Hunde, Menschen und auch schon mal ein Auto. Dies ist ein Vorteil für andere Bodenbrüter, die sie in ihrer Nähe dulden. Sämtliche Predatoren werden von der wilden Horde mit Schnabelhieben und Kotbomben attackiert und in der Regel vertrieben.

Aber auch auf anderen Gebieten sind die Vögel beachtenswert: Abgesehen davon, dass sie geschickte, schnelle Flieger und effiziente Jäger sind, werden sie bis zu *dreissig* Jahre alt. Kein Vogel fliegt so weit wie sie: Bei einzelnen Exemplaren wurden jährliche Flugstrecken von bis zu *achtzigtausend* Kilometer gemessen, also zwei *Erdumrundungen!* Den Sommer verbringen sie im hohen Norden und den Winter in der Antarktis. Deshalb geniessen sie von allen Lebewesen dieser Erde das meiste Sonnenlicht.

Manchmal, wenn wir uns einfach ruhig in ihrer Nähe hinsetzen, dulden sie uns. Dann können wir sie beobachten, aber nicht ohne selber ständig von ihnen scharf beobachtet zu werden.

Wenn wir uns jedoch nur ein *paar* Schritte bewegen, sind sie sofort wieder da: ‹Kria! Hau ab!› Auch an ihrem Balzverhalten kann man eine gewisse Aggressivität erkennen. Erst muss das Männchen seine Auserwählte mit Fischen verwöhnen. Bringt es nicht genug, reisst ihm das Weibchen die Beute ungeduldig aus dem Schnabel, oder der Verehrer kriegt sogar ein paar Hiebe ab. Erst wenn der Bauch der Dame zufriedenstellend gefüllt ist, darf er schliesslich ran. «Genau so sollte es sein!», meint Fabiola. Das *hätte* sie wohl gerne!

Höfn hält nicht viel Sensationelles für uns bereit. Wir können zwar kurz einen Seehund beim Jagen beobachten, und an einem der Teiche gelingt Fabiola ihr einzig *brauchbares* Bekassinen-Foto, aber im Übrigen hält sich die Ausbeute in Grenzen. Vielleicht war es einfach der falsche Tag oder die falsche Zeit oder, was genauso gut möglich ist, der *Reiseführer* hat mal wieder übertrieben. Das tun sie gerne; warum, ist mir schleierhaft.

Vielleicht liegt es daran, dass sie meist im Nachhinein geschrieben werden und die Erinnerung in hellerem Licht erscheint als die tatsächliche Begebenheit. Möglicherweise werden sie auch gesponsert und dürfen gar nichts anderes schreiben, oder es macht ihnen einfach Spass, Leute an Orte zu schicken, wo sie dann *nicht* das erleben, was sie erwartet haben – ich weiss es nicht. Jedenfalls lügen sie… ja, *wie* gedruckt kann man nicht sagen – sie lügen *gedruckt*. Kleines Beispiel gefällig? Färöer-Inseln / *Tórshavn* – Originalton Reiseführer: ‹Östlich des Hafens thront auf einem Hügel die 1580 erbaute Festung *Skansin*.› – Hand aufs Herz: Was erwartest du bei dieser Beschreibung? *Na, siehst du!* Tatsache ist jedoch, da *thront* überhaupt nichts! Es liegen bloss ein paar Mauerreste in der Wiese, und in der Mitte steht ein umfriedetes, mit Brettern zugenageltes Steinhaus. Würden nicht unten auf der Plattform zwei Geschütze von achtzehnirgendwas und eine Kanone aus dem Zweiten Weltkrieg stehen, könnte es sich

Küstenseeschwalben sind meisterhafte Flieger und verteidigen ihre Brut mit agressiven Luftangriffen.

auch um eine alte Friedhofsanlage handeln. Wir konnten da jedoch junge Stare im Nest beobachten, also wollen wir uns nicht beklagen. Aber *Tatsache* bleibt: Was im Reiseführer steht, darf nicht immer für bare Münze genommen werden. Da gibt es ja auch dieses immer wieder strapazierte Klischee der freundlichen Isländer. Nun, ich will nicht behaupten, Isländer wären *unfreundlich*. Isländer sind unkompliziert, entspannt, in der Regel hilfsbereit, das alles würde ich sofort unterschreiben, und im weitesten Sinne könnte man dies ja als *Freundlichkeit* interpretieren. Ich weiss nicht, *wie* ich euch das erklären soll. Isländer sind eben *Isländer*. Möglicherweise ist es am einfachsten, die Sache in Form eines Dialogs zu beschreiben:

Szene! Ein Tankstellenshop, irgendwo in Island. In der Ecke eine einheimische Mutter mit vier Kindern, die gerade dabei sind, eine riesige Menge Pommes frites in sich hineinzustopfen. Dabei achten sie darauf, das Ketchup schön gleichmässig auf dem Tisch zu verteilen. Im hinteren Raum suchen zwei Franzosen das Regal nach Müsliriegeln ab.

Er: Helvetischer Tourist, trotz langen Haaren und legerem Outdoor-Outfit Schweizer Bünzli bis zwischen die Arschbäggli, betritt lächelnd und freundlich nickend das Geschäft.

Sie: Isländische Verkäuferin, jung, rund, blond und blauäugig, gelangweilter Blick, Mundwinkel in Ruhestellung, die schief umgebundene Schürze wohl gestern schon beim Bodenwischen getragen.

Der Schweizer tritt an die Theke, und es entwickelt sich folgender Wortwechsel:

«Verkauft ihr Zigaretten?»

(Der Schweizer hat sein bestes Lächeln aufgesetzt und hängt ein artiges «please» an seine Frage.)

«*Ja!*»

(Die Frau hinter der Theke, völlig emotionslos, als wäre sie ein Werbeplakat für Valium.)

«Ich hätte gerne welche, bitte!»

«*Was willst du denn?*»

«Was hast du so?»

«*Welche magst du?*»

(Stimme schläfrig, Blick uninteressiert.)

«Hast du Winston blue?»

«*Nein!*»

«Marlboro gold?»

«*Nein!*»

(Die Franzosen stehen nervös daneben und winken mit den Müsliriegeln.)

«Kings red?»

«*Nein!*»

«Was hast du?»
(Die Kinder sitzen unterdessen auf dem Tisch und malen mit dem Ketchup.)
«*Prince!*»

«Red?»

(Der Schweizer Bünzli hat immer noch ein Lächeln im Gesicht, aber es wirkt jetzt etwas verkrampft)

«*Ja*»

(Die Verkäuferin scheint sich immer mehr zu langweilen)

«Okay, ich nehme diese!»

(Im Hintergrund wechselt die Mutter den Platz, damit die Kinder auf dem Tisch tanzen können.)

«Drei Packungen, bitte.»

«Ich habe zwei.»

«Hmm – hast du vielleicht Drehtabak?»

«Ja!»

(Die Franzosen haben den Müsliriegel inzwischen aufgegessen.)

«Was für welchen hast du?»

«Welchen magst du?»

Ich kann nicht sagen, dass die Isländer *freundlich* sind, ich kann aber auch kein Argument *dagegen* finden. Sie sind einfach Isländer, anders lässt sich das nicht erklären.

Zigaretten kaufen ist eh so eine Sache, schon seit den Färöer-Inseln. Wir fühlen uns jeweils wie Verbrecher, aber auch ein wenig verrucht, wenn wir unsere Glimmstängel kaufen gehen. Zigaretten werden in beiden Staaten sozusagen nur *unter dem Tisch* gehandelt. Da ist jedenfalls in der Regel die Schublade, wo sie die gesetzlich streng reglementierten Tabakprodukte aufbewahren. Wenn du wissen willst, welche Marken sie führen, musst du dich über den Ladentisch legen und den Kopf in die Schublade stecken. Wenn du sie darum bittest, öffnen sie diese aber ganz, und es reicht, wenn du dich etwas verrenkt nach vorne beugst, was du dir sparen könntest, da sie eh immer nur die gleichen drei, vier Marken führen. Wenn dir die Verkäuferin dann die gewünschte Ware über den Tresen schiebt, hat das so was prickelnd *Illegales*, als hättest du gerade auf dem Schwarzmarkt eingekauft.

Wo führt das noch hin? Wird einem Raucher in zwanzig Jahren die *Mündigkeit* entzogen, wenn er nicht von seiner Sucht lassen will? Muss er eine *gelbe Kappe* oder ein *scharlachrotes R* auf der Brust tragen, damit ihm die *gesunden* Leute früh genug *ausweichen* können? Gibt es staatliche *Nikotinabgabestellen* für die hoffnungslosen Fälle? Komischerweise fühlen wir uns aber gerade hier nie moralisiert, denn eines muss man den Isländern lassen: Andere schief anschauen, das kennt man praktisch nicht. Wenn dich ein Is-

länder schief anschaut, schaut er die Leute einfach *grundsätzlich* schief an, du musst das nicht persönlich nehmen. Sie kümmern sich nicht so darum, was andere tun. Ob du nun Nichtraucher oder Raucher, adrett oder ausgefreakt, modisch gestylt oder langhaarig bist – *ihnen* ist das egal. Sie behandeln jeden mit derselben, gleichgültigen Gelassenheit, und das ist echt entspannend. Die Verkäuferin lächelt mich zwar nicht an, aber sie würde mich auch nicht anlächeln, wenn ich eine Krawatte trüge. Das ist nett und irgendwie – *freundlich*! Ja, Isländer sind *freundlich*. Schreibt's in den Reiseführer!

Unsere Rucksäcke sind mit Esswaren vollgestopft, als wir uns am nächsten Morgen Richtung Bushalteplatz aufmachen. Dabei haben wir neben Brot, Wurst, Käse und dem üblichen *Junk* vor allem Schokolade eingekauft. Mag dies auch nicht das *gesündeste* aller Lebensmittel sein – für unsere täglichen Streifzüge durch die Natur hat es sich bewährt. Es hilft bei Heisshunger, Frieren, Langeweile und sogar ein wenig gegen Heimweh. Mit von der Partie sind diesmal drei junge Schweizerinnen und eine Amerikanerin aus Virginia. Sie hat sich ein dickes Buch mit isländischen *Sagas* gekauft und findet es sehr interessant. Habe ja auch ein wenig in diesen alten Geschichten geschmökert, kann mich aber nicht wirklich dafür begeistern. Nebst Gesetzlosen, die es mit Trollsweibern treiben, und Priestern, die sich mit bösen Geistern herumschlagen, drehen sich die Erzählungen meist um irgendwelche Gräueltaten wie Augen ausstechen, Kopf absägen, Zunge rausschneiden oder Eier abhacken. Ich werde das Gefühl nicht los, dass es sich bei den meisten dieser *Wikingerhelden* um dumpfbackige, blutrünstige Rohlinge gehandelt hat, die sich in einer Art Wettstreit an Grausamkeit zu überbieten suchten. Dabei, und *das* muss man ihnen lassen, waren sie ziemlich kreativ! Wer kommt schon auf die Idee, jemandem den Rücken *aufzuschlitzen* und die Lungen *rauszuziehen*, damit es aussieht, als hätte er ein Paar Flügel? Und das natürlich alles, solange er noch *lebt*. Schliesslich will man ihm die Gelegenheit geben, als *mutiger* Mann zu sterben. Heutzutage würde man solche Exzesse auf den

*Alpenschneehühner
sind Meister der
Tarnung. Meist sieht
man sie erst, wenn sie
flüchten.*

Konsum von *Brutalo*-Video-Spielen zurückführen. Bei den Wikingern war es wohl mehr so was wie Langeweile. Ich meine: Man muss die Typen verstehen! In einem öden Land, ständig die Lavafelder vor Augen, Schafsmilch zum Frühstück und Gammelhai zu Mittag, ab und zu ein hässliches Trollflittchen in einem abgelegenen Canyon. Und dann die endlos dunkle Winternacht ohne Sportkanal, Internetradio und Facebook – da *kann* man schon auf obskure Gedanken kommen, und ein wenig Blut bringt immerhin etwas *Farbe* ins Leben. Da wird von *Thorgeir Havarsson* erzählt, der nach *Hvassafell* ging und da ein paar Schäfer traf. Einer von ihnen stand vornübergebeugt auf seinen Stab gestützt. Er war etwas bucklig und hatte einen aussergewöhnlich langen Hals. Kurz entschlossen zückte *Thorgeir* seine scharfe Axt, und mit einem gezielten Hieb trennte er den Kopf vom Rumpf, sodass dieser lustig durch die Luft flog und ein Stück weiter weg im Gras liegen blieb. «*Der Mann hat mir nie was Böses getan*», erklärte *Thorgeir* später. «*Aber wie er da so stand, den Hals in der richtigen Position – ich konnte der Versuchung einfach nicht widerstehen.*»

Wie gesagt: Man muss die Umstände berücksichtigen! Wenn du einen Vollblutmusiker zu dir nach Hause einlädst und eine Gitarre in der Ecke stehen hast, wird es auch nicht lange dauern, bis er sich die Klampfe schnappt und darauf herumzupft. Nur, dass *Thorgeir* eben nicht *Musiker* war, sondern Mörder – da kann so was schon mal passieren!

Trotzdem halte ich mich in Zukunft punkto nordischer Erzählungen lieber an ‹*Wiki und die starken Männer*›. Da ist wenigstens *ein* Intelligenter dabei.

Unser Fahrer ist derselbe wie vor zwei Tagen. Es gab eine interne Umstellung, weshalb er nicht wie vorgesehen weiter bis nach *Reykjavík* gefahren ist. Er feiert heute seinen zweiundvierzigsten Geburtstag, und vielleicht ist er dadurch beflügelt oder fühlt sich frustriert, weil er an seinem Eh-

rentag arbeiten muss; jedenfalls fährt er diesmal noch einen Ticken schneller als zwei Tage zuvor. Er muss dann auch voll in die Eisen steigen, als plötzlich ein selbstmörderisches Schaf auf der Strasse steht. Nur um Haaresbreite verfehlt er das Vieh. Eigentlich, so meint er, würde er ja nicht bremsen, aber das Fleisch wird ungeniessbar, wenn ein Tier auf solche Art zu Tode kommt. Anderenfalls würde er nämlich öfters einfach zufahren. Gelegenheiten gäbe es genug, und wann kommt man sonst so günstig zu ein paar *Lammkoteletts!?*

Nun, ein kleines Stück von *Thorgeir* steckt wohl auch noch in *ihm!*

Am *Jökulsárlón* macht der Bus für eineinhalb Stunden Rast. Hier kalbt der Gletscher in Islands kürzesten, nur tausendfünfhundert Meter langen Fluss, den *Jökulsá*. Die riesigen Eisstücke werden von der Strömung langsam Richtung Meer getrieben. Vor ein paar Jahren noch lag dieser Ort inmitten unberührter Natur, und in den umliegenden Dünen konnte man wild campieren. Mittlerweile ist dies jedoch verboten. Die Gegend wurde touristisch erschlossen, man hat einen grosszügigen Parkplatz mit Cafeteria und Souvenirshop angelegt, und während der Saison kann man stündlich einen Trip auf einem der vier Landungsboote oder dem kleinen Personenschiff buchen, um sich die Eisberge aus der Nähe anzusehen.

Wir setzen uns jedoch lieber ans Ufer und betrachten das Schauspiel von da aus. Es ist schon beeindruckend, und du kriegst ein wenig Gänsehaut, wenn die gefrorenen Massen, von Weiss über Cyan bis hin zu Schwarz, majestätisch an dir vorbeiziehen. Von Zeit zu Zeit bricht einer dieser Kolosse auseinander und fällt mit gewaltigem Getöse in sich zusammen. Zu Hunderten treiben sie da in den kaltgrauen Fluten. Schon verrückt, wenn man bedenkt, dass dies am *Jökulsárlón* Tag für Tag passiert. Welch *ungeheure* Massen von Eis muss es da oben noch geben, zumal man ja immer nur die sprichwörtlichen *Spitzen* der Eisberge sieht und sechs Siebtel der Giganten unter dem Wasser verborgen liegen! Allerdings hat sich auch diese Gletscherzunge in den letzten hundertzwanzig Jahren um 2,5 Kilometer zurückge-

Nur, dass Thorgeir eben nicht Musiker war, sondern Mörder – da kann so was schon mal passieren!

zogen. Trotzdem ist der *Vatnajökull*, der Wasser-gletscher, immer noch von immensen Ausmassen und mit 3300 km3 der volumenmässig grösste Gletscher Europas.

Schliesslich kommen wir in *Skaftafell* an und stellen fest: *Nun* hat die Hochsaison wirklich angefangen. Im Halbstundentakt fahren die Reisebusse auf dem ausladenden Parkfeld des modernen Touristenzentrums vor. Reiselustige aus aller Herren Länder geben sich hier ein Stelldichein auf der Suche nach dem ultimativen Naturerlebnis. Fotogeile Japaner, alle in dieselben, pinkfarbenen Regenpelerinen gehüllt, wieseln in Reih und Glied über das Gelände. Italiener in ungeordneten Haufen ergiessen sich wild gestikulierend und pausenlos palavernd über die Cafeteria und die sanitären Anlagen. Statusbewusste Outdoor-Franzosen bitten einen älteren Isländer um Auskunft und wundern sich, warum er kein Französisch spricht. Fröhliche, deutsche Wandergruppen lassen sich vom (Fremden-) Führer instruieren und verschwinden dann lärmend in der Stille der Wildnis. Amerikaner mit Baseballkappen und Sonnenbrillen machen Appell auf dem Vorplatz *(Everybody here? Everybody here?)*, geben bewundernde Superlative von sich *(fantastic, unbelievable, overwhelming!)* und warten vergeblich auf *Mickey Mouse*, der sie begrüsst und durchs Naturdisneyland führt. Griesgrämige Polen, die Frauen in Miniröcken und Stöckelschuhen, die Männer – Hände in den Hosentaschen, Jeans und Sneakers wie zum sonntäglichen Fussballspiel, misstrauisch in die Runde spähend, als hätte man sie in einem Straflager ausgesetzt – stehen unentschlossen in der Mitte des Platzes. Am Rande drücken sich ein paar Schweizer rum, allen höflich zunickend, peinlich darauf bedacht, keine wie auch immer geartete Regeln zu brechen und allesamt die Schuhe abtretend, bevor sie sich zögernd in das Gebäude wagen.

Im Inneren der Anlage summt es wie in einem Bienenhaus. Hinten im Vorführraum wird gerade der Ausbruch des *Eyjafjallajökull* gezeigt, der im Jahre 2010 den internationalen Flugverkehr zum erliegen brachte. In dem kleinen Museum im Fo-yer, wo man unter anderem erfährt, dass Island zur Zeit der Besiedlung noch wesentlich wärmer war und die Bauern sogar Weizen anpflanzten, drängen sich die Besucher um die Exponate und Hinweistafeln.

Die Cafeteria ist voll besetzt. Durch die offene Türe kann man die Folgen der babylonischen Sprachverwirrung live miterleben, und das Informationsbüro, das zugleich auch Rezeption für den Camping ist, wird von Scharen von Auskunftshungrigen und Zeltwütigen belagert. Hinter den jeweiligen Theken stehen meist junge, stoisch ruhige und leicht apathisch wirkende Isländer, die jedes Anliegen mit derselben emotionslosen Gleichgültigkeit behandeln *(so was von freundlich!)* und sämtliche Fragen erschöpfend beantworten *(yes/no)*.

Endlich haben auch wir für unseren Platz bezahlt und entfliehen in Richtung Campingwiese. Glücklicherweise erweist sich die Anlage als immens gross, sodass man trotz Massenandrang genügend Raum findet, um das Zelt ein wenig zu separieren. Wir wählen unseren Platz am Fusse des dicht mit Birken bewachsenen Berghanges. Gerade neben uns hat man zwei riesige, hölzerne Kabeltrommeln aufgestellt. Sie sind mit einer Jahrzahl beschriftet. Da sie keinem erkennbaren Zweck dienen, muss es sich dabei wohl um ein Mahnmal handeln: ‹*Diese Kabeltrommeln erinnern an die zwei englischen Soldaten Jack Stout und Mike Ingels, die 1946 bei dem Versuch, ein Kabel quer über den Vatnajökull zu verlegen, spurlos…*›, oder sie haben etwas mit den Wikingern zu tun: ‹*Auf diese zwei Kabeltrommeln spannte Sverrir der Unbarmherzige jeweils seine Feinde, bevor er sie….*›

Ob neuere oder ältere Geschichte: Isländer sind sehr traditionsbewusst. Schon in *Seyðisfjörður* haben wir über einen mit Hinweisschild versehenen Stein gestaunt. Wir vermuteten ja *(die Inschrift war leider nur in Isländisch)*, dass es sich dabei um einen sagenumwobenen *Trollsfelsen*, einen *Opferstein* oder einen *Thorsaltar* handeln würde. Später erfuhren wir, dass dies ganz einfach der Felsblock war, an dem man früher die Schiffe festmachte. Aber so sind die Isländer! Die Vergangenheit ist ihnen heilig.

Nachdem wir das Zelt aufgebaut haben, bleibt noch ein wenig Zeit um die Gegend zu erkunden. Die meisten Wandergruppen halten sich links Richtung Höhenweg, also gehen wir nach rechts. Das Panorama rings um *Skaftafell* ist nicht weniger als fantastisch. Die eisbedeckten Kuppen und Berggipfel sind für isländische Verhältnisse recht hoch. Tausender und Tausendfünfhunderter sind keine Seltenheit, und auch der *Hvannadalshnúkur*, mit zweitausendeinhundertneunzehn Metern der höchste Berg der Insel, findet sich hier. Die ganze Szenerie wirkt beinahe alpin, solange man sich nicht umdreht und über das plattenflache Geröllfeld blickt, das sich schier endlos bis zum Meer hinzieht.

Es ist aber genau dieser Gegensatz, der *Skaftafell* so reizvoll und einzigartig macht.

Gerade nach der Station führt ein Weg durch Heidelandschaft bis nach hinten, zu einer der Gletscherzungen. Als wir loslaufen, leuchtet das Eis rosa in der flach hereinscheinenden Sonne. Als wir aber ankommen, ist das Licht weg und die Sonne hinter Wolken verschwunden. Da bleibt sie dann auch während der nächsten vier Tage und kommt erst wieder für längere Zeit zum Vorschein, als wir *Skaftafell* schliesslich verlassen. Laut Broschüre sollen in dieser Gegend Polarfüchse und Nerze leben, und wir hoffen natürlich, ihnen zu begegnen. Aber sie machen sich rar. Auch den isländischen Zaunkönig, eine eigene Unterart dieser Vögel, kriegen wir nicht zu Gesicht. Wir können ihn zwar *hören*, wie er im dichten Gebüsch in voller Lautstärke sein Liedchen trällert, aber *zeigen* will er sich permanent nicht. Überhaupt lässt uns das Glück puncto Fotografie in diesen Tagen etwas im Stich. Das meist trübe, nasskalte Wetter bietet nur wenige Gelegenheiten für Landschaftsaufnahmen, und wo wir uns auch auf die Lauer legen – etwas *Lebendiges* kommt nur ganz selten vorbei. Wobei es nicht so ist, dass keine Tiere da wären. Bekassinen mit ihrem eigenartigen, surrenden Fluggeräusch hören und sehen wir häufig. Allerdings immer dann, wenn die Kamera nicht einsatzbereit ist. Sie setzen sich, hämisch grinsend, direkt neben uns, wenn wir nach einem Tag ermüdender Jagd erschöpft vor unserem Zelt hocken, und auch das Alpen-schneehuhn schlendert meist dann gelassen über die Campingwiese, wenn wir unser Equipment bereits weggepackt haben.

Dafür haben wir immer wieder die Möglichkeit, andere schräge Vögel zu beobachten: Eine amerikanische Touristengruppe trifft am zweiten Tag ein und sucht sich für ihr Camp ausgerechnet ein Wiesenstück aus, wo bislang ein schwedisches Paar in idyllischer Abgeschiedenheit gezeltet hat. Nach lautstarken Anweisungen ihres Kommandanten fangen die Neuankömmlinge damit an, Unmengen von Material aus dem Anhänger ihres Reisebuses zu laden. Erst errichten sie in der Mitte des Platzes ein riesiges Gemeinschaftszelt. Danach bauen sie rings rum diverse Schlafzelte auf, alle von genau gleicher Form und Farbe. Die Schweden, die dem Ganzen mit staunendem Unbehagen zusehen, werden ganz einfach in den Kreis integriert. Alles läuft mit militärisch genauer Präzision ab. Die einen werden zum Wasserholen geschickt, andere sind für die Vorbereitung der Mahlzeit zuständig, wieder andere richten die Tische und Stühle her. Der Kommandant steht mal hier und mal da, überwacht jeden Schritt und sorgt dafür, dass seine Befehle peinlich genau ausgeführt werden. Dabei wird nicht ganz klar: Sind die alle *freiwillig* hier, oder handelt es sich um eine Art *Straflager*? Geht es um *Urlaub*, oder planen sie womöglich eine feindliche Übernahme? Dem schwedischen Paar scheint die Sache auch nicht geheuer zu sein, und nach einer Nacht im Army-Camp bauen sie ihr Zelt ab und stellen es andernorts wieder auf.

Jeden Tag treffen neue Massen von Wanderfreudigen ein. Meist pilgern sie aber nur hoch bis zum *Svartifoss*, dem *schwarzen Wasserfall*. Er gilt als *die* Attraktion und ist nebenbei auch recht bequem zu erreichen. Gerade mal fünfundvierzig Minuten dauert der Fussmarsch hinauf zu dem Naturmonument. Dementsprechend gut frequentiert ist der schmale Pfad, und das ständige Rauf und Runter des Besucherstroms erinnert ein wenig an eine Ameisenstrasse. Der Wasserfall selber ist, jedenfalls für berggewohnte Schweizer, nicht *wirklich* spektakulär. Was ihn allerdings besonders macht, sind die orgelpfeifenartig angeordneten Gesteinsformationen, die ihn umgeben.

Als wäre die Welt erst gerade erschaffen worden – Bergland-schaft bei Skaftafell.

Wer ihn jedoch in seiner natürlichen Schönheit ablichten möchte, braucht Geduld! *Vor* dem Wasserfall, *neben* dem Wasserfall, *hinter* dem Wasserfall, über dem Wasserfall, *unter* dem Wasserfall – überall drängen sich die Touristen, um ihr ganz persönliches *Svartifoss*-Bild zu schiessen. Die mit einem Seil markierte Abgrenzung kümmert dabei die wenigsten. Schliesslich wollen sie das ultimative Foto mit nach Hause nehmen. Bei dem trüben Wetter wird das aber ein schwieriges Unterfangen. Will die Kamera schon wegpacken, als sich der Ort ganz plötzlich auf wunderbare Weise entvölkert. Als hätten sie ein Signal gehört, verschwinden die Schaulustigen allesamt hinter der nächsten Ecke. Gleichzeitig durchbricht die Sonne für einen kurzen Moment die dunkle Wolkendecke und taucht die Szenerie in grossartiges Licht. *Zack, zack* habe ich meine paar *Svartifoss*-Schnappschüsse. Weiss allerdings nicht, was ich damit anfangen soll. Das Internet ist nämlich

bereits voll mit Bildern des Wasserfalls, und die Palette reicht von scheisse bis aussergewöhnlich. Zu mehr als Erinnerungsfotos werden meine wohl nicht taugen.

Wie eigentlich überall in Island gilt auch hier: Wenn du die Einsamkeit suchst, lauf einfach ein Stück weiter! Ein Grossteil der Touristen verteilt sich nämlich meistens im Umkreis von drei Kilometern um die jeweiligen *Hotspots*. Natürlich sind auch viele *Hiker* unterwegs, aber die verlieren sich in der Weitläufigkeit des Landes, und wenn du dich nicht gerade neben eine der gängigen Wanderrouten setzt, begegnest du ihnen nur selten. Bewegst du dich ein wenig abseits der Hauptwege, kann es dir passieren, dass du den ganzen Tag keine Menschenseele erblickst. Erst dann wird dir richtig bewusst, was für ein abgeschiedenes Leben die Leute hier früher geführt haben oder zum Teil immer noch führen. Zumal in den Wintermonaten, wenn nur für wenige Stunden die Sonne das Dunkel der Nacht vertreibt. Es muss ein besonderer Menschenschlag sein, der hier, an der Grenze der bewohnbaren Welt, den Launen der Natur trotzt.

Wir folgen einem Flusslauf. Durchwandern wir erst noch saftige Wiesen und gar sumpfiges, mit Wollgras bewachsenes Gebiet, führt uns der Weg schon bald mitten durch die schwarzgrauen Geröllfelder. Das jegliche Fehlen von Vegetation erzeugt ein eigentümliches Gefühl der Leere. Sollte es dir an Gründen für Selbstmord mangeln – hier findest du genügend Inspiration. In Kombination mit dem schwermütig trostlosen Himmel ist diese Gegend bestens geeignet, depressiv veranlagte Menschen vollends in den Abgrund selbstmitleidiger Melancholie zu reissen, und weder das Rauschen des kaltgrauen Wassers noch das ferne Grün der Berge vermögen diesen Eindruck entscheidend zu mildern. Kompromisslos zeigt sich die Härte des Landes und überschüttet dich mit Bildern von Traurigkeit.

Nach einiger Zeit spriessen dann aber wieder die ersten Gräser zwischen den Steinen. Die Umgebung wird zusehends fruchtbarer, und inmitten der dunklen Massen zeigen sich scheu die ersten Farben. Nach und nach nimmt der Bewuchs zu, bis er schliesslich vollends über die Trostlosigkeit triumphiert und übermütig wuchernd den Sieg des Lebens proklamiert. Der von den Bergen kommende Fluss teilt sich hier in verschiedene Arme und bewässert das Land. Heidekraut erobert die Steinfelder, Stengelloses Leimkraut versieht die nackten Felsen mit rosa Kappen, Steinbrech verschafft sich Platz zwischen dem Kies, und Sumpfdotterblumen vertreiben die Eintönigkeit von den Flussufern. Gräser, Sträucher und Farne verwandeln die abweisend öde Ebene in ein liebliches Tal.

Wenn jetzt noch die Sonne die schweren Wolken durchbrechen würde – es wäre perfekt. Das tut sie aber *nicht*. Stattdessen fängt es an zu nieseln.

Keine Kleidung dieser Welt hält Feuchtigkeit auf Dauer von dir fern. Vermag sie nicht durch deinen Regenschutz zu dringen, kriecht sie in deine Kragenöffnung, krallt sich an deinen Socken fest, zwängt sich durch die Ösen deiner Schuhe und hängt sich an deine Haare. Sie gibt keine Ruhe, bis sie ihr Ziel erreicht hat, nämlich bis zu den Knochen vorzustossen. Ist sie schliesslich da angelangt, kühlt sie dich gnadenlos von innen her aus. Wer schon mal ein paar Stunden in nebelartigem, leichtem Regen gesessen hat, weiss wovon ich spreche. Jeder normale Mensch wird sich nach einer gewissen Zeit der permanenten Abkühlung entziehen und sich auf den Weg zu einem warmen, trockenen Platz machen. Jeder *normale* Mensch! Fabiola indessen reichen ein paar hundskommune Rotdrosseln, die im seichten Flusswasser planschen, um sich klaglos dem drohenden Erfrieren auszusetzen. So oft sie sagt «*Nur noch eine halbe Stunde*», ist dies keine Zeitangabe, sondern berechnende Verzögerungstaktik. Wenn ich nach stundenlangem Lauer-Marathon zähneklappernd darauf hinweise, dass meine Nasenhaare eingefroren und meine Augäpfel bereits mit einer dünnen Eisschicht überzogen sind, reagiert sie prompt und setzt sich etwas weiter weg, damit sie mich nicht hören muss. Ob dies wohl der wahre Grund für Ötzis tragisches Ableben war? War er mit einer Tierfotografin liiert und musste so lange auf dem verdammten Berg ausharren, bis er sich schliesslich schicksalsergeben in sein kaltes Grab legte? Nun, erfrieren soll ja ein *schöner* Tod sein. Irgendwann gleitet man hinüber in's Reich der Träume und wacht nicht mehr auf. Sehe bereits den berühmten Tunnel, und ein helles, warmes Licht blinzelt mir ermutigend zu, als mich Fabiola anstösst und meint, wir könnten jetzt gehen. Rotdrosseln hat sie zwar erwischt, aber das Licht war zu schlecht, und die Bilder werden wohl unbrauchbar sein. Ach, wie *schade*! Na, aber ich liebe sie ja trotzdem. *Streit*, so was gibt es bei uns eigentlich seit Jahren nicht mehr. Wir lösen unsere Konflikte wie Erwachsene. Erst zeige *ich* Fabiola, was sie alles falsch gemacht hat und weshalb mich dies so in Rage bringt. Dann erklärt *sie* mir, dass die Dinge, die ich als falsch empfinde, eigentlich alle richtig sind und demzufolge die ganze Geschichte meine Schuld ist. Danach verfallen wir beide für einige Minuten in Schweigen, in denen *ich* eingehend Fabiolas Argumente überdenke und *sie* mir Zeit dafür gibt. Schliesslich sage ich: «*Es war mein Fehler*», und

Fabiola sagt: «*Ja!*», und dann ist die Sache gegessen.

Ich meine, wofür soll Streit schon gut sein? Was bringt uns dazu, immer wieder die Leute zu verletzen, die uns am wichtigsten sind? Klar, es kann befreiend sein, einem Jo-Geilo, der dich fast vom Zebrastreifen gefegt hat, «*Impotentes Arschloch*» hinterherzubrüllen. Mach ich auch meistens, obwohl ich auch «*Schönen Tag noch*» rufen könnte. Hätte wahrscheinlich dieselbe Wirkung. Aber die, die wir *lieben* – sie haben etwas Besseres verdient als unsere Sticheleien. Meistens liegt es ja wirklich an uns selber, wenn wir sauer werden. Niemand befiehlt uns, dies zu tun. Liebe vergibt immer im *Voraus*, alles andere ist Flickwerk. (*Aber Fabiola könnte wirklich ab und zu etwas mehr Rücksicht auf mich nehmen, ist doch wahr!*)

Bei unserer Rückkehr stellen wir fest, dass der Zeltplatz noch etwas voller ist, als er es am Morgen schon war. Die amerikanische Marinestruppe ist weg, und da, wo noch die Abdrücke ihres perfekten Zeltkreises zu sehen sind, hat sich jetzt eine französische Outdoor-Eliteeinheit eingenistet. Alle in Schwarz – très chic!!

Was auffällt, sind die vielen Schweizer, die jetzt nach und nach eintreffen. Da heisst es doch immer, wir seien ein *kleines* Volk. Wurden *die* alle mitgezählt?

Gerade neben uns wohnen zwei Belgier. Sie fragen nach einer Zigarette, und wir kommen ins Gespräch. Schon bald stellen wir fest, dass uns dieselbe Einstellung prägt. Sie sind zwar rund zehn Jahre jünger als wir, aber Geistesverwandtschaft kennt keine Altersgrenzen. Ich finde das echt krass! So was passiert uns nicht zum ersten Mal auf dieser Reise: Da treffen wir Leute, die wir noch nie gesehen haben, kennen noch nicht mal richtig ihre Namen, haben keine gemeinsamen Erinnerungen und sprechen nicht dieselbe Sprache - und trotzdem reden wir mit ihnen schon nach kurzer Zeit wie mit alten Freunden.

Wout und Robbe ihres Zeichens sind dieselben schizophrenen Weltenbummler wie wir: Sie lieben Reisen und hassen Tourismus. Blöd, ich weiss. Aber wie soll ich das anders ausdrücken? Jedenfalls haben wir eine Menge Spass zusammen. Leider nur einen Abend lang, denn sie reisen am nächsten Tag weiter.

Gleich neben dem Parkfeld beginnt ein Stück Heidelandschaft - nun, jedenfalls bezeichne ich es als das. Es ist mehr so ein Gemisch aus Kiesgrube und Heide, was weiss ich – *isländische* Heide eben! Es sieht jedenfalls interessant aus, und wir laufen ein Stück rein und setzen uns hin. Wir tun das oft: Einfach mal hinsetzen und warten, was kommt – es kommt *nichts*. Na dann, so ist das eben manchmal.

Bei uns zu Hause sind wir schon recht geübt darin, potenzielle Plätze für Tierfotografie aufzuspüren, obwohl – was heisst gut? Wir wissen mittlerweile, wo wir uns auf die Lauer legen müssen, um *vielleicht*, *möglicherweise*, mit etwas *Glück*, wenn Fabiola denn *trifft*, ein Tier zu fotografieren. In Island funktioniert das verständlicherweise nicht. Dazu fehlt uns das Hintergrundwissen. Aber manchmal macht es einfach Spass, irgendwo zu warten, um eventuell etwas zu sehen. Nicht nur das *Wissen*, sondern auch das *Herausfinden*, wo was lebt, ist spannend.

Geh doch mal in den Wald und setz dich ein, zwei Stunden hin. Ich kann nicht garantieren, dass dir da gleich unglaublich Spektakuläres begegnet, aber *irgendwas* siehst du immer! Vielleicht ein paar Pilze, die du vorher noch nicht kanntest (*He, nein! Nicht essen! Anschauen!*), oder einen ulkigen Käfer. Vielleicht dringt aber auch ein Reh durchs Gebüsch, oder ein Hase hoppelt vorbei. Du kannst dich auch auf eine Wiese setzen oder auf einen Hügel. Such dir einfach einen Ort aus, wo es nicht zu viele Menschen hat.

Es macht etwas mit dir, dieses *Naturbeobachten*: Es verschiebt die Prioritäten! Es lehrt dich deine Bedeutungslosigkeit und zugleich deine Bedeutung. Würde ich jetzt einfach da sitzen, bis ich sterbe, es würde nicht viel verändern. Ein paar Leute wären traurig, manche vielleicht sogar sehr. Aber im Grossen und Ganzen ginge es weiter wie gehabt. Die Bäume würden wachsen, die Vögel würden fliegen, Sepp Blatter würde immer noch treuherzig in die Kamera lächeln, und in der Dritten Welt würde man weiterhin verhungern. Wir sind wirklich *unwichtig*, seht es ein! Andererseits sind wir eben auch *wichtig*. Ich glaube nicht an das Geschwafel: *Der Mensch braucht die Natur, aber die Natur braucht den Menschen nicht.* Die Natur braucht den Menschen sehr wohl! Wer sollte sie sonst würdigen, ihre Geschichten erzählen, ihre Schönheit preisen und ihre Geheimnisse bewahren? Beobachten der Natur macht demütig, und genau diese Demut *braucht* sie von *uns*! Trotz all den philosophischen Betrachtungen tut sich auf der Heide nichts. Dabei wäre das Licht jetzt so cool! Die Sonne ist gerade tief genug, dass sie unter der tiefschwarzen Wolkendecke durchzuscheinen vermag. Wir machen ein paar Landschaftsbilder. Sie werden später schwierig zu bearbeiten sein, denn sie sehen schon in der Rohaufnahme so unnatürlich aus, dass man versucht ist, den Effekt runterzudrehen. Für Landschaftsfotografen ist Island wirklich ein *Muss*. Die Lichtverhältnisse sind einfach umwerfend.

Heute wollen wir nicht schon wieder pampiges Toastbrot mit Wurst und Käse zum Abendessen. Wir gehen ins Bistro wo man Fleischsuppe anbietet. Beobachte einen Japaner, der sein Tablett inklusive Suppenteller fotografiert. Hmmmm? *«Das, liebe Enkelkinder, ist die Suppe, die ich dereinst in Island gegessen habe. Leider ist die Aufnahme unscharf, man kann die Fleischstücke nicht sehen. Und das ist der Teller eurer Grossmutter...»* Na ja, jedem das Seine.

Aber die Suppe ist gut und das Bier nicht ganz so schweineteuer wie erwartet. Am Nebentisch sitzen ein paar Deutsche und hoffen auf den Europacup-Sieg der Bundes-Elf. *Ach*, es ist immer noch EM? Wir haben in den letzten Wochen überhaupt nichts mitgekriegt. Die Welt läuft sozusagen an uns vorbei. Ohne Fernsehen und Zeitung bekommst du das Gefühl, es würde gar nicht so viel Wichtiges passieren, und ich kann nicht behaupten, dass mich das stört. Wie wesentlich ist es, über alles informiert zu sein? Die meisten Dinge, von denen wir via Medien so hören, werden unser Leben nie berühren. Sie dienen lediglich der Unterhaltung. Neulich ist da zum Beispiel einer aus dem Orbit gesprungen. Ein Österreicher – nun gut: Alles *andere* hätte mich überrascht. Aber wozu muss ich das wissen? Solange er nicht auf meinem Kopf landet!

Den Isländern scheinen solche Dinge ebenfalls nicht so wichtig zu sein. Man sieht hier auch sehr wenig Werbung in der Öffentlickeit, ausser vielleicht für Island selber. Es muss schon was damit zu tun haben, dass sie isoliert sind vom Rest Europas. Auch wenn sie von sich selber behaupten, dass sie *in* und nicht *auf* Island leben; es bleibt eine Insel. Und ich muss ehrlich feststellen: Es ist entspannend! Das einzige politische Werbeplakat, welches wir in Island bewusst sehen, hängt am Pfosten eines Schafgatters hoch oben in den Hügeln über Ísafjörður. Ich muss den Weg verlassen, um es zu lesen. Würde mich wundern, wenn den jemand gewählt hat.

Die Nacht im Zelt wird eisig kalt. Wir haben unsere Schlafsäcke zusammengehängt, um etwas mehr Wärme zu haben. Trotzdem besteht Fabiola darauf, ihre ganzen Thermoklamotten anzubehalten. Jetzt weiss ich, warum der *Summer of love* in Kalifornien und nicht auf Island stattgefunden hat. Muss aber zugeben, dass sie recht behält. Streife mir später sogar noch einen Pullover über.

Wir sind nicht die Einzigen, die in Island nach Vögeln jagen. Eines Morgens spricht mich ein Typ an und fragt nach einer Zigarette. Er ist schon etwas älter als ich, aber im Herzen jung geblieben. Merke schon bald, dass er sich von den unzähligen Fotografen unterscheidet, die Jahr für Jahr über Island herfallen. Oft können einem diese nämlich ziemlich auf die Nerven gehen. Sie gleichen den Trophäenjägern, die nach Alaska fliegen, um Elche zu schiessen. Es sind ja vornehmlich Männer, die da vollbepackt mit teuren Objektiven und Hightech-Equipment durch die nordische Wildnis rasen, und man kann sich des Eindrucks nicht erwehren, dass es sich für sie um nichts anderes dreht als um das alte Spiel: Ich habe den grössten... *Puffin* fotografiert.
Bernd ist zwar auch vergiftet, ja beinahe fanatisch, wenn es darum geht gute Bilder zu schiessen, aber bei ihm handelt es sich um eine echte Passion für Tiere und Natur. Er ist um einiges zä-

Jetzt weiss ich, warum der ‹Summer of love› nicht auf Island stattgefunden hat.

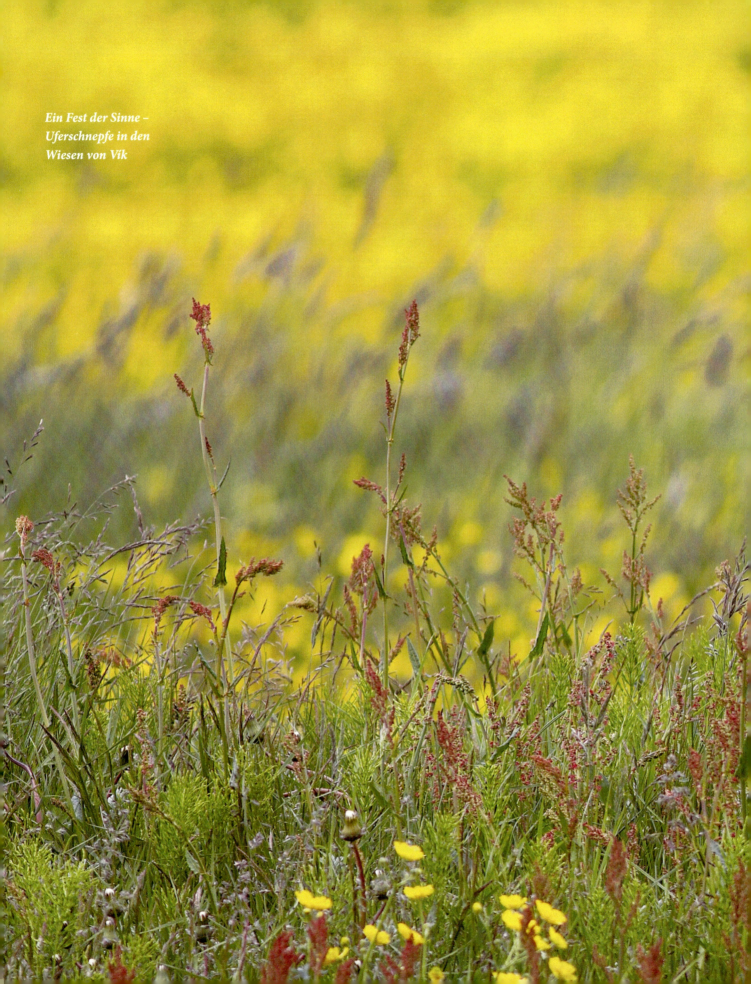

*Ein Fest der Sinne –
Uferschnepfe in den
Wiesen von Vík*

her und disziplinierter als wir und jeweils schon in aller Herrgottsfrühe auf der Pirsch. Unermüdlich widmet er sich seiner Leidenschaft, war schon oft in Nordschweden, Alaska und auf den Falklands auf der Jagd nach Motiven. Als wir später in Deutschland seine Fotos bewundern können, sind wir begeistert. Dieser Mann sollte berühmt sein! Seine Bilder sind ganz grosse Klasse! Manche der Fotos, die man in Zeitschriften und Illustrierten geboten bekommt, sind nicht annähernd so gut wie seine. Aber womöglich ist ihm dies nicht so wichtig, oder er ist einfach zu bescheiden.

Jedenfalls können wir ihn auf Anhieb gut leiden und sind erfreut zu hören, dass unsere nächste Station Vík auch die seine ist. Wir werden also noch mehr Gelegenheit haben, uns mit ihm zu unterhalten.

Wenigstens für die letzten paar Stunden lacht uns die Sonne über *Skaftafell*. Wir sitzen im Gartenkaffee und warten auf die Ankunft des Buses. Neben uns geniesst ein älteres deutsches Paar die herrliche Aussicht auf die Berglandschaft. «*Schau mal, Mutti*», sagt er. «*Wie in den Schweizer Alpen!*»

Der *Luna*-Busgesellschaft gelingt es immer wieder, uns zu überraschen. Diesmal ist der Fahrer zwar kein junger Kamikaze und auch kein Relikt aus vergangenen Zeiten. Dafür stammt das Fahrzeug wohl noch aus den Jahren der Besiedelung. Die Federung würde einem Känguru alle Ehre machen. Bei jedem Steinchen auf der Fahrbahn vollführt der Bus übermütige Sprünge, und bei Bodenwellen kniet er sich schon beinahe in den Asphalt, bevor er zum nächsten Satz ansetzt. Ausserdem schunkelt er von einer Seite zur anderen wie ein Bayer beim Oktoberfest. Während der ganzen Fahrt versucht der Chauffeur die Lüftung einzuschalten, die aber jedes Mal ein solches Dröhnen von sich gibt, dass er sie nach einigen Sekunden genervt abdreht. Ich hab' jetzt gar nicht hingeschaut, aber – musste der den Motor *ankurbeln*, bevor wir losgefahren sind? Nun gut, andernorts zahlt man extra für Reisen in einem *Nostalgiebus*.

Wie üblich gibt es an jedem Wasserfall einen Zwischenstop, und alle rennen raus für das obligate Foto. Sie sind schon beeindruckend, der *Hengifoss*, der *Seljalandsfoss*, der *Háifoss* und wie sie alle heissen. Aber muss man wirklich *jeden* fotografieren? Reicht es nicht ab und an, sie einfach nur zu bestaunen? Ich weiss, das tönt irritierend von Leuten, die mit der Kamera unterwegs sind. Aber ein Wasserfall, vor dem fünfhundert Leute stehen und ihre *Handys* in die Höhe halten, verliert irgendwie an Magie.

Die Fahrt an sich ist jedoch sehr spannend. Isländische Landschaft ist *generell* spannend! Nicht, dass sie immer lieblich anzuschauen wäre. Sie kann auch bedrücken oder gar beängstigen. Aber kalt lässt sie niemanden! Ich schaue gebannt aus dem Fenster, und plötzlich drängt sich mir ein Begriff auf: *Unfertig!* Wenn ich die Insel in einem Wort beschreiben müsste – dieses wäre treffend! Sie wirkt, als hätte ein Gärtner angefangen, eine riesige Anlage zu erstellen, und dann, mitten in der Arbeit, aufgehört und das ganze Baumaterial liegen gelassen.

Einige Flecken hat er jedoch schon vollendet. *Vík* ist einer von ihnen. Vielleicht liegt es daran, dass wir in den letzten Tagen oft in öden Gebieten unterwegs waren, aber so was von *Grün* – gibt es das überhaupt? Der Ort scheint förmlich in dieser Farbe gebadet. In allen erdenklichen Tönen manifestiert sie sich, überwuchert die Felder, grüsst aus den Gärten und tüncht die Berge in unwirkliches Leuchten. Dazwischen die violette Pracht der Lupinen – jetzt fehlt nur noch ein nacktes Paar mit Feigenblättern bekleidet, dann könnte man denken, es ist der Garten Eden.

Die Schlange im Baum entdecken wir aber nicht, dafür steht eine vor der Kasse im Tankstellenshop. Alles wie gehabt: Gelassene Isländer bedienen gestresste Touristen, die Luft riecht nach Kaffee und Frittiertem, und an den Tischen sitzen ein paar Einheimische und schauen dem Treiben mit ausdruckslosen Gesichtern zu.

Wir brauchen unbedingt was in den Magen und entscheiden uns für *Hot Dogs*. Bringe den Verkäufer in Verlegenheit, weil ich mit Bargeld bezahle. Wahrscheinlich muss er erst mal überlegen, was er da in Händen hält. Auf der Insel begleicht man seine Rechnungen vornehmlich mit Kreditkarte. Es ist das bevorzugte Zahlungsmittel, und schon *Snórre der Nachlässige* soll im Jahre 923 elendiglich im isländischen Hochland verhungert sein, weil er seine *Visacard* verloren hatte.

Vík í Mýrdal (Bucht im Moortal) ist ein idyllisches Dörfchen, eingebettet in die weiche Landschaft. Es wirkt geschäftiger, als die Einwohnerzahl von rund dreihundert Leuten erwarten lässt. *Vík* ist der südlichst gelegene Ort Islands, jedoch, so lesen wir, auch der regenreichste. Momentan zeigt sich das Wetter allerdings entgegenkommend und, wäre da nicht der eisige Wind, sommerlich warm.

Oben, auf dem Hügel, steht eine kleine Kirche und blickt freundlich auf die schlichten Wellblechdächer. Im Westen erhebt sich der *Reynisfjall*, sozusagen der Hausberg von Vík. Er trotzt mit seinen steil abfallenden Klippen dem ungestümen Atlantik. Die bis zu sechzig Meter hohen Felsnadeln, die zu seinem Fusse im Meer stehen, gleichsam das Wahrzeichen von *Vík*, zeugen davon, dass ihm dieser Kampf schon einiges abverlangte. Laut Volksglaube handelt es sich bei den spitzen Basaltsäulen um versteinerte Trolle, die hier einst ein Schiffswrack an Land ziehen wollten und dabei von der Sonne überrascht wurden. Diese Kerle müssen ziemlich dumm sein! Nicht nur in *Vík*, nein, in ganz Island stehen zu Stein erstarrte Trolle rum. *Alle* wurden sie von der Sonne überrascht. Haben die denn nichts von ihren Eltern gelernt? Da müssten ja in *Transsilvanien* auch überall Staubhäufchen von Vampiren zu finden sein. Und die in *Vík* waren doppelt doof! Sie wollten ein Schiff an Land ziehen – und *dafür* haben sie sich eine *Steilküste* ausgesucht?

Die sattgrünen Wiesen werden dominiert von *Engelwurz*, einer Kerbel-ähnlichen Pflanze. Ihre hochgereckten Köpfe tragen Hunderte von feinen Blüten in denen immer wieder Rotdrosseln und Wiesenpieper nach Raupen suchen. Überhaupt sehen wir schon jetzt viele Vögel, und Fabiola wird bereits hibbelig. Das wird mir wieder ein Rumgerenne werden.

Vík liegt an einem traumhaften Strand. Wie ein samtenes Band zieht sich der schwarze Sandstreifen der Küste entlang und verliert sich in der Ferne. Da, wo die weisse Gischt ihn überspült, glitzern die feinen Körner im Sonnenlicht wie winzige Kristalle.

Der Camping liegt gleich gegenüber, nur wenige hundert Meter zu laufen. Ein schlichtes Holzhaus beherbergt die Anmeldung, sanitäre Anlagen und einen geräumigen Aufenthaltsraum. Es herrscht ein reger Betrieb. Viele neue Gäste sind heute angekommen, und vor dem kleinen Schreibtisch in der Rezeption drängt sich die Kundschaft. Treffe vor der Türe einen Isländer, mit dem ich schon zuvor im Tankstellenshop ein paar Worte gewechselt habe. Er kommt aus *Reykjavík* und verbringt mit seiner Familie ein verlängertes Wochenende im Grünen.

Er möchte wissen, wo ich herkomme und wie es in unserem Land so aussieht. Gebe ihm einen Kurzbeschrieb der Schweiz und erwähne auch, dass wir bei uns zu Hause nicht mehr über diese riesigen Flächen unverfälschter Natur verfügen. «*Ja, wir sind schon privilegiert in Island*», nickt er. «*Wir sollten das nie vergessen!*»

Hey, diese Art von Patriotismus finde ich sympathisch. Ich wäre auch ein Patriot, wenn all die Patrioten nicht wären. Ich vermute allerdings, dass der heutige Patriotismus oft nichts anderes als eine aufs Vaterland übertragene Identitätskrise ist. „*Wer* bin ich? Ich bin *ein Schweizer*. Wenn die Schweiz *geil ist,* bin ich auch *geil* – Die Schweiz ist *geil!*"

Wir wählen unseren Platz am vorderen Ende des *Campgrounds*, direkt unter einer Felswand. Sie ist voll mit Bruthöhlen von Eissturmvögeln. Paarweise hocken sie in ihren Nestern, und das Ganze wirkt wie ein Wohnblock, wo Leute auf den Balkonen sitzen und das Geschehen um sich herum beobachten. Echt witzig!

Hier entdecken wir auch schon das rote Zelt von Bernd. Er selber ist jedoch bereits irgendwo unterwegs. *Unermüdlich!*

Wir machen ebenfalls eine erste Erkundungstour, schlendern ein wenig den Strand entlang, streifen durch die üppigen Wiesen. Dabei beobachten wir auffällig viele Jungvögel. Vor allem kleine Regenbrachvögel verstecken sich zwischen den

Wiesenpieper posiert auf Lupine.

grasbewachsenen Dünen. Ulkig sehen sie aus in ihrem braunen, flaumigen Federkleid, den Stummelflügeln und den viel zu grossen Füssen. Sie sind ständig unterwegs und die Eltern haben alle *Flügel voll* zu tun, um sie nicht aus den Augen zu verlieren. Wir sitzen eine Weile und beobachten sie. Plötzlich hält quietschend ein Auto hinter uns auf dem Weg. Die Fenster werden runtergekurbelt, und zwei riesige, Rakrohr-artige Objektive schieben sich durch die Öffnung. *Klick, klick, klick* – und schon sind die Typen wieder weg. *Akkordfotografen!*

Am Abend treffen wir dann Bernd auf dem Camping. Er hat, auf der Suche nach Papageitauchern, bereits den *Reynisfjall* bestiegen und ist enttäuscht, weil er keine gefunden hat. Einst war dies eines der bevorzugten Brutgebiete dieser Vögel. Aber seit dem Ausbruch des *Eyjafjallajökull* vor zwei Jahren, so erklärte man ihm, hat sich das Nahrungsangebot an diesem Küstenstreifen verändert und die Population infolgedessen dramatisch verringert.

Wir können Bernd zwar berichten, dass wir ein paar Dutzend *Puffins* auf dem Meer schwimmend beobachten konnten, aber das tröstet ihn nicht wirklich. Er will nahe an sie ran! Ganz bestimmt wird er es morgen nochmals versuchen.

Anders als die meisten *Camp Sites* in Island verfügt die in *Vík* über keine Kochgelegenheit. Da uns schon wieder der Magen knurrt, haben wir also die Wahl zwischen kaltem *Junk* aus dem Tankstellenshop oder warmem aus dem angebauten Bistro. Entscheiden uns für die gekochte, fettige Version. Eigentlich müssten wir bei dieser Ernährung längst an Skorbut leiden, aber erstaunlicher Weise fühlen wir uns körperlich nicht nur fit, sondern haben sogar etwas abgenommen. Vielleicht sollten wir diese Erfahrung vermarkten: Die *Islanddiät!*

Das Lokal ist um diese Uhrzeit noch kaum besucht. Die junge Frau an der Theke nimmt unsere Bestellung entgegen und drückt mir einen Zettel in die Hand: Die Nummer 64. Zehn Minuten später, als unser Essen aus der Küche kommt, stellt sie es vor sich auf den Tresen und brüllt, ungeachtet der Tatsache, dass wir die einzigen Gäste sind, *number sixtyfour* in den leeren Raum. Hut ab! Die nimmt ihren Job aber ernst! Zum Glück hab' ich den Nummernzettel nicht weggeworfen.

Vor der Anmeldung auf dem Camping stossen wir wieder auf Bernd. Wir unterhalten uns über unser nächstes Reiseziel. Er will nach *Selfoss*, wir hingegen werden bis *Reykjavík* durchfahren. Der Platzwart, der anscheinend unserem Gespräch gelauscht hat, schaltet sich ein und verkündet in gebrochenem Englisch: «*Reykjavík heisst: Platz, wo Rauch!*» Ach – dass ich da nicht von selbst drauf gekommen bin! Lese ich doch seit unserer Ankunft in *Seyðisfjörður* auf jeder Zigarettenpackung, dass *reykja* mich *zum Staatsfeind Nr. 1 macht*, *den Weltfrieden gefährdet* und *in die ewige Verdammnis führt! Reykjavík* bedeutet also eigentlich *Rauch-Bucht.* Wobei mit Rauch wohl der Dampf der vielen heissen Quellen gemeint ist.

Erst wollten wir die Stadt einfach aussen vor lassen. Aber einerseits gestaltet es sich laut Fahrplan etwas schwierig, den Ort zu übergehen, und im Übrigen: Wie sollen wir zu Hause erklären, dass wir ganz Island umrundet und nicht mal die *Hauptstadt* gesehen haben? Immerhin lebt hier über ein Drittel der isländischen Bevölkerung. Wenn wir also schon über Island schreiben wollen, müssen wir es wohl doch besuchen.

Erstmal bleiben wir aber noch ein paar Tage in *Vík.* Die Umgebung sieht verheissungsvoll aus, und man braucht nie weit zu laufen, um geeignete Sujets zu finden. Das einzige Problem, dass wir hier haben, ist die Elektrizität. Der Aufenthaltsraum des Campings verfügt zwar über vier Steckdosen, aber nur eine funktioniert. Bei den vielen Leuten, die ihre Kamera, ihr *iPhone* oder ihren Wasserkocher einstecken wollen, nicht optimal. Ärgerlich – hatte ich doch gehofft, endlich mal wieder etwas schreiben zu können. Aber mein Laptop braucht nun mal Strom, von Fabiolas Equipment gar nicht zu reden. Wir liebäugeln deshalb mit dem Gedanken, eine der schnuckeligen Campinghütten zu mieten, die uns schon anfangs aufgefallen sind. Es sind zwei richtige Häuschen, das Spitzdach auf beiden Seiten bis zum Boden gezogen, ausgerüstet mit kleiner Stube, Küche, Dusche-WC und gemütlicher Schlafkoje unter dem Dach.

Frage die Frau an der Anmeldung. Sie meint: Ja, vielleicht, es wäre eben so, da sei *ein Loch* im Boden, und eigentlich könne sie es gar nicht vermieten aber zu zwei Dritteln des üblichen Preises wäre die Hütte zu haben. Klingt doch gut! Morgen bekommen wir den Schlüssel.

Am anderen Tag ist die Frau schon nicht mehr so enthusiastisch. Hat unterdessen mit ihrem Mann gesprochen, und der ist nicht begeistert von der Preisreduktion. Aber zum Glück hab' ich schon was von den Isländern gelernt. Hier hilft keine freundliche Konversation. «*Hey*», schnarre ich, «*Wir haben eine Abmachung. Hier ist die Kohle, rück den Schlüssel raus, alte Kuh.*» – Na gut: Vielleicht nicht ganz so barsch, aber ich bin schon nahe dran.

Jedenfalls kriegen wir unser Häuschen, und das Loch im Boden entpuppt sich als harmlos. Sie hat *keine Ahnung*, wie es entstanden ist, schüttelt die Frau den Kopf. Es war plötzlich so feucht unter den Dielen, und dann hat jemand das Brett durchgetreten. Ja, komisch – könnte es *vielleicht* daran liegen, dass beim Abwaschen literweise Wasser am Ausgussrohr vorbei unter die Küchenkombination fliesst und sich zusätzlich der vordere Raum nicht beheizen lässt? Da ist nämlich der Ofen im Arsch.

Hhhhm, meint die Frau, als ich ihr später davon erzähle. *Möglicherweise* wäre es doch gut, mal einen Klempner kommen zu lassen! Ja, warum nicht. Zumal doch an diesem Abend schon die nächsten Gäste einziehen.

Aber wir haben es cool in der Hütte. Sie ist total gemütlich, simpel und geschmackvoll eingerichtet, und man wähnt sich mehr in einer Ferienwohnung als in einer *Cabin*. Allerdings gibt es auch hier nur *eine* intakte Steckdose, doch sie gehört *uns* allein!

Nun kann ich etwas an unserem Buch arbeiten und die nächste Rundmail vorbereiten. Fabiola jagt irgendwo in den Wiesen Uferschnepfen, und ich habe endlich mal Zeit! Zeit! Zeit zerrinnt. War da nicht mal eine Idee? Mein Kopf ist leer wie eine aus der Mode gekommene Bar. Nur die üblichen drei Penner hocken noch rum, und sogar die halten ausnahmsweise mal das Maul. Eine *Schreibblockade*? Na, ja – soll ja bei den besten Autoren vorkommen, aber gleich auf den ersten Seiten? Vielleicht sollte ich mir die ganze Sache nochmals überlegen. Wenigstens die Mail kriege ich gebacken, und wir können sie morgen verschicken.

Freien Internetzugang zu finden, ist in diesem Land nie ein Problem. Sogar im hinterletzten Kuh- oder vielleicht eher *Schafsdorf* ist man vernetzt. Siehst du in Island drei Häuser, dann ist das erste ein Tankstellenshop, das zweite ein *Handcraft Store* und das dritte ein Kaffee mit Gratis-Internet. Nur an wenigen Orten verlangen sie eine Gebühr.

Wenn ich daran denke, wie schwierig es in Deutschland war, WIFI zu kriegen, alle Achtung! Wie war das jetzt gleich nochmals? Island – bankrott / Deutschland – führende Industrienation oder hab' ich da was verwechselt? Beim Internet führen jedenfalls die Isländer!

Bernd denkt unterdessen ans Weiterreisen. Auch bei seiner zweiten Besteigung des *Reynisfjall* hat er keine Papageitaucher gesichtet. Ausserdem stimmt irgendwas mit seiner Kamera nicht, und das ärgert ihn.

Er und Fabiola fachsimpeln dann noch ein wenig und schwärmen von der Vogelwelt Islands. Dabei geraten sie schon fast in Verzückung. Vögel, Vögel, Vögel, Vögel!

Diese Tierfotografen haben alle eine Schraube locker! Rennen bei jedem Wetter in der Gegend rum, nehmen Strapazen auf sich, schlafen in engen, muffigen Zelten, ernähren sich aus dem Rucksack und kommen dann freudestrahlend mit dem Foto einer Kohlmeise nach Hause. Gut, man kann sich fragen, wer verrückter ist: eine Frau, die sich lieber ein paar Zehen abfriert, als einen Schnappschuss zu verpassen, oder ein Mann, der ihr auch noch ständig hinterher läuft. Hat aber auch egoistische Gründe. Wenn Fabiola die Wahl hätte zwischen einem guten Vogelschnappschuss und meiner Wenigkeit – ich bin mir da nicht so sicher.

Wir bezwingen natürlich auch noch den *Reynisfjall*. Dabei ist es Ehrensache, nicht der bequemen, kurvenreichen Schotterstrasse zu folgen, sondern dem engen, direkten Wanderpfad. Scheisse, ist das *steil!* Auf dem Berg angelangt, sehen wir nicht nur keine *Puffins,* sondern auch sonst nichts Lebendiges. Ein einsamer Goldregenpfeifer hüpft in der Ferne von Stein zu Stein, und das war's. Ansonsten gähnende Leere!

Aber diese *Aussicht!* Nach Westen hin erblickt man das riesige Felsentor von *Kap Dyrhólaey,* unter dem sogar Boote hindurchfahren können. Die See wirkt von hier oben spiegelglatt und blau lackiert. Richtung Osten erstreckt sich endlos lang die Küste und verfliesst mit der Unendlichkeit des Meeres. Wir durchwandern die weite Hochebene bis hin zum höchsten Punkt. Ausser dem wehmütigen Singen des Windes kein Laut! Schlichtes Dasein, als hätte jemand die Zeit angehalten.

Später sichten wir dann doch noch eine Raubmöve. Sie bewegt sich immer im selben Umkreis, und nach längerem Beobachten entdeckt Fabiola einen Jungvogel im dichten Gras. Nun will sie natürlich nicht mehr näher ran. Seit sie in *Djúpivogur* zwei junge Kurzschnabelgänse aufgeschreckt hat, die panikartig vor ihr ins Meer geflüchtet sind, ist sie in dieser Hinsicht noch viel heikler geworden. Noch jetzt muss ich mir das Gejammer anhören, dass die zwei Kleinen wegen *ihr* die Mutter nicht mehr gefunden hätten. Erstens, ist das aber reine Spekulation, zweitens, hat sie es ja nicht absichtlich gemacht, sondern das Nest lag genau am Wegrand, und drittens: Was soll ich denn tun? Soll ich zurückgehen und mich zu den Kücken ins Nest setzten? Aber sie ist eben rücksichtsvoll und hat ein weiches Herz – sie wird *nie* berühmt werden.

Hat jedoch auch einen Vorteil, dass wir dem Vieh fern bleiben. Zwei Wanderer, die kurze Zeit später unmittelbar am Nest vorbeilaufen, werden äusserst heftig von der Mutter attackiert. Sie verschränken ihre Arme über dem Kopf und suchen ihr Heil gebückt rennend in der Flucht.

Wir sitzen noch eine Weile, doch die beiden Vögel machen keine Anstalten, näher zu kommen. Wieder mal eine Nullrunde. Aber Ergebnisse spielen heute keine Rolle! Es ist einfach schön, hier oben zu sein und die Ferne zu träumen.

Wir geniessen *Vík,* es hat so was Anheimelndes – die unverbrauchte Natur, der mystische Strand, das romantische Städtchen und nicht zuletzt unsere lauschige Campinghütte. Neben uns ist ein deutsches Paar eingezogen. Sie leben in der Schweiz nur wenige Kilometer von unserem Wohnort entfernt. Die Welt ist ein Dorf! Sie sind sehr angenehme Nachbarn, und wir freuen uns an ihrer Gesellschaft.

Überhaupt treffen wir immer wieder auf interessante Leute. Victor, ein junger Franzose, ist mit dem Fahrrad unterwegs. Er ist in *Reykjavík* gestartet und hat vor, die ganze Insel zu umrunden. Erst mal will er aber nach Osten, zu einem *Heavy Metal* Festival. Diese Art von Musik ist in den nordischen Ländern übrigens sehr beliebt. Verständlich! Passt sie doch ideal zu der Schwere der Landschaft. Richtige *Wikingermusik!*

Victor ist Veganer und engagierter Umweltschützer. Er spricht ein beinahe akzentfreies Englisch. Darauf angesprochen, lächelt er stolz. Er möchte nicht, so sagt er, dass man ihn als *Franzosen* erkennt. Ein Teil seiner Landsleute würde sich im Ausland einfach *unmöglich* benehmen. Ach ja? Ist uns gar nicht aufgefallen!

Küstenseeschwalbe

Wir denken darüber nach, noch etwas länger in *Vík* zu bleiben, aber unsere *Cabin* ist ab Freitagabend wieder vermietet, und zurück ins Zelt wollen wir nicht. Also wohl oder übel weiter nach Westen.

Der *Luna*-Bus wartet vor dem Tankstellenshop. Unser heutiger Fahrer muss ein erfahrener Mann sein, vielleicht einer der Letzten, die Island noch mit *Ross und Wagen* umrundet haben. Aber immerhin trägt er einen Funkkopfhörer. Unsere bisherigen Chauffeure haben nämlich jeweils grosse Teilabschnitte der Strecken mit Handy am Ohr hinter sich gebracht. Aber warum trägt er so ein Teil auf *beiden* Seiten? *Ach so* – das sind *Hörgeräte*! Deshalb also der junge Begleiter, der die Fahrkarten kontrolliert. Er soll die Kommunikation übernehmen! Vorne auf der ersten Bank sitzt noch eine dritte Person. Denken ja erst, es sei eine Gletschermumie, die man ins Museum nach *Reykjavík* überführen soll. Aber da der Mann eine Uniform trägt und ab und zu ein rasselndes Keuchen von sich gibt, muss es sich wohl ebenfalls um einen Angestellten des Reiseunternehmens handeln. Die Fahrt verläuft jedoch sehr angenehm.

Die Landschaft, erst noch saftig grün, wird zusehends öder, je näher wir *Reykjavík* kommen. Ausserdem verschlechtert sich das Wetter von Minute zu Minute. Hatten wir noch Sonnenschein, als wir in *Vík* gestartet sind, zeigt sich der Himmel jetzt trübe und bedeckt. Kurz vor der Hauptstadt wird die Gegend dann endgültig trostlos. Sanderflächen, wohin man auch schaut, nur hier und da ein paar Flecken Vegetation. Der Dampf, der an den Berghängen den heissen Quellen entweicht, lässt die Szenerie schon beinahe gespenstisch erscheinen. Die Sage, dass der Gründer von *Reykjavík* sich von einem Orakel leiten liess, als er den Platz für seine zukünftige Wohnstätte auswählte, muss wohl stimmen. Warum sonst sollte er sich für seine Behausung *diese* freudlose Ecke ausgesucht haben?

Klar, wie gesagt: Das Wetter ist auch echt beschissen. Wenigstens hat es aufgehört zu regnen, als wir schliesslich den Busbahnhof der Hauptstadt erreichen. Fabiola muss erst einmal zur Toilette, und ich unterhalte mich eine geraume Weile mit einem jungen Pärchen in Englisch, bis wir feststellen, dass wir alle deutschsprachig sind.

Ist schon witzig: Seit Wochen ist Englisch unsere Umgangssprache, und trotzdem lernen wir nie viel dazu, weil das jeweilige Gegenüber es in der Regel nicht besser beherrscht als wir.

In der Bahnhofshalle finden wir den Schalter der *Luna*-Busgesellschaft. Nein, schüttelt die Frau hinter dem Tresen den Kopf. Zum Camping laufen – das ist *viel* zu weit! Da müssen wir schon den Bus nehmen. Stellen dann später fest, dass es nur knapp vierzig Minuten Fussmarsch wären. Aber klar: So weit läuft man hier nicht.

Bis zur nächsten Abfahrt dauert es noch über eine halbe Stunde. Also Zeit genug, um im Bistro eine Kleinigkeit zu essen. Im Fernsehen spielt gerade *Roger Federer*. Bekomme schon beinahe heimatliche Gefühle.

Die Haltestelle liegt genau gegenüber. Neben dem Fahrplan hängt ein Hinweis, dass die Fahrer nur abgezähltes Geld akzeptieren. Klaube mühsam isländische Kronen aus meinem Portemonnaie. Fabiola hat unterdessen zwei junge Deutsche angesprochen, die ihr schon zuvor in *Vík* aufgefallen sind. Sie sind ebenfalls auf dem Weg zum Camping. Luana und Mirko haben sich spontan entschieden, ihren Urlaub auf Island zu verbringen, sind aber bis jetzt nicht wirklich begeistert von der Insel. Sie haben sich das Ganze etwas anders vorgestellt. Womöglich haben sie denselben Reiseführer gelesen wie wir?

Aber sie sind ein lustiges Paar, und wir verstehen uns auf Anhieb prächtig. Als der Bus schliesslich kommt, steigen wir alle ein, und ich halte dem Fahrer mein säuberlich abgezähltes Geld hin. «*Wirf's einfach da rein*», winkt er ab und zeigt auf eine Büchse, die er auf die Kasse geklebt hat. Das nächste Mal kriegt er nur die Hälfte!

Nun sind wir also tatsächlich hier: *Reykjavík!* Der Name hatte für mich schon immer etwas Mystisches. Nördlichste Hauptstadt der Welt – ich meine: Da *muss* doch irgendwas Spezielles sein! Bislang sehe ich aber nur einfach eine Stadt. Wohnblöcke, Verkehr und viele Menschen. Na, lange werden wir wohl nicht bleiben.

Der Camping ist jedoch top, professionell geführt und gut organisiert. Die Rezeption ist vierundzwanzig Stunden geöffnet, und wenn du irgendein Anliegen hast, ist immer jemand für dich da. Das Internet ist frei, man braucht nicht einmal einen Zugangscode. «It's the wild west», lächelt der Mann von der Anmeldung.

Luana und Mirko bauen ihr Zelt gerade neben unserem auf. Das freut uns, denn so haben wir etwas Gesellschaft. Wir wissen nämlich noch gar nicht so recht, was wir hier anfangen sollen.

Wir sind nicht so die Stadtmenschen. In der Regel besuchen wir zu Hause ein- zwei mal im Jahr Zürich, und das war's dann auch schon. Nicht, dass wir es nicht auch ab und zu geniessen würden, mitten im Trubel zu sein, aber am liebsten ist uns schon die Abgeschiedenheit. Wir sind halt etwas sonderbar. Daher empfinden wir Städte vermehrt als langweilig.

Da kommt uns die Einladung unserer neuen Bekannten gerade recht, mit ihnen zusammen das Gratiskonzert von *Of Monsters and Man* zu besuchen. Es soll morgen im Stadtpark stattfinden. Die Band hatte einen kometenhaften Aufstieg, wie uns Mirko aufklärt. Erfolgreichste isländische Band aller Zeiten, im Moment ganz vorne in der deutschen Hitparade. Na, ja – das waren *Modern Talking* auch schon mal!

Aber tönt doch gut: Gratismusik und ein wenig Party. Warum nicht? Da gehen wir hin!

Für heute hatten wir jedoch alle genug Betrieb, und wir verkriechen uns schon bald in unsere Zelte. Ach, waren das noch Zeiten, als wir in *Vík* in unserem bequemen Campinghäuschen wohnten…

Am nächsten Morgen geht's auf Stadtrundgang. Erst noch durch eintönige Wohn- und Büroquartiere, aber schon bald erreichen wir die Downtown. Hier ist noch nicht sehr viel los. Die Geschäfte und Restaurants haben gerade erst geöffnet. Nur wenige Leute bummeln durch die Einkaufsstrasse. Der Himmel ist grau, und es nieselt, die Temperatur liegt etwa bei *ungemütlich*. Vierundzwanzigkommaacht Grad sollen das Höchste sein, was hier je gemessen wurde. *Heute* werden sie den Rekord nicht schlagen!

An einer Ecke finden wir eine nette Kaffeebar. Diese typisch nordischen Bistros haben ein ganz eigenes Ambiente. Sie sind meist sehr einfach, aber liebevoll eingerichtet. Du bestellst an der Bar und nimmst deine Getränke gleich mit. Oft gibt es noch irgendwelches Süssgebäck zu kaufen. Die angebotenen Leckereien sehen zwar nicht immer ästhetisch aus, grobe Backwaren und *platsch* noch etwas Schokolade oder Sahne obendrauf, aber schmackhaft sind sie allemal.

Gratismusik und ein wenig Party. Warum nicht? Da gehen wir hin!

Die Bedienung läuft entspannt ab, im Hintergrund tönt üblicherweise fetzige Musik, und der Kaffee ist gut und kann nachgeschenkt werden. Alles in allem einfach urgemütlich.

Allmählich füllen sich die Strassen. Es sind vornehmlich Touristen, die tagsüber die Einkaufsmeile von *Reykjavík* bevölkern, und vor den Geschäften und Boutiquen hört man alle Sprachen, nur kein Isländisch.

Von der im Reiseführer beschriebenen quirligen, lebensfrohen Stadt ist noch nicht viel zu spüren. Träge fliesst der Menschenverkehr durch die Gassen, und die Kauflust hält sich in Grenzen. Nur im *Christmas Shop* drängen sich bereits die Kunden. Klar: Ist ja auch schon Juli und bald wieder Weihnachten.

Wir drehen ein paar Runden, entdecken den Stadtpark, wo abends das Konzert stattfinden soll, und finden den kleinen See *Tjörnin*. Angeblich leben und brüten an seinen Ufern über fünfzig Vogelarten. Warum kann Fabiola nicht einfach hier ansitzen? Ich würde dann jeweils in einer der Bars auf sie warten.

Natürlich werfen wir auch noch einen Blick auf die *Hallgrímskirche*, immerhin das Wahrzeichen von *Reykjavík*. Äusserlich gotischen Prachtbau-

107

Für einmal ganz nahe –
Alpenstrandläufer

ten nachempfunden, aber ganz in Beton gehalten, erweckt sie in mir den Eindruck einer frommen Bunkeranlage. Der lichtdurchflutete Innenraum ist jedoch durchaus sehenswert.

Fazit drei Stunden später, bei einem überteuerten Bier in einer der Strassenkneipen: *Reykjavík* ist nicht übel, aber auch nichts Besonderes. Dafür braucht man nicht nach Island zu reisen. Natürlich hätten wir auch eines der vielen Museen besuchen können. Zum Beispiel das *Phallus-Museum*, wo von jeder einheimischen Tierart die männlichen Genitalien ausgestellt sind, aber ehrlich: So überaus reizvoll dieses Angebot auch klingt – mir reichen die Wikinger-Sagas!

Beim Rückweg stolpern wir über das Jugendzentrum. Hier zelebriert man gerade die *African Days*. Blonde, isländische *Bob Marleys* tanzen zu schwarzer Musik. Auch einen kleinen Flohmarkt hat man organisiert, und an verschiedenen Tischen kann man Getränke oder Snacks kaufen. Vor der Bühne, wo der themengerecht bekiffte DJ ‹*Peter Tosh*› auf den Plattenteller bemüht, bemalen bunt bekleidete Heimweh-Jamaikaner anderen die Gesichter. Alles ziemlich laut, leicht chaotisch, ein wenig *pseudo,* aber fröhlich und lustig. Hier passen wir schon eher hin. Bleiben noch ein Stündchen – *Reykjavík* ist *groove.*

Auf dem Camping treffen wir auf eine Gruppe junger Schweizer, drei Männer und eine Frau. Sie machen hier einen Tag Zwischenstation, bevor sie weiter nach *Grönland* fliegen. Da wird sie ein Helikopter in den Nordosten bringen, mitten ins ewige Eis. Ganze sechs Wochen wollen sie da bleiben, ohne Guide und nur über Funk mit der Aussenwelt verbunden. Wenn das nur gut geht! Sie geben sich zwar zuversichtlich, aber man nimmt es ihnen nicht so ganz ab. Mindestens zwei der Männer sind schon reichlich nervös, und die Frau wirkt übellaunig. *Eisklettern* wollen sie, aber bis jetzt kennen sie das nur aus den heimischen Bergen. «*Na ja, die Eisbären*», meint einer der vier in breitem Berner Dialekt. «*Wir haben natürlich ein Gewehr dabei.*» Ach so. Na, dann ist das ja kein Problem. Es ist bestimmt *ganz einfach*, so einen Bären zu erlegen. Die halten in der Regel nämlich schön still, wenn man sie abschiessen will. Und

ausserdem hat der Mann in den *Schweizer Alpen* schon Erfahrungen gesammelt. Da gibt es ja *auch* wilde Murmeltiere.

Reisende soll man nicht aufhalten! Wenn das mit der Klimaerwärmung so weiter geht, werden sie *spätestens* in ein paar Jahren wieder auftauchen.

Am Abend sind wir dann mit Luana und Mirko zurück in der City zum Konzert. Erst wollen wir aber noch was essen. Entscheiden uns für einen der *Fastfood*-Stände in der Unterstadt.

Man schickt mich vor, um zu bestellen. Hinter dem Tresen steht eine Walküre, aber nicht die formschöne aus der nordischen Mythologie, sondern die von der Oper. Sie hat ihren Venuskörper (Venus von Willendorf) in ein weisses, geripptes Männer-Top gezwängt. Ihre beeindruckenden, ja *erschreckenden* weiblichen Attribute sprengen die Grenzen ihres BHs und suchen Halt auf der gemütlichen Bauchrolle. Wenn sie sich auf dem Tisch abstützt, wackeln die Oberarme fünf Minuten nach.

«Yes?» grunzt sie mich an und kratzt sich an der Hüfte. Ordere Hamburger für Mirko und mich und *Chilly Hot Dogs* für die Frauen. Die Walküre dreht sich schnaufend um und bellt etwas in Isländisch in den hinteren Raum. Bemerke die zweite Frau erst jetzt. Würde *die* sich an die andere anlehnen, sie würde im Brustschlitz verschwinden. Beine wie Mikadostäbchen, Arme wie Birkenzweige. Eben hat sie unsere Bestellung aus der Kühlbox geholt und trägt sie jetzt vor sich her wie ein Fundstück. Erinnert mich ein wenig an *Gollum* aus *Herr der Ringe: ‹Mein Schatz!›*

Die Dicke wirft die Ware auf den Grill, zwei ganze Hamburger und zwei kurzerhand zwischen den massigen Fingern zerriebene. Das scheint eine anstrengende Arbeit zu sein, den die Frau transpiriert und muss sich wieder und wieder den Schweiss von der Stirne wischen. Immer, wenn sie die Arme hebt, erscheinen dichte Büschel langer, rötlicher Haare und schnappen nach Luft. Sie beruhigt sie, indem sie sie gelegentlich liebevoll krault. Dazwischen wendet sie mit geschickter Hand das Fleisch. Nicht lange, und das Zeugs ist durchgebraten. Ein Flöten-Brötchen geteilt, das Matschfleisch dazwischen und irgendeine undefinierbare Flüssigkeit dazu: Fertig ist der *Chilly Hot Dog.* Zum Glück hab' *ich* den Hamburger gewählt.

Luana und Fabiola sind dann auch nicht wirklich begeistert von ihrem Essen. Sie rätseln über den eigenartigen Beigeschmack. Nun, ich hätte da so eine *Idee,* aber der Gentleman schweigt und geniesst. Fabiola zwingt mich dann, ein Stück zu versuchen. Es schmeckt *nett* gesagt grauenhaft. Damit wird die Walküre keinen an Odins Tafel locken. Mir gegenüber kämpft Mirko mit Luanas Resten, aber auch er streckt die Waffen. Die Dinger sind ungeniessbar. Vielleicht sollte die Dame ihr Deodorant wechseln.

Wir sind zeitig beim Konzert. Auf der Bühne steht gerade die Vorgruppe, aber die zahlreich erschienenen Gäste wirken uninteressiert. Sie sind wegen der Lokalmatadore hier. Pünktlich um acht erscheinen *Of Monsters and Man.* Nun kommt etwas Stimmung auf. Allerdings nicht bei mir. Das Gratiskonzert soll ein *Familienanlass* sein, und deshalb hat man die Dezibel ganz schön runtergeschraubt. Ein leises Rockkonzert – das ist doch schon ein Widerspruch in sich selbst. Nennt mich einen Nostalgiker, aber das waren noch Zeiten, als *Rock 'n' Roll* ein Lebensgefühl war. Kleine, rauchige Säle, wo die Leute dicht an dicht tanzten, schwitzten und rumhopsten, während der Schlagzeuger den Rhythmus vorhämmerte und der Bassist dir die Eingeweide umdrehte.

Ich teile nicht immer den Musikgeschmack mit Keith Richards und möchte ganz bestimmt nicht so aussehen wie er, aber Leute: *Das* ist *Rock 'n' Roll!* Mit der Kuschelversion für junge Familien kann ich mich einfach nicht anfreunden.

Of Monsters and Man spielen dann noch artig ihren *Monsterhit,* und nach zwei Zugaben ist der Anlass vorbei. Fabiola verkündet, dass sie jetzt einen Drink braucht, um den *Chilly Hot Dog* zu vergessen, und so steuern wir zu viert Richtung Irish Pub in der Downtown. Eine Runde reicht nicht, der Frass war einfach *zu* grässlich, und so verleben wir den ersten und einzigen angesäuselten Abend unserer Reise.

Vorne in der Ecke interpretiert ein Sänger Klassiker auf der Gitarre und gibt mir mit seiner unglaublichen Stimme den Glauben an die Musik zurück.

Mit Luana und Mirko ergibt sich immer ein Gesprächsthema. Wir lachen viel, und als wir schliesslich aufbrechen, sind wir schon fast Freunde geworden.

Auf dem Heimweg finden wir die Strassen voll mit lärmenden, feiernden Leuten. *Jetzt* sind die Isländer aufgewacht!

Genau vor unseren Zelten hat sich eine tschechische Reisegruppe einquartiert. Aus dem abgestellten Bus dröhnt Partymusik, und die besoffenen Deppen grölen und johlen bis in die Puppen. Das gibt eine kurze Nacht.

Luana und Mirko schlafen noch, als wir früh am nächsten Morgen unsere sieben Sachen packen. Der gratis *Shuttle*-Dienst bringt uns zum Busbahnhof. Jetzt geht's in die Westfjorde.

Auf dem grossen Vorplatz warten die Reisecars in Reih und Glied. Nach und nach fahren sie alle los, nur unserer steht noch da. Mit im Bus sitzen vier weitere Fahrgäste. Ein schon ziemlich angetrunkener Kanadier nuckelt an seinem Bier und quatscht dem deutschen Paar in der vordersten Sitzreihe die Ohren voll. Auf der Bank neben mir hat ein junger Mann aus *Québec* Platz genommen. Er stört sich an dem schlechten Benehmen seines Landsmannes. Aber immerhin sorgt der Kerl mit seinem Gelaber für ein wenig Unterhaltung, denn unser Fahrer lässt immer noch auf sich warten. Irgendwann erscheint dann eine Frau in Uniform und informiert uns, dass der Chauffeur bald kommen wird.

Rund zehn Minuten später erscheint er schliesslich. Sieht etwas mitgenommen aus und presst ein blutdurchtränktes Taschentuch an seine Nase. *«Are you okay?»*, erkundigt sich der Kanadier besorgt und wirkt unmittelbar ein wenig nüchterner. *«No problem, no problem»*, beteuert der Fahrer und versucht erfolglos, mit einer feuchten Serviette sein rot besudeltes Hemd zu reinigen.

Los geht die Fahrt. Zur Not kann man so einen Bus auch einhändig lenken. Wo denn unsere Reiseziele lägen, will der Chauffeur wissen, nachdem er schon zum dritten Mal das Taschentuch gewechselt hat. *«Borgarnes»*, antwortet der Kanadier, *«wenn du nicht vorher zu Tode geblutet bist»*. *«Nein, nein»*, lacht der Angesprochene. «Das hört schon *auf! Ich habe Wikingerblut!»* Wikinger und

Blut – das gehört scheinbar einfach zusammen. Der Québecois informiert mich, er wäre Akupunkteur und denke daran, in Europa eine Praxis zu eröffnen. Im Übrigen erzählt er aber vornehmlich von jungen, hübschen Frauen, die er getroffen hat, was in mir die Vermutung wachsen lässt, dass er hier nicht nur *Nadeln* stecken will.

Die weitere Reise verläuft ereignislos. Es gibt ausnahmsweise keine spektakulären Wasserfälle zu betrachten, die Deutschen haben das Geschwätz ihres Nebenmannes satt und starren demonstrativ aus dem Fenster, der Akupunkteur träumt von wohlgeformten Patientinnen, und der Fahrer blutet still vor sich hin. Wir selber kämpfen noch mit den Nachwirkungen der verkürzten Nachtruhe.

In *Borgarnes* steigen die beiden Kanadier aus und lassen uns mit den Deutschen und dem Bluter alleine.

Die Gegend wird jetzt wieder einsamer, wilder, geheimnisvoller. Nur noch wenige kleine Siedlungen und einzelne Gehöfte säumen den Weg. Nach den menschenüberladenen Tagen in *Reykjavík* eine Erholung für die Sinne. Würde der Kerl endlich aufhören zu bluten, es wäre noch entspannender. Nicht auszudenken, wenn jetzt auch noch sein Telefon klingelt. Mit welcher Hand fährt er dann?

Die Frage erübrigt sich jedoch etwas später, denn der Bus hält plötzlich mitten in der Einöde. Brauchen einen Moment, um zu begreifen, dass wir hier *umsteigen* sollen. Das letzte Stück bis nach *Stykkishólmur* wird uns ein anderer Wagen fahren.

Wir laden unsere Rucksäcke aus, und schon ist der bestimmt bald ausgeblutete Chauffeur wieder eingestiegen und braust mit dem deutschen Paar einer ungewissen Zukunft entgegen.

Unser neuer Fahrer ist unter 65, nicht verletzt, spricht gut englisch, fährt einen modernen Kleinbus, trägt einen *echten* Funkkopfhörer und lächelt uns freundlich an. Jetzt kriege ich es wirklich mit der Angst zu tun! Ist das die richtige Linie?

Sorge mich unbegründet, denn schon kurze Zeit später erreichen wir *Stykkishólmur*. Die Siedlung erscheint beinahe ausgestorben an diesem Sonntagnachmittag. Nur im Tankstellenshop sitzen ein paar Leute rum.

Dabei ist der Ort gar nicht mal so klein! Immerhin leben hier über tausend Leute, denn *Stykkishólmur* ist für diese Gegend so eine Art Zentrum. Über dem Städtchen thronen eine moderne Kirche und eine beeindruckende Klosteranlage.

Man muss nicht ortskundig sein, um die Bedeutung der Religion für *Stykkishólmur* zu erraten. Noch heute ist das Kloster einer der grössten Arbeitgeber.

Die Siedlung macht einen recht ansprechenden Eindruck. Irgendwie so sauber und adrett, aber nicht übertrieben. Freundliche Häuser, nette Strassen – fühle mich wohl. Hier könnte ich etwas verweilen. Das ist jedoch nicht der Plan. Wir wollen übers Meer in die Wesfjorde. In der Mitte soll es aber noch einen Zwischenstopp geben. Da liegt nämlich die kleine Insel *Flatey*. Sie gilt als Kleinod unter den isländischen Inseln. Früher ganzjährig bewohnt, leben heute gerade noch zwei Familien fest auf dem Eiland. Die restliche Bevölkerung ist nach und nach weggezogen und ihre Häuser dienen den Nachkommen höchstens noch als Sommerresidenz. Während der Saison bietet zudem ein Hotel Zimmer an, und es gibt laut Reiseführer zwei *Guesthouses*. Vor allem aber gilt *Flatey* als Vogelparadies, und deshalb ist es klar, dass Fabiola da aussteigen *will* und ich *muss*.

Den Hafen, wo unsere Fähre über den *Breiðafjörður* ablegen soll, finden wir leicht. Bis zu ihrer Ankunft dauert es jedoch noch drei Stunden. Wir vertreiben uns die Zeit mit etwas *Sightseeing*, schlendern durch die Gassen und besteigen einen Aussichtspunkt. Inzwischen hat es wieder angefangen zu regnen. Die Wolkenbank, die von Westen her auf uns zusteuert, sieht ziemlich ungemütlich aus. Fabiola meint, das kann schon bald wieder ändern und ich sollte ja unterdessen gemerkt haben, wie das hierzulande mit dem Wetter ist. Immer wenn Fabiola eine solche Prognose von sich gibt, kann ich mich darauf verlassen. Ihre Wettervorhersagen sind zu beinahe hundert Prozent zuverlässig, wenn man sie zu *lesen* weiss. Sagt sie: «*Das klart wieder auf*», vergewissere ich mich, dass meine Regenjacke bereitliegt. Und auch diesmal hat sie ins Schwarze getroffen! Es hört zwar nicht auf zu regnen, doch der starke Wind, der jetzt bläst, war vorher *definitiv* noch nicht da.

Als die Fähre schliesslich anlegt und wir einsteigen können, sind wir froh, ins Trockene zu kommen.

Solange das Schiff im Schutz der vor der Küste gelegenen Schäreninseln fährt, merken wir noch nicht viel von der unruhigen See. Aber irgendwann werden die Wellen höher und spritzen an die Seitenfenster. Unterdessen sind wir an Bootsreisen schon etwas gewöhnt, doch als der *Captain* über Lautsprecher durchgibt, dass er wegen des schlechten Wetters den Kurs wechseln muss, wird uns schon ein bisschen mulmig. Geh' kurz an Deck für eine Zigarette und treffe auf eine Gruppe Isländer, die an der Reling stehen, Bier trinken und Seemannslieder singen. Normalerweise würde mich dies beruhigen, aber bei *Wikingern* ist man ja nie sicher! Es könnte auch sein, dass sie ihren Übergang ins *Walhalla* feiern.

Die Anlegestelle von *Flatey* kommt jedoch schon bald in Sicht, und die Fähre steuert problemlos in den kleinen Hafen. Eine grosse Gruppe Menschen wartet bereits auf der hölzernen Plattform. Tagesausflügler, die zurück aufs Festland möchten. Aussteigen wollen ausser uns nur wenige.

Ist auch kein Wunder! Dichter Nebel liegt wie ein Leichentuch über der Insel. Es ist nass und kalt, und das fahle Licht verwandelt die Szenerie in einen Schwarzweissfilm.

Direkt am Hafen steht die alte Fischfabrik. Sie war wohl einst von grosser Bedeutung für den Ort, doch inzwischen wirkt sie heruntergekommen und marode. Der Wind rüttelt an den rostigen Wellblechwänden, und im Hinterhof stapelt sich Gerümpel. Grau starrt sie uns aus ihren leeren Fenstern an, als wir auf dem matschigen Weg an ihr vorbeistapfen. *So fangen nordische Krimis an!* Sogar in Fabiola beginnen sich Zweifel zu regen. «Wo hab' ich uns bloss hingeführt», murmelt sie.

Hinter der Ecke dann aber die erste positive Überraschung: In der Halle der alten Manufaktur wurde ein Café und *Handcraft Store* eingerichtet. Wobei *Café* wohl etwas übertrieben ist. Auf dem staubigen Fabrikboden stehen ein paar Holztische. Eine einfache Theke ist mit Tellern und Tassen vollgestellt, daneben eine Schale mit Gebäck und die unvermeidliche *Thermoskanne* voll heissem Kaffee. Wenn dieser Saal auch schon lange keine Fische mehr *gesehen* hat, *riechen* kann man sie noch deutlich.

Spielt jedoch keine Rolle – Hauptsache, wir kriegen etwas Wärmendes zu trinken. In der Schweiz würden sich in dieser Lokalität wohl Feuer- und Lebensmittelpolizei die Klinke in die Hand geben. Aber zum Glück sind wir in Island. Hier scheint man es mit diesen Dingen nicht so genau zu nehmen, und das finden wir echt cool. In unserem Land wird von Gesetzes wegen Kreativität nur allzu oft bereits im Keime erstickt.

Das Koffein gibt uns neue Motivation, und wir machen uns auf die Suche nach dem Campingplatz. Weit brauchen wir nicht zu laufen. Er befindet sich nur zehn Minuten entfernt auf einer Wiese. *Befindet sich* heisst: Da darf man zelten. Von einem Platz im eigentlichen Sinne kann nicht die Rede sein. Abgesehen von einem verwaisten Zelt lässt nur das kleine Toilettenhäuschen vermuten, dass dies der Campground sein könnte. Keine Duschen – scheisse! In *Reykjavík* herrschte so viel Betrieb in den sanitären Anlagen, dass wir beschlossen wir könnten mit der Körperpflege noch ein paar Tage warten. Na, ja. Macht ja nichts. Wir werden uns sowieso meistens draussen aufhalten, und im Zelt hat es eh nur Platz für uns beide. Vielleicht kann man dem Ganzen auch eine *erotische* Note abgewinnen. Napoleon soll ja jeweils an seine Geliebte geschrieben haben: ‹Wasch dich nicht, ich komme bald nach Hause.› Okay, ich weiss nicht. Das ist ja überhaupt so ein Thema: Wer kennt sie nicht, die Kurzinterviews in einschlägigen Tageszeitungen. Irgendwelche Prominente werden zu ihren Meinungen und Gewohnheiten befragt, und dann kommt regelmässig dieselbe Frage: ‹Sex hätte ich am liebsten…?› Worauf die Angesprochenen die abenteuerlichsten Plätze für ihre intimen Abenteuer nennen. ‹…im Fahrstuhl.› ‹…auf dem Rücken eines Pferdes.› ‹…auf einem Aluminiumdach bei 35 Grad.›

Ich für meinen Teil könnte diesen Satz nach wochenlangem Schlafplätzewechsel mit Leichtigkeit vervollständigen. ‹Sex hätte ich am liebsten zu Hause in unserem Bett.› Alles andere wäre gelogen.

Wenn das Wetter an diesem Tag auch stabil *unstabil* bleibt, sieht das, was wir bis jetzt von *Flatey* mitbekommen haben, wirklich interessant aus. Die Insel ist recht klein, und man braucht keine halbe Stunde, um sie zu durchqueren. Das idyllische, kleine Dörfchen wirkt einladend, und im Hotel-Restaurant werden wir morgens jeweils bestimmt einen Kaffee kriegen. Einen Lebensmittelladen gibt es nicht, aber das haben wir vorher schon gewusst und uns mit reichlich Proviant eingedeckt. Und überall sitzen Vögel! Schon auf unserem Weg zum Camping werden wir von unseren Freunden, den Küstenseeschwalben, angegriffen. Rotschenkel hocken auf den Pfosten der Schafsweiden, und Eiderenten brüten zwischen den Algen am Strand. Die schroffe Klippe an der Südseite ist die Heimat von Grillteisten und Papageitauchern, und in dem kleinen Dorfbach vergnügen sich Odinshühnchen. Jetzt bräuchten wir nur noch die Sonne.

Am nächsten Morgen ist sie da. Ein strahlender Himmel begrüsst uns, als wir aus dem Zelt kriechen und entdecken, dass wir an einem der schönsten Orte unserer Reise gelandet sind. Rings um uns das geheimnisvoll glitzernde Wasser und in der Ferne das märchenhafte Bergpanorama des Fjords. Man könnte es nicht schöner träumen. Dazu das romantische Ambiente der Insel, die farbigen Häuser und die engen Naturstrassen, auf denen Kinder spielen, die alle aussehen wie *Michel aus Lönneberga*. Dazwischen Schafe, Enten und gefrässige Möwen. Ein kunterbuntes Durcheinander der Lebensfreude.

Kein Wunder, gilt *Flatey* als ganz besondere Insel. Nirgends in Island, so heisst es, sollen sich so viele Paare spontan entschliessen zu heiraten oder sich zu trennen. Das ist leicht vorstellbar: Der Ort lässt einem Raum für Entscheidungen, und man hat das eigentümliche Gefühl, die Situation zu überblicken. Solltet ihr nach Island reisen – *Flatey* dürft ihr nicht auslassen!

Ganze vier Tage bleibt uns das Sommerwetter erhalten. Zum Fotografieren brauchen wir uns nur irgendwo hinzusetzen, und die Motive kommen angeflogen. Daneben dieses unübertreffliche Licht! Wir hätten es nicht besser treffen können.

Wenn wir auf der Klippe hocken und auf die Papageitaucher warten, haben wir einen guten Überblick auf den Wanderweg. Wir machen uns einen Spass daraus, Touristen zu beobachten, welche die Küstenseeschwalbenkolonie durchqueren. Gerade noch munter voranmarschierend, beginnen sie plötzlich herumzuspringen und wild mit den Armen zu fuchteln.

Über eine Person amüsieren wir uns ganz besonders. Wie Rumpelstilzchen hüpft sie über die Wiese und gestikuliert und flucht laut. «*Allez vous-en, merde alors!*»

Erstaunt stellen wir fest, dass uns die Frau bekannt vorkommt. Es ist Francine, die Kanadierin, die wir von *Seyðisfjörður* her kennen. Sie ist auf dem Weg zurück nach *Reykjavík* und wie es der Zufall so will, begegnen wir uns erneut. Das wird natürlich gebührend im Restaurant bei Kaffee und Kuchen gefeiert.

Wir bleiben noch zwei weitere Tage auf der Insel. Spätestens jetzt werden wir uns einig, dass wir es wohl nicht bis nach Grönland schaffen werden. Island ist einfach zu vielfältig.

Auch *Flatey* hält uns länger auf als geplant. Wir sind jeweils bis spät in die Nacht mit den Kameras unterwegs und verlieren uns richtiggehend in dem Ort.

Wir fühlen uns wohl nirgends so als *Besucher* und gleichzeitig *dazugehörig*. Abgetrennt von unserem Leben, wie durch eine Zeitlücke gefallen und in einem Paralleluniversum gelandet, leben wir wie die *Hobbits* in unserem Zeltchen. Die Vorzüge der modernen Welt beschränken sich auf das Toilettenhäuschen und die Steckdose beim Waschbecken. Wäre unsere Reise ein Arbeitstag, wäre *Flatey* die Brotzeit! Immer noch *in* der Firma, aber für einen kurzen Moment ganz privat.

Als wir schliesslich die Fähre besteigen, um weiter nach *Brjánslækur* zu reisen, spüren wir echten Abschiedsschmerz.

> *Zum Fotografieren brauchen wir uns nur irgendwo hinzusetzen, und die Motive kommen angeflogen.*

Da es in *Brjánslækur* laut Karte keinen Camping gibt, ist unser nächstes Ziel *Flókalundur*. Es liegt sechs Kilometer vom Fährhafen entfernt. Nach eingehendem Studieren des Fahrplans verkündet Fabiola, dass um diese Zeit kein Bus dahinfährt. Wir werden also laufen und es unterwegs mit Autostopp versuchen.

Heute ist es heiss. Die Sonne brennt vom wolkenlosen Himmel, und es ist zudem *total* windstill. Wie oft hätten wir uns das in den letzten Wochen gewünscht. Warum ausgerechnet an diesem Tag, wo wir unser ganzes Gepäck so weit schleppen müssen?

Vor ein paar Jahren hatte ich einmal Knieprobleme. Von einem Tag auf den anderen waren sie aber verschwunden. *Jetzt* sind sie wieder da! Wo haben sie sich nur so lange rumgetrieben?

Das Wandern wird zur Qual. Bei jedem Schritt verspüre ich einen stechenden Schmerz. *Per Anhalter* funktioniert nicht, denn die wenigen Autos, die uns passieren, sind vollgestopft bis unters Dach.

Alle paar hundert Meter muss ich Pause machen. Bei einem dieser Zwischenstopps rumpelt ein grauer Bus an uns vorbei. Die *Luna*-Reisegesellschaft! «*Da muss ich wohl was* übersehen haben», meint Fabiola kleinlaut. Ganz *offensichtlich!* Aber es lässt mich erstaunlicherweise kalt. Mein Knie brennt wie Feuer, mein Dreissig-Kilo-Rucksack verbiegt mir die Wirbelsäule, mein T-Shirt verschmilzt gerade mit meiner Haut, unter meiner Schirmmütze feiern die Kribbelmücken eine Party, und trotzdem bin ich gut gelaunt! Könnte gar nicht genau sagen, wieso. Womöglich bin ich doch nicht so ein Miesepeter, wie mir meine Umwelt immer glauben machen möchte, *oder* ich habe mich in meinem Unterbewusstsein bereits damit abgefunden, dass ich hier sterben werde.

Der Blick über den Fjord in der hellen Nachmittagssonne ist atemberaubend. Das ruhige Wasser funkelt wie Millionen kleiner Sterne, und am Horizont gleissen die eisbedeckten Kuppen des *Snæfellsjökull*. Die Strasse bahnt sich ihren staubigen Weg entlang der trockenen Küste und verschwindet hinter der nächsten Kurve. Eine Szenerie wie aus einem *Roadmovie*, nur das Zirpen der Zikaden fehlt.

Schliesslich kommt *Flókalundur* in Sicht. Hatten die nicht gesagt, dies wäre ein *Dorf*? Ich meine, gehört da nicht etwas mehr dazu? Eine Kirche, ein Schulhaus, ein Friedhof? Abgesehen von den Urlaubskabinen linker Hand steht da jedoch nur ein Hotel und ein kleiner Shop mit Tankstelle. Der Camping liegt gleich daneben auf einer Anhöhe.

Holen uns Kaffee und beratschlagen erst einmal, ob wir hier bleiben sollen. Abends würde nämlich ein Bus weiterfahren. Der nächste geht erst wieder in drei Tagen. Wir sind echt unsicher. Irgendwie passt uns *Flókalundur* nicht. Es gibt Orte, da fühlt man sich auf Anhieb nicht wohl. Warum *genau*, könnte man nicht erklären. Schliesslich entscheiden wir uns aber trotzdem zu bleiben, da wir uns spontan nicht einigen können, welches unsere nächste Station sein soll.

Der Camping ist gar nicht mal so schlecht. Es gibt zwar schon wieder keine Kochgelegenheit, aber dafür eine moderne Dusche. Für drei Tage wird das schon irgendwie gehen. Im Shop finden wir Brötchen und ein paar Beilagen, und fürs Abendessen halten wir uns ans Restaurant. Die haben eine sehr abwechslungsreiche Karte: *Hamburger, Cheeseburger, Baconburger, Flóka Burger* – kein Wunder, hat sich *Mc Donalds* in diesem Land nicht halten können *bei der Konkurrenz*.

Gleich auf der anderen Seite der Strasse führt ein schmaler Wanderweg dem Fluss entlang hoch in die Berge. Das Wasser hat sich hier tief in den Boden gefressen und einen Canon ausgewaschen. Weissschäumend tost es durch das enge Tobel und hat dabei riesige Basaltkegel freigelegt. Schiesse Dutzende von Bildern, die sich nachträglich alle als unbrauchbar erweisen. Der Fluch von *Flókalundur*. Er verfolgt uns auch während der nächsten Tage. Wir streifen stundenlang durch ein nahe gelegenes Tal, ohne etwas Lebendiges von Nahem zu sehen. Wobei: Das stimmt nicht ganz. Millionen von Kribbelmücken begleiten unsere Wanderung, und so oft wir rasten, werden wir von aggressiven Wespen angegriffen. Das geht ganz schön an die Nerven, und wir können die an sich schöne Gegend überhaupt nicht geniessen. Also streiten wir uns erst mal ein wenig, was die Sache aber auch nicht angenehmer macht. Ausgepowert kommen wir am Abend zurück, einzige Ausbeute ein Eistaucher aus der Ferne und ein Wespenstich in Fabiolas Wade.

Flókalundur! Hier soll *Flóki Vilgerðarson*, der Namensgeber Islands, einst auf einen Berg gestiegen sein und nach eingehendem Rundblick verkündet haben: «*Dies ist Eis-Land.*» Ich vermute ja, dass man ihn falsch verstanden oder *absichtlich* fehlinterpretiert hat. Meiner Meinung nach hat er nämlich gesagt: «*Das ist ein Scheiss-Land!*» Kann man ihm ja auch nicht verdenken. Immerhin ist ihm schon im ersten Jahr sein ganzes Vieh weggestorben, und er ist auf Nimmerwiedersehen zurück nach Norwegen gesegelt. Um festzustellen, dass dies Eis-Land ist, hätte er sich jedenfalls *nicht* auf einen Berg begeben müssen. Es hätte gereicht, wenn er sich drei, vier Stunden mit der Kamera an den Strand gesetzt hätte. Mittlerweile bläst der Wind nämlich wieder *eisig* kalt.

Flóki Vilgerðarson wird auch *Hrafna Flóki*, *Raben-Flóki* genannt, und zwar deshalb, weil er bei seiner Ankunft drei Raben mit sich führte. Einen hat er zurück nach Hause geschickt, einen nach oben zu den Göttern und einen nach dem vor ihm liegenden Land: *Flókalundur*. Offenbar haben sich die drei später erneut hier getroffen. Wir sehen sie nämlich täglich! Immer wieder fliegen sie über uns hinweg und lachen krächzend über unseren Versuch, an dem verwaisten Strand etwas Fotogenes zu finden. Tote Hose! Einzig ein halbverwestes Schaf liegt einsam zwischen den Steinen.

Der Wind wird gegen Abend stärker, sodass wir schliesslich unser Zelt umstellen müssen. Hinter dem Toilettenhäuschen finden wir Schutz. Neben

Endstation Sehnsucht...

uns wohnt jetzt ein Engländer. Er ist schon ziemlich lange auf Island, sollte eigentlich schon abreisen, bleibt jetzt aber doch hier, weiss nicht, ob sein Geld reichen wird, schmiedet jedoch trotzdem eifrig Zukunftspläne – das hatten wir doch schon mal! Die spinnen, die Briten!

Wir wollen zum *birdwatching place* und laufen dafür nochmals viele Kilometer auf der Teerstrasse bis nach vorne zur Landspitze. Da soll man auch Seehunde aus nächster Nähe beobachten können. Ausserdem, so verspricht der Reiseführer, finden wir daselbst *gleich daneben* einen wunderschönen Sandstrand. Nun ja, *gleich daneben* – da hat man wohl von isländischen Verhältnissen gesprochen. So weit das Fernglas reicht, können wir jedenfalls keinen Sandstrand entdecken, geschweige denn einen wunderschönen. Die Seehunde haben es sich ganz draussen auf den Felsen bequem gemacht, *sofern* es überhaupt Seehunde sind. Ist aus dieser Distanz kaum zu erkennen. Und soviel wir auch *watchen*, wir sehen kaum *birds*.

Flókalundur: An diesem Ort stieg einst *Ger*, auch genannt *Falken Ger* auf einen Felsen und verkündete: «*Ich will hier weg!*»

Es dauert jedoch noch zwei Tage, bis der verdammte Bus fährt.

Vor dem Restaurant treffen wir zwei Polinnen. Sie sind den ganzen Tag an der Strasse gestanden und haben den Daumen rausgehalten, hatten jedoch kein Glück. Sie verstehen das nicht. Niemand wollte sie mitnehmen. *Warum* bloss? Könnte es *möglicherweise* an den diversen Koffern und den zwei riesigen Rucksäcken liegen, die sie mit sich führen? Und auch sonst sind sie von Island eher enttäuscht. *Da ist ja überhaupt nichts los! Das Land ist leer! Weshalb hat man ihnen das nicht gesagt? Sie wollten hier doch Urlaub machen, und jetzt lässt man sie an der Strasse stehen.* Ja, das finden wir auch nicht in Ordnung. – Davon abgesehen sind sie aber eine nette Gesellschaft.

Wir verbringen den Rest der Zeit mit lustlosen Knipsexkursionen und fressen uns durch die Hamburgerkarte. Dann *endlich* die Stunde der Abreise. Die beiden Polinnen sind auch mit von der Partie. Nachdem sie einen weiteren Tag erfolglos an der Strasse gestanden sind, sehen sie noch etwas frustrierter aus als zuvor. Ich denke

nicht, dass sie wieder mal nach Island fliegen werden. Erstaunlicherweise scheinen sie unseren Fahrer zu kennen. Er ist ebenfalls Pole, und die beiden Frauen haben ihn schon eine Woche zuvor getroffen. Allerdings war er da ihr *Kellner*. Es ist beruhigend, einen Allrounder am Steuer zu wissen, jetzt, wo es über die ungeteerten Strassen der Westfjorde geht.

Hoch in die Berge führt die Staubpiste, über die Vegetationsgrenze hinaus. Graue Massen von Fels, Geröllhalden, Steinwüsten, so weit das Auge reicht. Die Österreicherin rechts von mir ist ganz aus dem Häuschen: «*Ach, wie schön, wie wunderwunderschön!*», ruft sie immer wieder entzückt aus. *Mädchen – Hallo!?* Da draussen ist die Ödnis. Ich meine: Interessant, beeindruckend, faszinierend, bizarr – okay! Aber *schön?* Vielleicht für Geologen.

Die Begeisterung meiner Nachbarin vermag jedoch nichts zu trüben. Sie ist der totale *Island-Fan,* und deshalb findet sie hier einfach restlos *alles* unübertrefflich. *Die* schreibt bestimmt Reiseführer.

Fabiola ist etwas wortkarger als gewöhnlich. Sie starrt stumm auf die Strasse vor uns, welche sich durch die Lavafelder schlängelt. Oft geht es auf der einen, manchmal auch auf beiden Seiten steil runter. Es existieren keinerlei Absperrungen oder Leitplanken. Aber keine Panik: Wir haben ja einen *Kellner* als Fahrer!

Man muss jedoch bemerken: Er macht seine Sache gut, und abgesehen davon, dass permanent feiner Staub durch die undichten Fenster dringt, geniessen wir eine angenehme Fahrt.

Wir passieren ein grünes Tal. «*Ach, wie schön, wie wunderwunderschön!*», ekstasiert die Österreicherin, und ausnahmsweise gebe ich ihr mal recht. Wie eine Oase liegt es da in der lebensfeindlichen Umgebung. Ganz hinten steht ein einsames Gehöft. Wie das wohl sein muss, hier aufzuwachsen, fernab von jeglicher Zivilisation?

Eigentlich wollten wir heute bis nach Ísafjörður reisen, der grössten Siedlung der Westfjorde. Fabiola hatte zwar noch ein paar andere Vorschläge, aber ich habe mich durchgesetzt. Ich will nicht schon wieder drei Tage an einem Ort festhängen, wo *nichts* ist. Als wir jedoch *Þingeyri* erreichen, sind wir uns sofort einig: Wir werden hier aussteigen. Das Fischerdorf am *Dýrafjörður* sieht einfach zu einladend aus, um es zu übergehen. «*Kein Problem*», meint der Fahrer, ändert unsere Fahrkarten ab und gräbt unsere Rucksäcke aus dem Anhänger. Weist uns ausserdem darauf hin, dass es hier ein historisches *Wikingerdorf* zu besichtigen gäbe. Klingt doch interessant! Wir winken unseren Polinnen *auf Wiedersehen*, und schon braust der Bus Richtung *Ísafjörður* davon. Gerade am Dorfeingang steht das Simbahöllin *Café,* und Fabiola wird uns da etwas zu trinken bestellen. Ich gehe erst noch in den Tankstellenshop um Zigarettentabak zu besorgen. Den haben wir nämlich in den letzten Tagen schmerzlich vermisst. In *Flókalundur* gab es nur diese schrecklichen dänischen Glimmstängel zu kaufen.

Die Verkäuferin ist mit meinem Anliegen leicht überfordert. Sie weiss zwar, was *Tabak* ist, aber dass es da *verschiedenen* gibt...? Zur Sicherheit verschwindet sie kurz in der Küche und fragt bei ihrer Mutter nach. Danach legt sie mir ein grünes Päckchen auf den Tisch. «*This* is for cigarettes», beteuert sie.

Als ich mir danach im Kaffee eine drehen will, merke ich schnell, dass sie Unrecht hatte. Dieser Tabak ist so grob, da hätte man schon Mühe, ihn in eine Pfeife zu stopfen. Renne also noch mal rüber. Jetzt ist das Mädchen wirklich verunsichert. «*Mamma*», ruft sie verzweifelt in die Küche. Die Mutter erscheint unter dem Türrahmen und beäugt mich wie einen Ladendieb. Ich wollte *Zigarettentabak* haben, erkläre ich, und gekriegt hab' ich einen *Strauch*! Sie nimmt mir die schon geöffnete Packung aus der Hand, klebt sie zu und steckt sie zurück zu den anderen. Dann schlenzt sie mir einen Beutel *Bali Shag* auf die Theke. «**This is for cigarettes**», schnauzt sie. Wie konnte ich nur so blöd sein, etwas anderes zu kaufen!

Jetzt können wir uns eine rollen, gemütlich Kaffee schlürfen und uns Gedanken über unser Nachtquartier machen. In *Þingeyri* existiert ein Camping, doch erst wollen wir versuchen, im *Guest House* unterzukommen. Sollte endlich mal meine Notizen nachbearbeiten. Seit *Vík* hatte ich nämlich keine Gelegenheit mehr dazu.

Wir bestellen noch Kuchen zum Kaffee und stellen dabei fest, dass unsere Bedienung Schweizerin ist. Sie lebt normalerweise in Frankreich und betreibt da ein Tanzstudio. Momentan braucht sie aber eine Auszeit und arbeitet deshalb gegen Kost und Logis im *Simbahöllin Café*. Sie ist ausgesprochen *nett* und sehr interessiert an unserem Projekt. Sie ist *unglaublich nett* und äusserst interessiert! Sie ist überdimensional nett und findet uns *wahnsinnig* interessant! *Sie ist so was von nett* – die Nettigkeit mancher Leute ist beinahe unerträglich. Bevor wir unseren Kuchen aufgegessen haben, erfahren wir schon ihre ganze Lebensgeschichte, inklusive tragischen Details aus dem Liebesleben. Ausserdem kennt sie eine ganze Menge *anderer* interessanter Leute, die wir alle auch kennen lernen sollten. Wow! Brauche jetzt dringend eine Pause und lasse deshalb Fabiola im Kaffeehaus sitzen, um mich um unsere Unterkunft zu kümmern.

Das *Guest House* ist ausgebucht, bis auf ein Zimmer mit Einzelbett. Die Besitzerin weiss nicht so recht, ob sie uns das zumuten kann. Als ich ihr jedoch beteuere, dass wir gewohnt sind, eng beieinander zu schlafen, lenkt sie ein. Reserviere gleich mal für drei Nächte. Vorher hätten wir eh keinen Bus. Das *Hostel* sieht gemütlich aus, verfügt über eine geräumige Küche und einen kleinen Aufenthaltsraum. Ausserdem ist beim Nachbarhaus, in dem die Eigentümerin wohnt, ein moderner Wintergarten angebaut, wo jeweils das Frühstück serviert wird. Genau das brauchen wir jetzt. Hier können wir endlich auch einmal all unsere dreckigen Kleider in die Maschine stopfen. Seit *Seyðisfjörður* haben wir jeweils nur das Nötigste von Hand ausgewaschen, und es ist definitiv Zeit für eine Generalreinigung.

Zurück im Kaffee finde ich Fabiola immer noch im Gespräch mit der Bedienung. Die hat wirklich einiges zu erzählen. Aber wahrscheinlich fühlt sie sich nur etwas einsam. Sie ist ein unglaubliches Sprachtalent, und ich werde fast ein wenig neidisch, als sie aufzählt, *wie viele* Sprachen sie beherrscht. Das würde ich auch gerne können. Mit den Gästen unterhält sie sich bereits in Isländisch. Das hat sie sich in den letzten paar Wochen mal eben so angeeignet. Man hat sie als Kind, so

*Der Goldregen-
pfeifer – sein Ruf ist
unverkennbar.*

berichtet sie, fälschlicherweise für kurze Zeit einer holländischen Kindergartenklasse zugeteilt, und sie selber hat es gar nicht bemerkt. Erst als sie zuhause erzählte, die anderen Kinder würden ein seltsames Schweizerdeutsch sprechen, klärte sich der Irrtum auf. Das ist schon eine Begabung. Und sie übertreibt nicht! Höre in den folgenden Tagen noch mehrmals, wie sie beim Bedienen von Touristen mühelos von einer Sprache in die andere switcht.

Für die Rechnung von *zwei Stück Kuchen* und *zwei Kaffee* benötigt sie dann jedoch *Bleistift, Papier* und einen *Taschenrechner,* und am Ende stimmt der Betrag trotzdem nicht. Es ist beruhigend, dass auch Hochbegabte ihre Schwächen haben.

Þingeyri ist schon was Besonderes. Es gilt als eine der ältesten permanent bewohnten Siedlungen der Westfjorde. Wie es der Name schon vermuten lässt, war es wohl einst eine *Thingstätte,* also ein Ort, wo sich das Volk versammelte, um Gericht zu halten oder andere wichtige Verhandlungen zu führen. Es schmiegt sich an den Fjord wie an eine Geliebte, und bis vor Kurzem war das Meer und seine Ressourcen die wichtigste Einnahmequelle für die Bevölkerung. Vor ein paar Jahren wurde die Fischverarbeitung jedoch nach *Reykjavík* verlegt, und viele Arbeitsplätze gingen verloren. Die Landflucht ist auch sonst ein grosses Problem in Island. Viele junge Menschen zieht es in die Agglomerationen der wenigen grösseren Städte. Die Hauptstadt *Reykjavík* dehnt sich immer mehr aus, während kleine Weiler und Gehöfte veröden. Das harte Dasein von Fischern und Bauern ist nicht mehr jedermanns Sache. Auch junge Isländer wollen ein modernes Leben führen. Þingeyri versucht dagegenzuhalten, indem es den Tourismus forciert. Das Städtchen bietet mehrere Übernachtungsmöglichkeiten, eine Touristeninfo, wo man unter anderem auch Tagesausflüge zu Pferd buchen kann, und eine wunderschöne Umgebung für Wanderungen. Der Camping ist klein, aber zweckmässig, und

> *Lächeln wird auf der ganzen Welt verstanden und ist demzufolge keinesfalls verboten!*

das schon genannte *Simbahöllin Café* eine Wucht! Urgemütlich und pfiffig eingerichtet, natürlich mit freiem WIFI und Kaffee zum Nachfüllen wie beinahe überall in Island.

Zum Teil sind die Bemühungen um mehr Besucher aber auch herrlich naiv. Wir schauen uns das angepriesene Wikingerdorf an und können uns ein Lachen nicht verkneifen. Da steht lediglich *ein* Holzhaus, nach allen Seiten offen und mit Schaffellen behängt, davor eine Feuerstelle und ein paar Festbänke, und das Ganze von einer, allerdings sehr malerischen, Ringmauer umgeben. Fertig! Wikinger*dorf!* Die müssen echt simpel gelebt haben. Das Original-Drachenboot, das im Wasser für Ausflüge bereitliegt, ist hingegen bemerkenswert. Wir sehen es jedoch nie in Aktion. Überhaupt scheint es ein schlechtes Jahr für den Fremdenverkehr zu sein. Unsere Hauswirtin im Guest House rätselt darüber, an was es liegen könnte. Ihrer Meinung nach ist in erster Linie die Fluggesellschaft schuld, die zu wenig Flüge von *Reykjavík* nach Ísafjörður anbietet. Ich bin mir da nicht so sicher. Die Westfjorde, bislang vor allem das bevorzugte Feriengebiet für Einheimische, hätten schon einen gewissen Nachholbedarf an *Know-how* in der Tourismusbranche. Ich würde mit *Benimm*-Kursen für Ladenbesitzer und Restaurationsbetreiber anfangen. Da würde man dann Folgendes lernen: Der ausländische Gast ist *kein* Isländer! Es wäre also von Vorteil, ihn in irgendeiner Form zu begrüssen, wenn er das Lokal betritt. Wir wollen es ja nicht gleich übertreiben und mit einem ‹Hello› anfangen, aber wenigstens ein Kopfnicken oder das Heben einer Augenbraue, damit er merkt, dass man ihn registriert. Wenn er fragt, ob es hier einen bestimmten Artikel zu kaufen gibt, reicht es nicht, einfach ‹Yes› zu sagen und auf seine Reaktion zu warten. Besucht ein Tourist dein Restaurant und setzt sich an einen Tisch, solltest du ihn irgendwann, zumindest aber nach Ablauf einer Viertelstunde, fragen, ob er was zu trinken wünscht. Er weiss in der Regel nämlich nicht, dass man bei dir an der Theke bestellt, und wundert sich, warum du da stehst und ihn nicht beachtest, obwohl er der einzige Gast ist. Der Frage, ob er vielleicht den Schlüssel zur Toilette haben könnte, sollte man möglichst nicht nur mit ‹It's closed!› begegnen. Wenn ein Kunde Kaffee trinken möchte und er sich erkundigt, ob da noch Tassen sind, ist ‹No› nicht die erschöpfende Antwort, die er erwartet. Lächeln wird auf der ganzen Welt verstanden und ist demzufolge keinesfalls verboten! Auch wenn dies eine ungewohnte Mimik ist: Üben, üben, üben! Und *last but not least:* Der Tourist soll Geld in dein Land bringen! ‹Take it or leave it› mag zu Zeiten *Svein Gabelbarts* die richtige Verhandlungstaktik gewesen sein, im heutigen Fremdenverkehrs-Business ist sie eher kontraproduktiv.

Unsere Hausmutter ist da aber schon ein ganzes Stück weiter. Sie tut alles, damit sich ihre Gäste wohl fühlen, und nötigt uns schon beinahe, anderntags ein frei gewordenes Doppelzimmer zum gleichen Preis zu beziehen. Es ist ihr unerträglich, dass wir zu zweit in einem Einzelbett schlafen sollen.

Sie hat grosse Pläne für die Zukunft, möchte in ihrem leer stehenden Elternhaus ein zweites *Guest House* einrichten und in einer ehemaligen Lagerhalle am Meer ein Feriendomizil für Künstler. *Autoren* und *Maler* sollen hier Musse finden, an ihren Werken zu arbeiten. Tolle Idee! Die Aussicht wäre fantastisch und bestimmt inspirierend. Zudem findet man in Þingeyri alle Ruhe, die man braucht, um kreativ zu sein.

Ruhe und Stille – davon hat Þingeyri wirklich eine Menge zu bieten. Oft sitzt man da, blickt in die Landschaft und denkt: ‹Ist das jetzt das Paradies oder der Arsch der Welt?› Das offensichtliche *Passieren von gar nichts* scheint nicht nur uns zu behelligen. Allabendlich beobachten wir einen jungen Mann, der seine Motocross-Maschine mit Vollgas über die enge Strasse dem Fjord entlangjagt. Nach ein paar Minuten ist er dann jeweils zurück. Freizeitbeschäftigung auf Þingeyrianisch. In puncto Tierfotografie geniessen wir auch nicht gerade ein *Aha*-Erlebnis. Die Vögel, bisher in Island gar nicht scheu, flüchten bereits panisch, wenn wir ihnen nur schon auf hundert Meter nahe kommen. Als wir auf unseren Erkundungsgängen immer wieder leere Patronenhülsen finden, dämmert uns allmählich, wieso. In den Westfjorden wird beinahe alles gejagt, was zwei Flügel hat, und landet in den Kochtöpfen. Alpen-

schneehuhn gilt hierzulande als Delikatesse und ist das übliche Weihnachtsgericht. Kein Wunder also, nehmen die Piepmatze reissaus. Von Polarfüchsen schon gar nicht zu reden. Da sie sich schon mal ein Huhn oder ein neugeborenes Schäflein holen, werden sie in den meisten Teilen des Landes immer noch kategorisch abgeschossen. Es sind vor allem die Bauern, welche die putzigen Vierbeiner als Konkurrenten fürchten. Da kommt mir doch der Schweizer Werbeslogan in den Sinn: ‹Bauern schützen die Natur!› Na, ja..!

Fabiola streift durch die wilde Umgebung, während ich mich zu Hause mit meinem Geschreibsel abmühe, und kommt am Abend durchgefroren und frustriert zurück. So lange auf der Lauer und beinahe nichts Brauchbares festgehalten! Also machen wir uns nachts nochmals auf und folgen der Strasse Richtung Dorfausgang. Hier hat man Ausblick auf die offene See. Auch diesmal sehen wir nicht viele Vögel. Aber das Lichtspiel, als gegen Mitternacht die Sonne hinter den fernen Gestaden verschwindet, ist Entschädigung genug. Was für Farben, welche Intensität. Der Himmel in Manganblau, Zartrosa, Leuchtendorange und das Wasser flüssiges Gold! Ein wahrer *Augenschmaus.*

Aber mit Tieren ist uns das Glück weiterhin nicht hold. Klagen unser Leid der Guest House-Besitzerin. Sie reagiert prompt. Leute die in Þingeyri nicht finden, was sie wollen: Das *soll es nicht geben.* Am nächsten Tag bietet sie an, uns in ein nahe gelegenes Tal zu fahren, wo wir ihrer Aussage nach viele Vögel beobachten können. Nehmen wir natürlich gerne an. Unterwegs preist sie die Vorzüge der Westfjorde. Ihrer Meinung nach wird die Attraktivität dieses Gebiets allgemein unterschätzt. Alle würden von den Vulkanen und den heissen Quellen reden, klagt sie. Dabei sei die Landschaft hier unübertrefflich. *Die* hätten ihre *Hot Pots* – aber *sie* hätten die Schönheit der Natur. «So beautiful», ruft sie eins ums andere mal verzückt. Eigentlich ruft sie ‹Piuuuudifull›. «*What a piuuuudifull landscape! What a piuuuudifull view! What a piuuuudifull house!* » Sie überschlägt sich förmlich. Einzig die Lupinenfelder, damit kann sie nichts anfangen. Dass man diese hier so grossflächig angesät hat, passt ihr gar

Elf Uhr in der Nacht.
Lichtspiele in den
Westfjorden.

nicht. Ihrer Meinung nach verdrängen sie die ursprüngliche Flora. Es gäbe eine solche Artenvielfalt, und es wäre einfach unverantwortlich, dies ausser Acht zu lassen. «*Look there! How piuuuudifull!*» Da, wo sie hinzeigt, entdecken wir aber nur ein graues Geröllfeld. Aber sie hat natürlich Recht: Es ist schon schade, wenn all die einheimischen Blumen, Flechten und Gräser von Lupinen überwuchert werden. Die violette Pracht ist zwar schön anzusehen, sollte aber trotzdem in Schach gehalten werden, um die fragile Ökologie Islands nicht zu gefährden.

Das Tal, wo uns die Hausmutter absetzt, ist wirklich ‹*piuuuudifull*›. Umringt von Bergen, auf deren Spitzen noch Schnee liegt, ein Flüsschen bahnt sich seinen Weg durch saftige Wiesen, und sogar ein Wäldchen ist da und zwar ein *richtiges!* Nicht einfach ein paar verkümmerte Birken oder Platzangst-gefährdete Fichten. Ein Mischwald mit Laub- und Nadelgehölz, weichmoosigen Wegen und farnbewachsenen Lichtungen. Überall

liegen Hasenköttel verstreut, sehen werden wir die Langohren aber trotzdem nicht. Am anderen Ufer des Baches grast eine Pferdeherde. Keine echten Wildpferde, sondern ausgewilderte Islandponys. Vor ein paar Jahren ist ein Farmer gestorben und hat diese Tiere hinterlassen. Da sie niemand wollte, hat man sie kurzentschlossen frei gelassen. Seither streifen sie durch die Täler. Aber dies könnte schon bald ein Ende haben. Die Bauern fürchten, sie könnten zu viel Gras wegfressen und es würde nicht genug für die Schafe übrig bleiben. Häh? Aber hier gibt es doch weit und breit nichts anderes als Gras, und das Gebiet ist riesengross! Bauern schützen die Natur – *auch vor der Natur!*

Ganz hinten im Tal ergiesst sich ein Wasserfall mit lautem Getöse über riesige Felsbrocken. Das Wasser ist eiskalt und glasklar. Während ich da so zwischen den Steinen rumturne, komme ich in eine eigentümliche Stimmung. Fühle mich ein wenig wie *der Mann aus den Bergen.* Gebt mir eine Blockhütte, einen Bären und einen zahmen Indianer, und ich bleibe für immer hier.

Fabiola versucht unterdessen, die Pferde zu fotografieren. Die Tiere sind etwas weit weg, aber das ist nicht das Problem. Sie würde auch gerne ein schönes Fernbild mit Pferdeherde machen. Aber da ist dieser *Wind!* Man könnte meinen, er kommt von allen Seiten, oder nein – er *kommt* von allen Seiten, glaubt es oder nicht. Wo wir uns auch dahinterstellen, bläst er uns in den Nacken, zwackt in die Ohren und rupft an unserer Kleidung. Zudem ist das Licht heute unisländisch fade. Die Fotos sehen schon auf dem kleinen Display scheisse aus und werden später auf dem Computerbildschirm auch nicht besser.

Weiter unten im Tal, wo der Fluss in den Fjord fliesst, sollen im Winter sogar Seeadler nach Eiderenten jagen, die auf dem zugefrorenen Wasser buchstäblich festkleben. Das wäre ein Bild geworden: Seeadler schnappt sich angefrorene Ente! Aber es ist nicht Winter, wenn auch der Wind gerne den Eindruck erwecken würde. Fabiola ist leicht genervt. Schon wieder nichts Verwertbares im Kasten. Sie knipst missmutig ein paar junge Steinschmätzer, die auf einem Geröllfeld Flugübungen veranstalten. Erst viel später, als wir schon wieder in der Schweiz sind, bemerken wir, dass da einige gute Bilder darunter sind.

Im Moment sehen wir aber nicht viel Gutes! Eine Schar Singschwäne planscht am nahen Fjordufer, und ich schlage vor, da runterzusteigen und sie anzupirschen. Fabiola will nicht. «*Die fliegen eh gleich wieder weg*», meint sie. Ach, dann *leck mich doch!* Hab's ja nur gut gemeint! Andererseits hat sie vielleicht Recht. Mühsam durch dieses steinige Gebiet zu kriechen, nur um ein paar Singschwan-Ärschen beim Entschwinden zuzusehen, auch nicht das Gelbe vom Ei. Irgendwie finden wir Fotografieren blöd. Und dieses endlose Durchs-Tal-Latschen finden wir auch blöd. Und uns – uns finden wir überhaupt blöd. Laufen durch die Welt und suchen Vögel. Wie viel blöder kann man denn sein? Ger Falke und Fabiola Hope – wohl eher Ger Pfeife und Fabiola Dope! Zu viel *Gras* reingezogen – *Verstand* verloren – *Vögel* suchen gegangen. Fabiola findet sich selber auch doof, aber schuld daran bin eigentlich

ich mit meinem ständigen Genöle! Na, und *wer* mäkelt jetzt hier seit drei Stunden rum? Soll sie mir doch gestohlen bleiben! So sexy sieht sie heute auch nicht aus, in ihrer *Jack Wolfskin*-Männerjacke und ihren Riesenarsch-Outdoorhosen!

Wir passieren ein verlassenes Gehöft. Gleich daneben findet sich der kleine Friedhof, wo auch der letzte Besitzer begraben liegt. Seine Kinder sind in die Stadt gezogen. *Recht haben sie!* Hätten wir auch gemacht!

Als wir die Strasse erreichen, brauchen wir zum Glück nicht weit zu laufen. Eine freundliche deutsche Familie nimmt uns im Wohnmobil mit bis nach Þingeyri. So sind wir wenigstens noch früh genug zurück, um im *Simbahöllin* ein Bier zu kriegen.

Im *Guest House* erwartet uns schon die Besitzerin und will wissen, wie es denn gewesen sei. «*Piuuuudifull*», sagen wir. «*Very, very piuuuudifull*»!

Am nächsten Tag verlängern wir unseren Aufenthalt trotzdem um drei Tage. Wir wollen uns noch nicht geschlagen geben, und das *Guest House* ist günstig und gemütlich. Allerdings gibt es ein paar Veränderungen. Eine isländische Familie, komplett mit Kindern und Grosseltern, ist eingezogen und beansprucht den unteren Stock für sich. Sie bräuchten Privatsphäre, teilt man uns mit. Wir müssen zum Kochen aufs Nebenhaus ausweichen. Stört uns nicht, wir sind ja sowieso meist draussen unterwegs. Die Leute sind aber schon etwas seltsam. Soweit wir das beurteilen können, sitzen sie den ganzen Tag im Haus. Jedenfalls begegnen wir ihnen nie draussen, auch nicht den Kindern. Ab und zu steht eines der Familienmitglieder im Türrahmen und glotzt uns unverblümt an, ohne auch nur im Geringsten auf unser Grüssen zu reagieren. Die Grossmutter würde bei *Hänsel und Gretel* eine posttraumatische Störung auslösen, und der Opa erinnert ein wenig an Herbert Monster. Echt gruselig! Die *Adam's Family* auf Urlaub!

Als sich am Abend ein tschechisches Paar auf der Suche nach der Dusche in den unteren Stock verirrt, provoziert das ein mittleres Drama. Am nächsten Tag hängt ein Schild an der Korridortür: *Stop! Privat Family!* Keine Angst. Wir werden uns bestimmt nicht freiwillig da runterwagen!

Nach dem Gewitter von gestern ist die Elektrizität um uns wieder etwas verpufft, und wir haben echten Spass zusammen. Mehr Fotos schiessen wir trotzdem nicht. Aber Þingeyri ist schön, einfach schön - *piuuuudifull!* Wir geniessen die einzigartige Natur, die unglaublich saubere Luft und den salzigen Geruch des Meeres. Ab und zu kommt sogar ein Vogel vorbei, und Fabiola knipst ihn eher beiläufig, aber egal! Wir sind im Þingeyri-Mood! Warum nicht einfach rumhängen und der Welt da draussen den Stinkefinger zeigen? Wir sind auf einer grünen, beschaulichen Insel, umspült von den endlosen Weiten der Westfjorde. Was kümmert uns der Rest?

Da unser nächstes Reiseziel wohl *Isafjördur* sein wird, kommt es uns gerade recht, als uns die *Guest House*-Leiterin fragt, ob wir sie auf eine *Shoppingtour* dahin begleiten möchten. Der Tankstellenshop in Þingeyri bietet zwar eine grosse Auswahl an Lebensmitteln und sonstigen Waren, aber für einige Dinge bleibt den Leuten nichts anderes übrig, als in den Hauptort zu fahren. Die Hausmutter wird drei Stunden brauchen, um ihre Besorgungen zu machen, und wir können in dieser Zeit die Stadt auskundschaften.

Während der Fahrt erzählt unsere Chauffeurin von den Problemen, unter denen die Isländer seit der Finanzkrise zu leiden haben. Viele Menschen haben ihr ganzes Vermögen verloren. Banken haben elegant Insolvenz angemeldet, und das angelegte Geld war futsch. Betriebe gingen pleite und Arbeitsplätze verloren. Der Staat hat die Notbremse gezogen und spart an den unmöglichsten Orten. So wurde zum Beispiel das Altersheim in Þingeyri ganz einfach über die Sommermonate geschlossen. Die Pflegebedürftigen wurden nach Ísafjörður verlegt, und die anderen mussten selber schauen, wo sie so lange unterkommen. Man stelle sich dies mal vor: «Hey, sorry, Leute. *Wir müssen Personalkosten sparen. Euer Zuhause wird vorübergehend geschlossen. Geht so lange woanders wohnen – im Herbst könnt ihr zurückkommen.»*

«*Das ist nicht in Ordnung*», schüttelt unsere Fahrerin den Kopf, und sie hat Recht. Man sollte seine Alten nicht so behandeln. Auch Autofahren wird immer mehr zum Luxus in Island. Autos sind unglaublich teuer! Beinahe ihr ganzes Vermögen sei für ihren Geländewagen draufgegangen, klagt die Hausmutter. Aber er war es wert! Sie brauchen dieses Auto! Und das ist verständlich: Bei den hiesigen Strassenverhältnissen kommt man um einen *Offroader* gar nicht rum. Früher betrieb sie zusammen mit ihrem Mann noch ein Busunternehmen, aber auch das ist unterdessen Pleite gegangen. Doch es wird schon irgendwie weitergehen, meint sie zuversichtlich. Man darf nur nicht aufgeben!

Zum Glück sind Isländer innovativ! Überall findet man Klein- und Kleinstlokale, die irgendwas zum Verkauf anbieten und wenn es nur Suppe oder Kaffee ist. Beim Einrichten ihrer Geschäfte sind sie äusserst kreativ. Hat man keine Treppe, werden halt ein paar Palette übereinandergeschichtet. Stühle brauchen nicht neu zu sein oder gleich auszusehen, solange man sich drauf setzen kann, und wenn man nicht über eine Kasse verfügt, reicht zur Not auch Papier, Bleistift und eine Büchse. Sie haben sich so lange in dieser rauen Umgebung behauptet, sie werden auch die Finanzkrise überstehen!

Als wir Ísafjörður schliesslich erreichen, zeigt sich uns schon mal die erste Schwierigkeit: Der Zeltplatz liegt ziemlich weit vom Zentrum entfernt. Nicht ideal, wenn man zu Fuss unterwegs ist. Jedenfalls ist das unsere Ausrede. Es würde schon gehen, und ausserdem stellen wir später fest, das es innerhalb der Stadt noch einen zweiten gibt. Momentan sind wir jedoch etwas demotiviert, man könnte auch sagen *faul*. Die fotografische Erfolglosigkeit der letzten zwei Wochen hat eindeutig an unserem Enthusiasmus gezehrt. Man mag uns für Schwächlinge halten, aber zu unserer Verteidigung möchte ich doch sagen: Jeden Tag viele Kilometer laufen, frieren, beobachten, aus dem Rucksack leben, höchstes der Gefühle ein Fastfood vom Tankstellenshop und ein teures Bier in irgendeiner Kneipe – das kann einem schon irgendwann auf die Eier gehen. Aber natürlich: Wir haben uns das selber ausgesucht! Es geht nur darum, dass ihr unsere Gemütslage nachvollziehen könnt.

Wir würden viel darum geben, abends mal wieder gemütlich in unserem Wohnzimmer zu sitzen, uns nicht anziehen zu brauchen, bevor wir morgens zur Toilette gehen, oder uns in unserer eigenen Küche etwas Schmackhaftes zu kochen. Darum, *und* weil wir tief in unserem Inneren, ganz hinten in der letzten Ecke, wo niemand hinschauen kann, eben doch *bequeme, dekadente Säcke* sind, entscheiden wir uns, im *Guest House* ein Zimmer zu reservieren. Obwohl – es haut uns fast um, als uns die Dame von der Touristeninfo die Preise nennt: Fast das Dreifache wie in Þingeyri! Diese Summe verstösst eindeutig gegen unsere Vorsätze. So viel wollten wir prinzipiell nicht für eine Übernachtung ausgeben… *Scheiss, auf die Prinzipien!* Gehen uns gleich mal vorstellen und bezahlen im Voraus. Versuche noch, mit dem Besitzer über den Preis zu verhandeln, da wir ja für eine Woche reservieren, aber er schüttelt nur lächelnd den Kopf. «*Ich bin so oder so ausgebucht*», meint er und breitet zur Bestätigung seiner Unschuld die Hände aus. Das war das Netteste: ‹*Leck mich am Arsch, ich brauch dich nicht*›, das ich je gekriegt habe.

Wir bummeln noch etwas durch die Stadt. *Ísafjörður* hat so ein wenig Ferienortcharakter. Es gibt eine Einkaufsstrasse mit Bäckerei, Büchershop und Souvenirladen, diverse Bars und Restaurants, und natürlich darf auch die Fastfood-Bude nicht fehlen. Der kleine Hafen, an dem auch immer wieder Kreuzfahrtschiffe anlegen, spielt eine zentrale Rolle im Stadtleben, und auf der anderen Seite des Fjords sieht man die kurze Rollbahn des Flughafens. Können die da wirklich landen und starten?

Wir besorgen noch ein paar Lebensmittel, trinken was im *Bræðraborg Café* und sind zeitig am vereinbarten Treffpunkt. Die *Guest House-Lady* kommt pünktlich, und es geht zurück nach *Þingeyri*. Erst dreht sie jedoch noch eine Runde durch die Stadt und zeigt uns einige Sehenswürdigkeiten. Piuuuudifull!!

Uns bleiben noch zwei Tage in *Þingeyri*. Die meiste Zeit verbringen wir mit erfolglosen Exkursionen und Aufwärmphasen im *Simbahöllin Café*. Treffen auch immer wieder die Schweizer Bedienung. Sie ist immer noch nett, aber in erträglichem Masse. Möglicherweise lag es ja auch an uns. Wir haben in den letzten Monaten so

Kleiner Steinschmätzer auf Erkundungstour.

viele neue Leute kennen gelernt, und das ist gar nicht immer so einfach. Die Menschen sind so verschieden, dass man hin und wieder etwas Zeit braucht, um sich auf neue Typen einzustellen.

In der Gaststube sitzen noch andere Schweizer. Sie sind mit einer Reisegruppe unterwegs. Eine Bustour mit straffem Programm und engem Zeitplan. Sie sind schon fast ein wenig neidisch, als wir ihnen von unserem ‹Go-wild›-Projekt erzählen. Vor allem aber sind sie begeistert, dass wir Schweizer sind. Ihr isländischer Reiseleiter behauptet nämlich immer, Schweizer wären nicht abenteuerlustig, und für sie beweisen wir das Gegenteil. Er ist jedoch nicht sonderlich beeindruckt, als sie ihm von uns erzählen, und hat für ihre Erläuterungen nur ein abschätziges Lächeln übrig. «*Wisst ihr was*», ruft eine der Frauen aus. «*Wir checken hier jetzt einfach aus und reisen nach eigenem Gutdünken weiter. Go wild!*» Und sie reckt kampfeslustig die Faust in die Höhe. Der Anflug von Rebellion ist aber bald wieder verschwunden, und zehn Minuten später steigen sie brav in den Bus und fahren los. Halt eben doch *Schweizer!*

Am Sonntagabend stehen wir schliesslich beim Tankstellenshop und warten auf den Bus. Es gab heute einen Temperatursturz auf knapp über null Grad. Wir frieren uns den Arsch ab. Mit uns schlottert ein junges Paar, ebenfalls Schweizer. Da muss irgendwo ein Nest sein!

Schliesslich fährt der übliche graue *Luna*-Wagen auf den Vorplatz, und wir können in den warmen Bus steigen. Ab nach Ísafjörður!

Im Litla Gistihúsið erwartet uns schon der Besitzer und begrüsst uns mit Vornamen. Sehr zuvorkommend! Das Zimmer ist sauber, das Bett weiss bezogen, und wir haben unsere eigene, separate Toilette. Da schmerzt der hohe Preis schon etwas weniger! Ausserdem hängt ein kleines Fernsehgerät an der Wand. Seit den Färöer-Inseln hatten wir keine Gelegenheit mehr, TV zu glotzen. Müssen wir natürlich gleich ausprobieren. Allerdings empfängt das Gerät nur einen Sender, und zwar den isländischen. Schauen trotzdem eine halbe Stunde rein, wenn wir auch kein Wort verstehen. Es läuft eine *Quizshow*, und wir amüsieren uns über die Kulisse. Vor langer, *langer* Zeit, als wir noch Kinder waren, da hat Fernsehen *in etwa so* ausgesehen. Überhaupt haben wir schon oftmals gestaunt: In einigen Dingen zeigt sich Island topmodern, und in anderen scheint es dreissig Jahre hinterherzuhinken. Die Musik, die wir jeweils in Restaurants und Kaffees zu hören kriegen, stammt vornehmlich aus den Achtzigern.

Als wir am nächsten Tag erwachen, fühlen wir uns entspannt und ausgeruht und würden am liebsten noch ein, zwei Stündchen in dem luxuriösen Bett liegen bleiben. Aber wir sind ja nicht zum Schlafen hierher gekommen. Die Wildnis ruft! Erst brauchen wir aber einen Kaffee. Im Korridor treffen wir den Hausvater. Er ist wirklich äusserst gastfreundlich und dazu ein witziger Kerl. Wir werden in den nächsten Tagen noch oft mit ihm lachen. Eigentlich ist er ausgebildeter Poolbauer, bestimmt der Einzige in Island. Die Wintermonate verbringt er jeweils in Florida, wo er dieses Handwerk gelernt hat. Das erklärt auch den geschmackvoll ausgestatteten Baderaum im oberen Stock. Es ist die am luxuriösesten ausgebaute Nasszelle, der wir auf unserer Reise begegnet sind.

Hal, so heisst der Besitzer, ist passionierter Jäger und Fischer. Er hat ein fundiertes Wissen über die Flora und Fauna Islands und ist gerne in der Einsamkeit unterwegs. Es ist interessant, ihm zuzuhören. Ausserdem hat er eine Ader für schwarzen Humor. Als ihm letzte Woche eine Touristin berichtete, wie gerne sie mal einen Papageitaucher sehen würde, antwortete er lakonisch, er hätte noch zwei in der Tiefkühltruhe. Sie fand das *nicht* lustig! Noch weniger hätte sie wohl gelacht, hätte sie gewusst, dass da tatsächlich welche liegen.

Wir fragen ihn, wo wir am ehesten Vögel finden. «*Vögel*», fragt er. «*Ja, wisst ihr – das ist so eine Sache. Die sind mal hier und mal da. Die fliegen nämlich!*» Er muss uns für komplette Idioten halten. Fabiola zeigt ihm zur Erklärung ein paar ihrer Fotos. Darauf beschreibt er uns den Weg zu einem Bach ausserhalb der Stadt, wo wir vielleicht Glück haben könnten.

Ísafjörður wirkt noch recht verschlafen an diesem Morgen. Nur wenige Leute sind auf den nassen Strassen unterwegs. In der Nacht hat es geregnet, und der Himmel zeigt sich immer noch grau. Im *Gamla Bakaríið* schlürfen wir unseren zweiten Kaffee, dann geht's los.

Wir finden den genannten Bach schon bald. Er fliesst ungehindert und frei durch üppiges Grasland, und die Szenerie ist wunderschön, *aber...* und schon wieder ein *Aber*. Es ist unglaublich, was für einen Unterschied diese vier Buchstaben in unserem Leben machen können. Sage ich zum Beispiel: «*Ich liebe meine Frau – ich habe eine Freundin*», dann ist das eine zärtliche Liebeserklärung. Verkünde ich jedoch: «*Ich liebe meine Frau, **aber** ich habe eine Freundin*»... na, ihr hört es ja selber. Diesmal besteht das *Aber* aus der

128

Warten auf Action –
Rotdrossel

praktischen Nichtexistenz von lebenden Wesen. Einzig ein Odinshühnchen dreht einsam seine Runden in einem ruhigen Seitenarm. So oft wurde es bestimmt noch nie fotografiert. Dreihundert Odinshühnchenfotos später beschliessen wir, den Standort zu wechseln.

Unten am Ufer des Fjords sieht es jedoch nicht viel besser aus. Hocken da auch Dutzende von Möwen auf den algenbewachsenen Steinen, wir kommen nicht an sie ran. Zu übersichtlich ist das

Dankbares Fotomodel - Odinshühnchen

Gelände, und wann immer wir uns ihnen nähern, fliegen die Viecher kreischend auf und lassen sich hundert Meter entfernt wieder nieder. Wir versuchen es mit unserer altbewährten Taktik, setzen uns einfach hin und warten ab. Unglücklicherweise scheint dies auch die Taktik der Möwen zu sein.

Wir bleiben noch bis ans Ende der zweiten Tafel Schokolade und machen uns dann auf den Rückweg. Nicht sehr ermutigend für den Anfang.

Nach einem schweigend verzehrten Teller Spaghetti hauen wir uns vor den Fernseher. Heute zeigen sie Olympiade, da braucht man nichts zu verstehen.

Neuer Tag, neues Glück. Mit dem Bus fahren wir zum Eingang eines abgelegenen Tals. Wir wollen ganz bis nach hinten zum Wasserfall. Der Weg führt durch eine Pferdekoppel. An die zehn Tiere stehen auf dem steinigen Pfad und beschnuppern uns neugierig. Aber sie sind freundlich und lassen uns problemlos passieren. Wir folgen der Wanderroute, die uns erst geradeaus und dann steil nach oben führt, vorbei an rutschigen Berghängen und mitten durch kleine Wasserläufe. Das Wetter zeigt sich nicht gerade hochsommerlich, aber angenehm warm, und hin und wieder blinzelt sogar die Sonne durch die weisse Wolkendecke.

Sehe ganz oben auf einem Bergkamm Bewegung und freue mich schon, etwas entdeckt zu haben. Doch es sind bloss Schafe, die da seelenruhig am Abgrund grasen.

Am Wasserfall angekommen, legen wir uns auf die Lauer. Rings um das Gewässer wächst eine üppige Vegetation. Gräser mit prallen Fruchtständen, Moose, die blühen, und sogar Beeren reifen in der Wiese. Hier *muss* es doch einfach Vögel geben! *Fehlanzeige!* Die wenigen jungen Rotdrosseln, die wir beobachten, halten sich permanent an der gegenüberliegenden Seite des Flusses auf, viel zu weit weg für die Kamera. Obwohl wir gut positioniert sind und uns ganz ruhig verhalten, kommen sie kein Stück näher. Der Fluch, der uns seit *Flókalundur* begleitet, scheint uns auch an diesen gottverlassenen Ort gefolgt zu sein. *Hrafna Flóki* hat seine Raben ausgesandt, um allen anderen Vögeln zuzuflüstern, sich von uns fernzuhalten. Einen kurzen Moment glauben wir, dass das Glück uns wieder hold ist, denn ein Falke taucht auf und macht Jagd auf die Jungvögel im Gras. Fabiola erwischt ihn sogar im Flug, aber er war noch nicht nahe genug. Trotzdem sind wir jetzt wieder voller Hoffnung und warten gespannt, ob er zurückkommt. Warten und warten und warten vergebens.

Wir sind enttäuscht, und wenn man enttäuscht ist, sucht man nach einem Schuldigen! Wer würde sich dazu besser eignen als der Partner, der immer in Reichweite ist? Ich habe ein paar Probleme mit meiner Kamera und bitte Fabiola um Hilfe. Zugegeben, ich bin etwas schwer von Begriff. Aber mich deshalb als *hoffnungslosen Fall* zu bezeichnen, geht dann doch ein wenig zu weit. Mein Sternzeichen ist Löwe. Tritt niemals einem Löwen auf den Schwanz, das kann gefährlich werden! Der ganze Frust der letzten Tage steigt in mir hoch und bricht mit einem gewaltigen Brüllen aus mir heraus. Doch Fabiola ist Fisch – sie taucht einfach unter und lässt meinen Anfall ungerührt über sich hinwegziehen. Aber so billig soll sie mir heute nicht davonkommen! Ich schlage aufs Wasser, bis sie schliesslich auftaucht. Keine gute Idee! Ich hab' vielleicht mit einem wütenden Karpfen gerechnet, aber da kommt ein Hai!

Wir dachten, wir hätten schon in Þingeyri die Talsohle unserer Gemütslage erreicht, doch hier, an diesem herrlich grünen Ort, sind wir nahe daran, unsere ganz persönliche Island-Saga zu schreiben: ‹Am Fusse dieses Berges erschlug Fabiola Hopesdóttir Ger Falkensson mit einem Lavastein und spiesste seinen Kopf auf ihr Stativ!›

Auf dem Rückweg bleiben wir auf Distanz. Erst als wir einen Wasserlauf erreichen und ich Fabiola drüberhelfen muss, verringert sich der Abstand kurzzeitig. *Dafür* bin ich wieder gut genug!

Im *Guest House* wird die Situation nicht besser. Es ist nicht ideal, auf einen Raum beschränkt zu sein, wenn der Haussegen schief hängt. Vergeblich versuchen wir, uns auf den zwölf Quadratmetern aus dem Weg zu gehen. Wir haben eine ganze Menge Geschirr zerschlagen, und bei jeder Annäherung treten wir auf die Scherben. Und das jetzt, wo wir so ein schönes, bequemes Bett hätten!

Gehen also nochmals los und suchen Vergessen in zwei Whisky-Cola. Hilft nicht wirklich, aber macht etwas gleichgültiger.

Ísafjörður droht immer mehr zu einem Schuss in den Ofen zu werden. Diesmal sind wir aber teilweise selber schuld daran. Wir haben uns im Vorfeld einfach zu wenig genau informiert! Die Wassertaxis, die wir hier zu finden glaubten, sind bei nochmaligem Nachlesen nicht *in*, sondern *in der Nähe von* Ísafjörður stationiert, was so viel heisst wie *viele Kilometer entfernt*. Ein Bus fährt nicht dahin, und zum Laufen ist es zu weit. Einzig die Boote nach *Vigur* und *Hornstrandir* laufen vom hiesigen Hafen aus.

Hornstrandir stand eigentlich fest auf unserem Programm. Es gilt als einer der wildesten und beeindruckendsten Teile Islands. Wir hatten gehofft, da endlich Polarfüchse vor die Linse zu kriegen. Allerdings ist es nur mit dem Schiff zu erreichen und praktisch unbesiedelt. Man ist also völlig auf sich selber gestellt, bis einen ein Boot zum vereinbarten Zeitpunkt wieder abholt. Es scheint uns nicht das richtige Timing zu sein. Noch mehr traute Zweisamkeit – nicht wirklich das, was wir uns momentan wünschen. Wir entscheiden also, *Hornstrandir* vorerst auszulassen, auch weil wir glauben, dass wir es immer noch später von *Hólmavík* aus besuchen können. Was wir nicht wissen, ist, dass diese Linie vor einem Jahr eingestellt wurde. So machen wir unbewusst den grössten Fehler unserer Reise, womit wieder einmal bewiesen wäre, dass sich Streiten nicht auszahlt. *Hornstrandir* wäre bestimmt cool gewesen.

Vigur ist eine kleine Insel, im Fjord vor *Ísafjörður* gelegen und ideal für einen Tagestrip. Um die fünfundvierzig Minuten dauert die Fahrt zu dem als Vogelparadies bekannten Eiland.

Ein Ausflug dahin würde sich wohl lohnen, allein der *Ablauf* der angebotenen Reise entspricht nicht unseren Vorstellungen. Drei viertel Stunden hin, danach eine Stunde geführt um die Insel rennen, Kaffee und Kuchen reinstopfen und drei viertel Stunden zurück. Wie sollen wir da fotografieren? Erkundigen uns am Schalter der Reisegesellschaft, ob es vielleicht eine andere Möglichkeit gäbe, die Insel zu erkunden. Die isländische Angestellte ist überfragt und verweist uns an ihre deutsche Kollegin. Trage unser Anliegen vor, erkläre, dass wir auf Fototour für ein Buch und sehr daran interessiert wären, auf *Vigur* einige Stunden zu verbringen, eventuell auch zu übernachten. «Aha», rümpft sie die Nase. «*Und was haben wir von Westtours davon?*» Äääh…? Wir bezahlen? Ich meine: Was will sie damit sagen: *Was haben wir davon?* Die Fahrt ist scheissteuer, und für die Übernachtung würde man uns ja bestimmt auch etwas verrechnen. Versichere ihr schliesslich, dass wir den Namen ihrer Gesellschaft bestimmt in unserem Buch erwähnen werden, und dieses Versprechen löse ich hiermit ein.

Die Firma heisst *Westtours – Westtours*, das ist der Name der Firma, wo wir so zuvorkommend behandelt wurden. *Westtours!*

Viel bekommen wir jedoch nicht für unsere Werbung. Übernachten ist nicht möglich, wir können also nur die übliche Fahrt mitmachen. Immerhin erhalten wir die Erlaubnis uns während der Stunde, wo die anderen im Kreis geführt werden, frei auf der Insel zu bewegen. Na, wenigstens dies. Danke *Westtours!*

Am nächsten Vormittag sind wir schon früh beim Schiff. Wir setzen uns draussen hin, in der Hoffnung, dass wir hier eine Zigarette rauchen können. Nach und nach steigen andere Passagiere zu. Schon bald wird klar, dass wir unsere Sucht noch etwas im Zaum halten müssen. Es wird eng auf dem kleinen Boot. Immer mehr Leute tauchen auf, und ich wundere mich, dass das Schiff trotzdem über Wasser bleibt. Ich bin eingequetscht zwischen einem turtelnden chinesischen Liebespaar und einem Vogelverrückten, der schon jetzt ständig mit dem Fernglas in alle Richtungen peilt und dabei meinem Kopf gefährlich nahe kommt. Auch Fabiola steckt bewegungsuntauglich zwischen einer Mutter und ihren drei lebhaften Kleinkindern. Eine gebrechliche Oma soll ebenfalls mit auf die Insel, hat aber einige Mühe, mit der Gehhilfe über die Reling zu klettern. Zum Glück ist da die nette Stewardess, die ihr hilft, denn die Familie sitzt bereits gemütlich im Trockenen.

Noch ein paar Spätankommer, man würde es nicht glauben, wie viele Leute so ein Boot fasst, und es geht los. Lehne mich in Richtung *Liebende*, die sind eh mit Fummeln beschäftigt und merken nichts. Das Fernglas neben mir hat nämlich eine Schar *Puffins* entdeckt und schwenkt aufgeregt hin und her.

‹Eine Schifffahrt, die ist lustig› sagt der Volksmund. Na, wie man's nimmt. Diese fühlt sich jedenfalls so an, als wäre man zur *Rushhour* in der *Londoner Tube* bei Wellengang. Die Aussicht wäre bestimmt schön, wenn ich denn den Kopf drehen könnte, und Fabiola hat sowieso nur die Kabine vor der Nase. Es ist kalt auf dem Meer. Die Oma, die es nicht bis nach drin geschafft hat, sieht schon reichlich durchgefroren aus. Sie darf

dann dafür als Erste aussteigen, als wir die Insel erreichen.

Vigur ist klein, noch kleiner, als wir es uns vorgestellt haben. Nichtsdestotrotz hausen hier unzählige Vögel. Hunderte von Papageitauchern bevölkern die Uferfelsen, und zwischen den Steinen hocken überall Grillteisten. Wäre ein echt schönes Plätzchen, wenn man die Musse hätte, es zu geniessen.

Die Passagiere werden in zwei Gruppen aufgeteilt. Alle erhalten einen langen Stock mit Fähnchen. Den sollen sie sich zum Schutz über den Kopf halten, denn in den Wiesen brütet eine Kolonie Küstenseeschwalben.

Sie marschieren los, eine Gruppe links-, eine rechtsrum. Sehen ziemlich lächerlich aus, wie sie da wie die Pinguine den Fremdenführern nachwatscheln, alle kräftig mit den Fähnchen winkend. Zum Glück können wir alleine losziehen.

«*Das ist nicht inspirierend*», beklagt sich Fabiola und steht unschlüssig und desorientiert in der Gegend rum. «*Egal*», erwidere ich. «*Der Mist hat viel Geld gekostet. Fotografier was!*»

Wir wenden uns den Papageitauchern zu und überholen dabei Gruppe eins, die sich gerade Islands letzte noch in Betrieb stehende Windmühle erklären lässt. So stand es jedenfalls in der Broschüre. Sie mag mechanisch interessant sein, denn sie ist so konstruiert, dass man sie nach dem Wind drehen kann. Aber *hey* – sie ist höchstens drei Meter hoch! Wenn ich dafür hier rausgefahren wäre, würde ich mein Geld zurückverlangen. Gruppe zwei ist schon weiter hinten und wehrt sich heldenhaft gegen die Angriffe der *Krias*.

Fabiola rattert trotz fehlender innerer Anteilnahme ein paar hundert Aufnahmen durch, und ich versuche mich ein bisschen an der Landschaft. Dann ist die Zeit auch schon um, und die beiden Gruppen treffen sich vor der kleinen Gaststube zu Kaffee und Kuchen.

Wir gesellen uns auch dazu, und nachdem wir uns eine Tasse von dem schwarzen Gebräu und ein Stück *Weddings Cake* geholt haben, sind wir uns einig, dass wenigstens dieser Teil des Ausflugs ein Erlebnis ist. Der Kuchen ist *fantastisch!* Neben unserem Tisch steht die Oma und würde auch gerne etwas abkriegen. Fabiola hilft ihr, damit sie sich hinsetzen, und sich dem Kaffee-kränzchen ihrer Familie anschliessen kann. Also, *entweder* ist die Alte eine Hexe und hat es nicht anders verdient, *oder* sie hat ganz einfach das Pech, einer Bande von *Arschlöchern* anzugehören. Jetzt noch fünfundvierzig Minuten zurück, und der Spuk ist vorbei. Wir wissen nun definitiv, warum wir es hassen, Touristen zu sein.

Wenigstens sind wir uns nach dem gemeinsam erlebten Grauen wieder etwas grüner geworden. Hand in Hand flanieren wir durch die Strassen von Ísafjörður und geniessen die Ruhe nach dem Sturm.

Wenn wir uns jetzt, im Nachhinein, die Bilder von *Vigur* anschauen, müssen wir jedoch einräumen, dass wir *trotzdem* ein paar gute Bilder geschossen haben. Nur – das *Erlebnis* hat gefehlt. Man kann das nicht so genau beschreiben: Das Gefühl, wenn man stundenlang wartet und dann schliesslich ein Tier näher kommt, weil es dich nicht sieht oder nicht mehr als Bedrohung empfindet; das ist die Art von Fotografie, die wir mögen. Deshalb setzen wir uns ja auch nicht in Zoos oder neben Tiergehege. Ich will es zu erklären versuchen: Schon mal beim Kuchenbacken eine Fertigmischung verwendet? Das geht ganz fix! Kurz mit etwas Flüssigkeit verrühren, ab in den Backofen und fertig! Und die Dinger schmecken nicht mal schlecht, oft sogar besser als selbst gemachte. (Ich meine, *von mir* selbst gemachte). Aber Hand aufs Herz: Könntest du auf so einen Kuchen *stolz* sein? Ein Tier auf dem Präsentierteller zu fotografieren, entspricht dem ziemlich genau: Alle Zutaten für das Bild sind schon da – man braucht sie nur noch in die Kamera zu schieben.

Im *Litla Gistihúsið* sind neue Gäste angekommen. Wir treffen vor der Türe zwei junge Österreicher. Die beiden Männer haben heute eine längere Höhenwanderung unternommen und anschliessend den Erfolg ausgiebig in einer Bar gefeiert. Lachend berichten sie, wie sie sich auf ihrer Tour erstmal verlaufen haben und gar nicht mehr wussten, wo genau sie sich befanden. Einer ist zudem ein Schneefeld runtergerutscht und hat sich ein paar Schrammen eingehandelt. Das finden beide unglaublich lustig. Auf die Frage, warum sie sich nicht wenigstens eine Karte zugelegt haben, erwidern sie, dass sie so etwas nicht brauchen, weil sie ja zu Hause auch Berge hätten. Aha? Also, *irgendwas* muss an den Witzen über Österreicher schon dran sein.

Im Fernseher läuft heute Abend ein englisches Programm. Die isländischen Sender verfügen aufgrund der wenigen Einwohner wohl nicht über das Potenzial, Filme in die eigene Sprache zu synchronisieren. Für uns ein Vorteil.

Der Spielfilm zeigt die Abenteuer von *Fred Feuerstein* und *Barny Geröllheimer*. Hätten *auch* zwei Österreicher sein können.

Wir wollen es noch einmal wissen und klettern auf die Berge. Natürlich, so gut es geht, den Wegen nach; wir sind keine Alpinisten! Das wird vielleicht allfällige deutsche Leser erstaunen, gerade wenn sie aus dem Norden kommen. Sie stellen sich nämlich immer vor, dass wir in den Bergen leben. Eigentlich sind das nicht nur die Deutschen. Amerikaner, Engländer, Dänen, Isländer – *alle* denken sie, *Heidi*, oder in meinem Fall wohl eher der *Alpöhi*, wären über ein paar Zweige mit uns verwandt. Ich wundere mich, warum ich noch nie von einem Amerikaner gefragt wurde, ob ich eine *Armbrust* zu Hause habe. Dasselbe gilt, wenn ich Witze über unser *Reichsein* mache. Die Leute lachen zwar, wenn ich sage: «He, lass mal, ich bezahle das! Ich bin Schweizer, weisst du. Ich bin reich!» Aber trotzdem sind sie sich nie ganz sicher: «Macht der Idiot nur blöde Sprüche, oder ist er wirklich reich?»

Es sind die Klischees, mit denen wir leben müssen: Amerikaner sind oberflächlich, Deutsche sind arrogant, Italiener sind laut… wobei… wenn ich so darüber nachdenke…!

Aber was ich sagen will: Der Schweizer ist *reich*, lebt in den *Bergen*, ernährt sich von *Käse*, hat eine *Armeewaffe* im Wohnzimmer, kann *Ski* fahren, spielt *Alphorn*, weiss, wie man eine *Kuh* melkt, ist Fan von *Roger Federer* – das alles sind Vorurteile, die sich in den Köpfen anderer Nationen ebenso tief verankert haben, wie das tiefe Misstrauen gegenüber Ausländern in der Schweiz. Schon daran sollten wir erkennen, was für ein absolut verzerrtes Bild sich uns zeigt, wenn wir solchen Schlagwörtern folgen.

133

Die Uferschnepfe steht international auf der Roten Liste der bedrohten Tiere.

Jetzt hab' ich einen kleinen politologisch-philosophischen Ausflug gemacht, weil ich nicht genau weiss, was ich euch über unsere Bergwanderung erzählen soll. *Wahrscheinlich* ist sie schön. Anhand der Fotos, die wir davon machen, *muss* sie schön sein. Aber es ist schon wieder *nichts* da, und es ist schon wieder *kalt*, und diese *scheiss*-isländische *Schokolade* wird auch nicht besser. Wir fragen uns nach dem Nutzen unseres Tuns. Unversehens sind wir in ein noch tieferes Motivationsloch gefallen.

Wer mich kennt, den wird das nicht wundern. Motivationslöcher ziehen mich sozusagen magisch an. Gebt mir nur ein Tümpelchen voll Grämen, und ich springe kopfüber hinein. Das ist aber in der Regel nicht so schlimm, da Fabiola mich durch permanent fröhliches Ignorieren dieses Verhaltens immer ziemlich schnell zurück auf die Erde holt. Es macht nämlich *keinen Spass,* sich zu bemitleiden, wenn es keiner bemerkt. Diesmal ist Fabiola aber selber in einer beschissenen Gemütsverfassung. Sie findet ihre Bilder scheisse, sie findet Vögel scheisse, weil sie sich nicht fotografieren lassen wollen, sie findet mich scheisse, weil ich friere, und überhaupt – *das Leben ist scheisse.* Aber – das sag' ich doch *schon lange!* *Sie* hat doch immer behauptet, es wäre nicht so!

In unsere Konversation schleicht sich eine gereizte Stimmung. So eine leichte Bösartigkeit hinter jedem guten Wort. Wir sitzen hier oben und schauen zu den Gipfeln, aber irgendwie könnten wir uns genauso gut unten in der Bar besaufen. Ist doch *eh* alles egal!

Jetzt stecken wir *echt* in einer Krise. Nicht unbedingt eine Beziehungs-, sondern mehr so eine Art synchrone Sinnkrise. Irgendwo in diesen einsamen Hügeln haben wir unseren Spass verloren. Das Leben ist öde – wie Island!

Wenn etwas schief läuft, zieht das meistens noch mehr an! Wir können einen unserer Söhne telefonisch nicht erreichen. Das ist nichts Ungewöhnliches. So was passiert nicht das erste Mal. Aber wenn man mitten im Atlantik auf diesem Felsen hockt, *wird* es ungewöhnlich!

Fabiola ist schuld! Sie hatte die hirnrissige Idee, in den Norden zu fahren, um *Viecher* zu fotografieren, und *ich* bin schuld, dass wir keine Tiere sehen und – *eigentlich bin ich überhaupt an allem schuld!*

Wir sitzen in unserem *Guest House*-Gefängnis und gehen uns auf die Nerven. Wie gerne hätte ich jetzt meine Gitarre und meine Kopfhörer, dann könnte ich mich ausklinken. Aber hier gibt es zur Ablenkung nur den dödeligen Fernseher und das Internet. Gehen öfters mal vor die Türe, um eine zu rauchen, aber gegen unsere Gewohnheit jeder für sich.

Es ist der *definitive* Tiefpunkt unserer Reise!

Als am späten Abend ein irisches Paar eintrifft, sind wir dankbar für die Ablenkung. Die beiden wollten eigentlich von *Reykjavík* nach *Ísafjörður* fliegen, aber ihr Flug wurde wegen starken Windes *gecancelt.* Sie haben sich deshalb ein Auto gemietet und sind den ganzen Weg gefahren, nur um zu beobachten, wie ihr Flugzeug in *Ísafjörður landet.* Man hat ihm schliesslich doch noch Starterlaubnis erteilt.

Die zwei sind lustig und heitern uns wieder etwas auf.

Vor der Türe treffen wir noch ein anderes Paar, zwei junge Deutsche. Sie fragen uns, wie wir die Isländer so empfinden, und sind froh, jemanden gefunden zu haben, mit denen sie etwas *lästern* können. Kommt uns heute gerade recht. Manchmal muss man über andere lachen, wenn man sich selber nicht mehr amüsant findet.

Sie machen es einem aber auch leicht, die Einheimischen. Waren am Abend noch schnell an der *Fastfood*-Ecke um Kaffee zu trinken. Da verkaufen sie auch Eis – *Soft Ice,* um es genau zu sagen. Man kriegt es in der Waffel oder in einem Pappbecher und, da Isländer es *sehr* süss mögen, bekommt man zusätzlich noch Schokosträusel obendrauf.

So was will ich auch, und ich wähle die *cornetförmige* Waffel. Die junge Bedienung, die meine Bestellung ohne bemerkbare Gemütsregung entgegengenommen hat, dreht sich zur Eismaschine um und füllt die weisse, kalte Masse in das Gebäck. Dabei bricht ihr der *untere* Teil ab. Ungerührt macht sie weiter, türmt eine riesige Portion Eis auf die Waffel und streckt sie mir dann hin. «*Aääähh…*», sage ich. «*Denkst du nicht, das läuft unten raus?*» «*Nimm einen Becher*», meint sie.

Wir bleiben noch etwas in Ísafjörður, streifen mal hier und mal da rum, aber eigentlich warten wir beide auf Sonntag, wo unser Bus fährt. Als es schliesslich soweit ist, sind wir richtig erleichtert. Das hat nichts mit der Stadt zu tun. Der Hauptort der Westfjorde hat durchaus seinen Reiz. Wir haben eine nette Bäckerei mit freundlichem Personal entdeckt, wo wir jeweils ein einfaches Frühstück genossen haben. Ebenso ein Restaurant mit cooler Musik. Das *Guest House* war in jeder Hinsicht in Ordnung, das Leiterehepaar hilfsbereit und zuvorkommend, die Landschaft reizvoll, und wir können uns wirklich nicht beklagen: Ísafjörður hat uns herzlich empfangen. Und *last but not least* durften wir dank *Westtours* sogar selbständig auf *Vigur* im Kreis laufen. Danke *Westtours!*

Es ist die schlechte Stimmung, vor der wir fliehen. Wir wollen in eine ganz andere Gegend, ans Ende der Westfjorde, nach *Hólmavík*. Dort, so hoffen wir, werden wir uns selbst und einander wieder etwas näher kommen.

Der *Luna*-Bus fährt vor. Es warten ziemlich viele Fahrgäste. Ein französisches Paar hat ausserdem zwei Fahrräder mit dabei. Das stellt den Chauffeur vor einige Probleme. Der Haltebügel hinten am Anhänger ist nur für *ein* Rad konzipiert. Er dreht das zweite Bike hin und her. Dann stellt er es wieder hin und kratzt sich am Kopf. Der Franzose steht daneben und beobachtet ihn skeptisch. Der Fahrer nimmt einen zweiten Anlauf, aber auch dieser fruchtet nichts. Er dreht sich hilflos zum Franzosen um. Dieser kommt auf die Idee, das Vorderrad abzuschrauben. Gesagt, getan. Es nützt nichts! Die Aufhängevorrichtung ist ganz einfach zu kurz. Der Fahrer schiebt den Franzosen schliesslich zur Seite, holt eine Rolle Isolierband aus der Tasche und klebt damit das zweite Rad ganz einfach ans erste dran. Wie gesagt: Es funktioniert nicht immer alles, aber sie sind echte Improvisationskünstler.

Luftlinienmässig läge *Ísafjörður* gar nicht so weit von Hólmavík entfernt. Aber da sich die Strasse schlaufenartig den Fjorden entlangzieht, dauert die Fahrt doch ein paar Stunden. Unterhalte mich ein wenig mit dem Franzosen. Er erzählt von ihrer Tour und wirft hin und wieder einen besorgten Blick nach hinten durch die Heckscheibe.
Island Westfjorde, um 13:30 - Das Fahrrad hält!
Es lebe die Innovation!
Zwischenstopp bei den Seehunden. Keine zwanzig Meter von der Fahrbahn weg liegen sie faul am Strand. Auf unserer Strassenseite hat man einen Tisch hingestellt, darauf eine grosse Schachtel voller Ferngläser. Die kann man einfach so benutzen! Sofern es in der Schweiz an einem solchen Ort ein Fernglas *gäbe*, wäre es in eine Stahlsäule eingefasst, mit vier zwanzig Zentimeter langen Bolzen im Boden verschraubt, und es gäbe ein *Schlitzli*, wo man das *Fränkli* einwerfen müsste. Das ist auch ein sympathischer Zug Islands!
Während unseres ganzen Aufenthalts machen wir uns kein einziges Mal Sorgen um unsere Ausrüstung! Man braucht sich hier nicht um sein Eigentum zu fürchten. Vielleicht werden jetzt alle *wirklichen* Island-Kenner aufschreien, aber soweit *wir* das beurteilen können: Hier wird nichts gestohlen. Man hat uns nie und nirgends einen Grund gegeben, misstrauisch zu sein. Schön, dass es so was noch gibt! Jetzt müssten sie nur noch Marihuana legalisieren, dann wären sie mein Top-Land! Wobei dies dem einheimischen *Verkaufspersonal* wohl nicht unbedingt zuträglich wäre: ‹*Was willst du? Was kaufen? Mir doch egal!*› Ich habe eine alte Deutsche hinter mir, die einer jungen Studentin Island erklärt. Sie weiss schon ganz *genau*, was in diesem Land *nicht* stimmt und was man alles *falsch* macht.
So wie ich das mitbekomme, war sie grad mal zwei Wochen hier. Hmmmm?!
Ihr habt ja sicherlich bemerkt, dass ich hin und wieder ganz gerne mit dem Rassismus *kokettiere*. Aber wenn es ernst wird – *pfuiteufel!* Wir sind immer noch Gäste in diesem Land! Ich liebe es über Isländer herzuziehen, jedoch hoffe ich es *nie* mit diesem beleidigenden Unterton zu tun! Was hat sie denn erwartet ? Dass man den roten Teppich ausrollt, wenn sie aus dem Flugzeug steigt?

WILDNIS-GEFÜHLE ODER:
ES GEHT WIEDER AUFWÄRTS

Wir halten bei einem Hotel, das am öden Ende eines öden Landstreifens steht. Gerade daneben befindet sich der dazugehörige Swimmingpool, ein Klotz aus Beton. Würde ich den Eindruck, den dieser Ort auf mich macht, als *trostlos* bezeichnen, es wäre *stark* untertrieben. Trotzdem ist die Raststelle belebt. Wir müssen in der Toilette sogar anstehen. Der grosse Parkplatz ist voll mit Wohnmobilen und Geländewagen, und ganz hinten, gelb leuchtend unter den grauen Steinen, steht ein einzelnes Zelt. *Der wahre Islandtourist!*

Wäre dies unser Reiseziel, ich würde mir die Kugel geben. Aber wir fahren zum Glück noch weiter.

Nach *Hólmavík* ist es nicht mehr weit. Der Bus hält, wie in kleinen Orten üblich, vor dem Tankstellenshop. Gerade gegenüber befindet sich der Camping. Das eigentliche Dorf liegt vielleicht fünfhundert Meter weiter unten am Rande der Bucht. Wir mögen die Siedlung auf Anhieb. Die schlichte Freundlichkeit erinnert ein wenig an *Djúpivogur*, wenn sich auch die Landschaft völlig anders präsentiert. Der Zeltplatz ist okay und der Preis sehr anständig. Duschen kann man jedoch nur im nebenliegenden Hallenbad, und dafür muss man dann Eintritt bezahlen. Nun gut: Einmal muss reichen für die nächsten paar Tage, wir wollen ja nicht in die Oper. Eine Kochmöglichkeit gibt es leider nicht. Also wieder Sandwich und Burger. Na, wir dürfen uns nicht beklagen. Immerhin haben sie im Tankstellenshop diesmal eine richtige *Auswahl* an ungesundem Essen. Heute wollen wir uns jedoch etwas Delikateres leisten und begeben uns ins *Kaffeehaus* unten im Dorf. Es sieht *sehr einheimisch, sehr traditionell,*

Papageitaucher sind gesellige Vögel und immer für ein Bild gut.

sehr isländisch aus. Alles – bis auf die *Karte*. Wir essen Pizza!

Nach den zwei Wochen *Guest House* sind wir dankbar für die Ungebundenheit des Zeltlebens. Auf nur drei Quadratmetern verschafft es uns den Raum, den wir brauchen. Man streitet sich nicht in einem Zelt. Dazu ist kein Platz! Man kann gar nicht anders, als auf einander Rücksicht zu nehmen.

Wir haben das eigentümliche Gefühl, dass es jetzt wieder losgeht. Die Zweifel der letzten drei Wochen finden in der souveränen Landschaft keinen Halt.

Hólmavík liegt am Westufer des *Steingrímsfjörður* und hat um die dreihundertsiebzig Einwohner. Die Haupterwerbsquelle ist die Fischerei, und die ganze Küste war früher berühmt für den Haifisch-Fang. Das ist aber Vergangenheit. Vielleicht ja deshalb, weil *Gammel-Hai* sich partout nicht als Exportartikel etablieren wollte? Jedenfalls setzt man heute auch vermehrt auf den Fremdenverkehr. Die Touristeninformation ist wohl die beste, die wir auf unserer Reise besucht haben. Kompetente, engagierte Leute! Versuchen uns zu helfen, wo's nur geht. Hier bekommen wir den Tipp, der uns zu einem höher gelegenen Tal führt. Erst weist der Weg zwei, drei Kilometer aus Hólmavík hinaus, biegt rechts ab und klettert dann die steile Böschung empor. Wir kommen ziemlich ins Schwitzen. Als wir schliesslich oben ankommen, bereuen wir aber keinen vergossenen Tropfen. Was für eine Aussicht über die Ebene und das Meer! Und dann das Tal selber: Der silbern glänzende See schmiegt sich in die elfenhafte Umgebung und entzieht sich weiter hinten mit einem eleganten Bogen dem Blick. Das Erdreich und Gestein ist tönern gefärbt, fast schon rot. Es steht in harmonischem Kontrast zu dem lebensgrünen Gras. Fragile Schäfchenwolken spiegeln sich in dem in sich ruhenden Wasser. An einem solchen Ort müsste man leben! Nicht *wirklich*, ich bin ja kein Schneehuhn! Aber hier sollte *die Seele* zu Hause sein. Diese präsent tiefgründige Einfachheit, dieses beredte Schweigen, dieser Atem von Freiheit. Es reduziert die Persönlichkeit auf Wasser, Erde, Luft, Feuer, und man ist ein Teil davon. Augenblicklich ist uns klar: Wir werden uns auf dieses Tal konzentrieren. Es glättet die Wellen! Ab und zu frotzeln wir noch ein wenig, aber wir lachen eindeutig wieder öfter. Fabiola wird auch wieder attraktiver! Schon mal bemerkt, dass der Partner hässlicher wird, wenn man sich zu oft streitet? Vor allem bei destruktivem Streit; Plattitüden, die man sich an den Kopf wirft mit dem einzigen Ziel, den anderen zu verletzen. *Achtung Männer!* Wenn ihr wollt, dass eure Partnerinnen in euren Augen schön bleiben, behandelt sie gut. Keine Botox-Behandlung, kein Lifting und keine Silikon-präparierten Brüste können mithalten mit dem *Sex-Appeal* einer zufriedenen Frau!

Bei unserem ersten Besuch steigen wir nur runter bis zum See und setzen uns an das steinige Ufer. Das Erlebnis ist schon fast meditativ. Während Stunden hocken wir da, hinter Felsbrocken verborgen, und sind einfach erschlagen von der Wucht der Natur. Fabiola fotografiert Eisenten. Nicht, dass wir schon von einem Riesenerfolg sprechen könnten, aber es ist ein Anfang. *Hólmavík* meint es gut mit uns. Von nun an werden wir jeden Tag im Tal unterwegs sein.

Wir kommen ziemlich spät am Abend zurück, *fastfooden* noch schnell was und begeben uns dann zurück zum Camping. Viele neue Gäste sind eingetroffen. Unser Zelt, am Morgen noch ziemlich einsam auf der Wiese, ist jetzt von Wohnwagen und Campern eingekreist. Es handelt sich vor allem um Einheimische. Die Westfjorde sind ihr bevorzugtes Urlaubsgebiet. Hierher kommen sie, um zu fischen, zu jagen oder um sportlichen Betätigungen nachzugehen.

Es geht recht geschäftig zu und her, und wir stellen schon bald mit Unbehagen fest: Gott hat unser Klagen über *Franzosen* gehört und uns zur Strafe die *Isländer* auf den Hals gehetzt. Italiener sind laut? Isländer schlagen sie um Längen! Franzosen sollen rücksichtslos sein? Isländer haben die Rücksichtslosigkeit kultiviert! In der Nacht, so gegen zehn, halb elf fallen sie über den Campground her. Sie bauen ihre Zelte auf, schieben die Wohnwagen hin und her und haben dabei eine Riesengaudi. Dies dauert so etwa bis Mitternacht. Dann fangen sie an zu kochen. Die Männer sitzen vor dem Grill und trinken Bier, die

Frauen tauschen Neuigkeiten aus, und die Kinder spielen Fangen und Verstecken. Wo könnte man sich besser verbergen als hinter einem fremden Zelt? Dann wird gegessen und gefeiert, und so gegen zwei Uhr morgens müssen die ganz Kleinen ins Bett, während die Älteren noch etwas länger rumbrüllen dürfen.

Man kann es ihnen ja nicht übel nehmen. Der Sommer ist kurz, und sie geniessen ihn dementsprechend. Wenn man sie darauf anspricht, was ich einmal nach einer ziemlich ungemütlichen Nacht tue, sind sie sehr betroffen. «*Oh, wir waren laut?*», fragt eine Frau. «*Das tut uns aber wirklich leid!*» Und es tut ihnen auch echt leid, das spürt man, was sie aber nicht daran hindert, am nächsten Abend weiterzufeiern.

Doch wir gewöhnen uns daran, und irgendwie finden wir es auch amüsant. Die sind echt unbeschreiblich! Was uns auch auffällt, ist, wie liebevoll sie ihre Kinder behandeln. Insbesondere die Väter zeigen eine Engelsgeduld mit ihren Sprösslingen und haben immer Zeit, mit ihnen zu spielen und herumzutollen.

Eigentlich sind sie richtig sympathisch – wenn sie nur *endlich* die Klappe halten würden!

Hólmavík versöhnt uns mit den Westfjorden. Kaum zu glauben, dass dies mal eine Brutstätte der Zauberei gewesen sein soll! Im *Witchcraft Museum*, direkt neben der Touristeninfo, stösst man auf die ganze Palette menschlicher Abgründe. Da wurden Hosen aus der Haut eines verstorbenen genäht, weil man sich davon Erfolg versprach, Tiere auf grausamste Weise verstümmelt, um die Geister gnädig zu stimmen, und Schalen mit Blut gefüllt, um sich den Beistand der Götter zu sichern. Nicht ganz so fantasievoll, aber nicht minder brutal, die Versuche der Kirche, der Unsitten Herr zu werden. Das Böse musste mit Feuer vernichtet werden, und so stellte man hier und da wieder mal ein paar Leute auf den Scheiterhaufen. Schuld oder Unschuld spielten dabei selten eine tragende Rolle, sondern politisches Kalkül. Heute muss man einem amerikanischen Präsidentschaftskandidaten sexuelle Ausschweifung nachweisen, um ihn ins Aus zu drängen. Damals reichte es, seinem Gegner ein paar magische Schriften unterzujubeln und sie von den richtigen Leuten finden zu lassen. Danach war es ein Leichtes, die allfälligen Ambitionen des Widersachers *buchstäblich* in Rauch aufgehen zu lassen.

Leute verbrennen: Eine Sitte, die aus der Mode gekommen ist. Heute treibt man die Leute nicht mehr ins Feuer, sondern im Gegenteil ins Burnout. In Indien oder Südafrika hat sich diese schöne Tradition jedoch noch erhalten. Zugegeben: In Südafrika errichtet man keine Scheiterhaufen, sondern bedient sich alter Autoreifen und in Indien verbrennt man nicht die *Hexen*, sondern die *Witwen*. Aber im Übrigen – doch recht ähnliche Züge. Es liegt den Menschen im Blut, andere zu verbrennen. In Amerika hat man das Feuer in Strom umgewandelt, in China schreit man nur noch ‹*Feuer*› – Irgendwer, wer auch immer, hat das World-Trade-Center abgefackelt, und in Afghanistan und im Irak macht man den Terroristen Feuer unter dem Hintern, wenngleich als Zündwürfel meist Zivilisten hinhalten müssen.

Unsere Eltern haben uns davor gewarnt, mit dem Feuer zu spielen, weil sie fürchteten, wir könnten uns damit verletzen. Sie haben unser Potenzial unterschätzt! Macht uns nur ein kleines bisschen Angst, und wir brennen die *ganze* verdammte Welt nieder.

Irgendwie ist es eindrücklich, das *Witchcraft Museum*, aber irgendwie auch ganz einfach nur zum Kotzen!

Wir trinken in der Touristeninfo noch Kaffee und kommen mit einer der Angestellten ins Gespräch. Sie ist Finnin, jedoch mit einem Isländer liiert und im Dorf heimisch. Irgendwann erwähnen wir, dass wir im Tal oben einer Pferdeherde begegnet sind. Sie ist ganz aus dem Häuschen! Da ist *ihr* Pferd dabei, und sie hat es seit Monaten nicht mehr gesehen, denn man lässt die Tiere während der warmen Jahreszeit ganz einfach frei in den Bergen weiden. Wir gehen zusammen Fabiolas Fotos durch, und sie entdeckt tatsächlich ihr Pferd. „*Oh, my horse, my horse*“, jubelt sie immer wieder und hat Tränen in den Augen. Rührend! Wir schicken ihr das Bild per Mail.

Wenn wir oben im Tal sind, fühlen wir uns behaglich isoliert vom Rest der Welt. Falls wir, was

Kleiner Kerl ganz gross – Sandregenpfeifer

Allein auf weiter Flur – unser Tal bei Hólmavík

ganz selten passiert, doch mal auf Menschen treffen, sind es meist Einheimische, die zum Heidelbeerenpflücken hier hochfahren.

Einmal begegnen wir einem älteren Wanderer mit Hund. Hunde sieht man übrigens verhältnismässig wenige in Island.

Das ist ja in unserem Land ganz anders. Hier ist man überrascht, wenn man einen Fussgänger *ohne* Hund antrifft. Von hamsterkleinen bis elefantengrossen – Hunde gehören in der Schweiz zum Strassenbild. Ihre Halter sind die vorbildlichsten der Welt: Sie tragen stets entsprechende Beutelchen mit sich rum, um das *grosse Geschäft* ihrer Lieblinge von der Strasse wegzuklauben. Oft wird es ihnen dann aber zu schwer auf dem weiten Weg zur Sammelstelle. Darum werfen sie es ins *Gebüsch*, in den *Wald* oder in *Nachbars Garten*. Das sieht zwar nicht immer ästhetisch aus, aber so bleiben die Exkremente, im Plastiksäckchen optimal geschützt, für die Wissenschaft kommender Generationen erhalten.

Bevor Schweizer Hundehalter mit ihrem Vierbeiner durchs Naturschutzgebiet pirschen, schärfen sie ihm nachdrücklich ein, dass er sich jetzt ganz gesittet verhalten muss. Denn eigentlich müsste er *angeleint* sein, aber das wäre *Tierquälerei*. Ein Hund braucht seine Freiheit und er *freut* sich doch immer so, wenn er Waldtiere jagen kann. Man muss sich da auch keine Sorgen machen: Alle Hunde, denen man begegnet ‹machen nichts›, ‹sind ganz lieb› und ‹wollen nur spielen› – ja, ja – mit meinem Bein!

Du brauchst nicht nach Afrika zu reisen, um Tierabenteuer zu erleben. Es reicht in der Schweiz, einen Waldspaziergang zu machen. Da steht dir dann unversehens eines dieser Riesenviecher gegenüber, den Kopf bequem auf Halshöhe, die irren Augen blutunterlaufen und mordlustig, zwischen den geifernden Zähnen noch die Reste der letzten Beute (ein Kleinkind?), und weit, weit, weit hinten winkt die knapp dreissig Kilo schwere, ausgedörrte Besitzerin, die nicht mal eine Wüstenspringmaus in Schach halten könnte! Sie gestikuliert und ruft abwechselnd: «Killer, hierher» und «*Er tut nichts, er tut nichts*». Das ist aber weniger eine Zusicherung an dich als ein verzweifelter Appell an den Hund. Es ist ein echtes Erlebnis! *Nahtoderfahrungen* sind ja eh etwas Spannendes!

Wie gesagt: Hier in Island ist es selten, dass wir jemandem mit Hund begegnen. Wir wechseln ein paar Worte mit dem Mann, und er fragt, ob das unser Auto wäre, welches ganz hinten im Tal steht. Er hat nämlich bemerkt, dass da niemand in der Nähe ist. Der Wagen stand schon gestern da, deshalb macht er sich jetzt Sorgen um die Besitzer. Was immer man auch über Isländer sagen mag: Hilfsbereit sind sie auf jeden Fall!

Wir können dem Mann aber auch nicht weiterhelfen, und er meint, er werde unten im Dorf mal fragen, ob jemand etwas weiss. Nickt, tippt sich an den Hut und geht gemächlich weiter. Es ist ein schönes Bild, wie er mit seinem Hund im Schlepptau gemütlich von dannen wandert. Wenn *ich* dereinst so gelassen durchs Leben laufen sollte, *dann* hab' ich etwas erreicht!

Wir erleben viel in dem Tal. Nicht die grossen Geschichten, die man erzählen könnte, aber manch kleine Episoden. Wie soll ich euch unsere Aufregung beschreiben, als wir unversehens auf eine ganze Familie Alpenschneehühner treffen, oder den erhabenen Moment, da plötzlich, während wir blöderweise gerade unsere Sandwiches verspeisen, wie aus dem nichts ein Seeadler auftaucht und in nächster Nähe an uns vorbeizieht? Einige Dinge lassen sich nicht erklären, man muss sie spüren. Was ist es, was wir hier fühlen, was uns den Eindruck verschafft, wir wären mit uns und der Welt im Reinen? Manche würden es vielleicht *Magie* nennen, andere würden behaupten, es wäre der *Spirit* der zu uns spricht. Wir vermuten, dass wir ganz einfach *normal* empfinden; so, wie der Mensch mal gefühlt haben mag, bevor die städtisch geprägte Zivilisation zu seinem natürlichen Umfeld wurde.

Etwas vom Faszinierendsten ist der See. Er liegt so ruhig und klar da, dass sich die ganze jenseitige Uferlinie in ihm spiegelt und dies in solch absoluter Perfektion, dass man nicht ausmachen könnte, wo das Original aufhört und das Abbild anfängt. Je nach Licht ändert sich seine Farbe von fluoreszierendem Eis- zu zuckersüssem Himmelblau. Mal scheint seine Oberfläche mit flüssigem Erz überzogen, dann wieder glaubt man bis auf den Grund zu sehen.

Weit draussen gleitet ein Eistaucherpärchen übers Wasser. Wir warten geduldig, und irgendwann kommen sie der Kamera nahe genug. Wir würden zu gerne auch die Singschwäne fotografieren, die am gegenüberliegenden Ufer rasten, aber sie machen keine Anstalten, ihren Standort zu wechseln. Eine Schar Kanadagänse zieht laut schnatternd über den Bergrücken, wohl Richtung Meer. Fabiola ist total auf die Umgebung fokussiert, und ich verliere mich in Tagträumen. Trotzdem sind wir uns nahe! Wir brauchen hier draussen nicht viele Worte.

Am Abend hängen wir vor dem Tankstellenshop rum. Die haben da so eine Sitzbank hingestellt, und da hocken wir jetzt, paffen Zigaretten, trinken Kaffee und begaffen das Treiben um uns herum. Gleich nebenan befindet sich die Autowaschstelle. Solche Plätze findet man in Island fast in jedem Ort: eine planierte Plattform mit Wasseranschluss und Schlauch. Jeder kann sie gratis benutzen.

Im Moment tut dies gerade ein Einheimischer. Seelenruhig spritzt er seinen Wagen ab, während das Auto läuft und läuft und *läuft*. Hinter ihm wartet schon der nächste, auch er mit brummendem Motor, und gleich dahinter Nummer drei, Maschine auf Volltouren. Schliesslich ist der erste fertig und fährt zur Seite.

Da die drei offensichtlich zusammengehören, ist es selbstverständlich, dass er auf die anderen wartet. Den Motor lässt er an. Nummer zwei tut es ihm gleich, während er nun seinerseits den Wagen gründlich abspritzt. Dasselbe passiert, als Nummer drei an der Reihe ist. Ganze dreissig Minuten dauert das, dann fahren sie in einer Linie davon.

Es überrascht uns nicht mehr. Seit Wochen können wir das beobachten. Isländer lassen ihre Wagen immer an. Ob sie nun einkaufen gehen, kurz zur Toilette müssen oder auf einen schnellen Kaffee ins Bistro stechen: Die Karre muss laufen. Selbst die Polizisten in Ísafjörður, haben sich so verhalten. Warum, ist uns schleierhaft. Vielleicht kommt es daher, dass sie *jeden* Moment damit rechnen müssen, von einer Naturkatastrophe überrascht zu werden. Ein Vulkan könnte aus- oder ein plötzlicher Schneesturm losbrechen. Der Typ von der Touristeninfo hat uns erzählt, dass er regelmässig Besucher bitten muss, den Motor auszuschalten, während sie sich die Ausstellung ansehen. Isländer *lieben* die Natur, so steht es im Fremdenführer, aber *liebt* die Natur auch sie? Man stelle sich vor, jeder *Inder* würde einen *Offroader* fahren und sich ebenso verhalten – Das *Taj Mahal* läge hinter dichtem Smog verborgen.

Auf dem Camping hat eine Truppe Rocker haltgemacht. Vier Typen aus Bayern, so richtig mit Kutte, Emblem und grossmotorigen Strassenmaschinen. Einer quatscht Fabiola vor der Toilette an, und wir kommen ins Reden. Sie tragen alle das selbe T-Shirt. Vorne ist der Name ihrer Gang und *Island 2012* aufgedruckt. So was lassen sie immer herstellen, wenn sie auf Tour sind, erklären sie uns. Sie haben auf ihren Zweirädern schon halb Europa bereist; letztes Jahr durchquerten sie die Türkei. Trotzdem sind sie total angetan von dem, was *wir* machen. Besonders einer ist richtig begeistert von uns. «*Ihr seid die Echten, ihr seid die Echten!* », ruft er immer wieder aus und will sich unbedingt mit uns fotografieren lassen. Wobei unausgesprochen bleibt, was für *Echte* wir nun eigentlich sein sollen. Vielleicht meint er auch: Echte *Idioten!* Egal, wir fühlen uns geschmeichelt. Die vier sind witzige und wirklich interessante Gesprächspartner. Wir treffen sie am anderen Morgen nochmals beim Frühstück. Später werden wir sie ein weiteres Mal in *Akureyri* sehen, allerdings nur beim Vorbeifahren.

Es wird spät, bis wir schliesslich ins Zelt kriechen. Aber früher hätte sich eh nicht gelohnt, die Isländer haben noch nicht mal den Grill angeheizt.

Hólmavík entschädigt uns für die Dürre der letzten Wochen. Die Tage im Tal sind wie Urlaub bei ‹Der mit dem Wolf tanzt›, einfach ohne Wolf. Immer gibt es etwas zu beobachten und zu fotografieren. Wir fühlen uns der Natur so nahe wie selten zuvor.

> *Entweder ist der Chauffeur kein Isländer, oder mit dem Bus stimmt etwas nicht.*

Es liegt eine *Lehre* in der Stille der Wildnis! Man kann sie nicht in Worte fassen, aber wenn man den murmelnden Bächen lauscht, erfährt man uralte Geschichten.

Sogar punkto Essen überrascht uns *Hólmavík*. In der Touristeninfo serviert man heimische Muscheln – ein *Gedicht!* Sie versöhnen uns mit all den Fettmachern, die wir im Verlauf der letzten Monate in uns hineingestopft haben. Nie mehr werde ich mich über die isländische Küche beklagen! *Isländer sind Gourmets!*

Eigentlich vergeht die Woche viel zu schnell. Wir stehen mal wieder voll bepackt beim Tankstellenshop neben dem Bus und warten, bis wir unsere Rucksäcke einladen können.

Ein älteres Modell, etwas heruntergekommen aber *anscheinend* noch fahrtüchtig: Diese Beschreibung passt sowohl zum Fahrzeug wie auch zum Fahrer. Wir rumpeln los. Schon bei der ersten Steigung fällt auf, dass wir ungewohnt langsam die enge Strasse hinaufkriechen. Entweder ist der Chauffeur kein Isländer, oder mit dem Bus stimmt etwas nicht. Der Fahrer *ist* Isländer! Das beweist er, als er später beim Hinunterfahren mit einer Hand steuert und mit der anderen telefoniert. Verstehe nicht viel, aber es geht offensichtlich um das Fahrzeug. Jedes Mal, wenn der Weg ansteigt, wird es nämlich noch langsamer. «*Is your car sick?*» Fragt eine deutsche Touristin. Der Fahrer entgegnet irgendwas in gebrochenem Englisch, aber die Erklärung erübrigt sich, denn mittlerweile schafft das Fahrzeug auch geradeaus nicht mehr über fünfzig Stundenkilometer. Der Chauffeur knüppelt an seinem Schalthebel rum und kommt dabei beträchtlich ins Schnaufen. Hoffentlich bleibt *er* wenigstens heil!

Wir tuckern gemütlich durch die Landschaft. Das gedrosselte Tempo hat auch was Gutes: Es bleibt mehr Zeit, die Aussicht zu geniessen. Wir fahren durch enge Täler, vorbei an wilden Bächen, steinigen Feldern und moorigen Wiesen. Laut Wetterbericht sollte es regnen, aber im Moment geniessen wir noch ein paar Sonnenstrahlen. Schaue aus dem Fenster und habe ein eigentümliches Gefühl der Vertrautheit. Sollte ich mich doch noch an Island gewöhnen?

Die letzte Steigung gibt dem Bus den Rest. Über fünfundzwanzig Stundenkilometer bringt er es fortan nicht mehr. Aber wir sind schon kurz vor *Borgarnes*. Da müssen wir sowieso aussteigen, denn von hier fährt morgen unsere Anschlusslinie.

Gerade bei der Haltestelle steht eine Art Einkaufshalle mit Cafeteria. Frage den Typ an der Kasse, wann sie denn jeweils morgens geöffnet hätten. «Ääh…» antwortet er. «*Ich glaube, um zehn?*»
Zum Glück ist es an der Türe angeschrieben: Halb acht – Na ja, *beinahe* richtig!
In der Cafeteria arbeiten vier Serviceangestellte, junge Frauen. Eine ist gerade damit beschäftigt, ihrer Kollegin die Haare zu machen, und die beiden anderen stehen hinter der Theke und schauen zu. An der Kasse warten zwei deutsche Mädchen und möchten bezahlen. Ich stelle mich hinten an. Eine gefühlte Viertelstunde später stehen wir immer noch da, und ich rufe zur Sicherheit mal ‹hello› in Richtung Bedienung. Dies reisst eine der Angestellten aus ihrer Lethargie, und via Kopfnicken weist sie ihre Kollegin an, bei uns einzukassieren. Mit unverhohlenem Missfallen schlurft die Angesprochene in unsere Richtung und zieht unser Geld ein. *Hier* scheint Marihuana schon legal zu sein.
Ein paar Sandwiches und Chips am Meeresstrand, eine leidlich warme Dusche und Zelt einmal auf- und abbauen: Mehr ist *Borgarnes* für uns nicht. Früh am nächsten Tag geht es weiter. Wir wollen nach *Akureyri*, dem Hauptort des Nordens.

Die Stadt liegt in hellem Sonnenschein, als wir sie erreichen. Auf dem Camping stossen wir auf ausserordentlich viele Besucher. Ein Festtag steht an, wie man uns informiert. Heute Abend steigt in der *Downtown* eine grosse Party, und junge Leute aus der ganzen Umgebung sind nach *Akureyri* gekommen, um zu feiern. Der Zeltplatz ist überfüllt, und man hat eine Ecke für die *echten* Touristen reserviert. Es wird wohl eine laute Nacht werden.
Zur Sicherheit stellen wir unser Equipment beim Anmeldebüro ein. Wir sind zwar überzeugt, dass man den Isländern in der Regel trauen kann, aber

Besoffene kennen keine Nationalitäten! Man bittet uns um Nachsicht für den heutigen Rummel, und wir bekommen Oropax geschenkt. Oje!
Dann begeben wir uns auf Stadtbummel. *Akureyri* ist *groovy!* Die Strassen und Gässchen sind mit Leben erfüllt, und wäre da nicht der raue Wind und die typisch isländischen Fastfoodläden – man könnte fast meinen, wir wären irgendwo in Südeuropa gelandet.
Auf der Einkaufsmeile flanieren fröhliche Leute, die Gartenkaffees sind voll, und auf dem grossen Platz wird die Bühne für die abendlichen Konzerte aufgebaut. Überall sieht man lachende Gesichter, und aus den Gaststätten dringt laute Musik. Wir geniessen eine Weile den Trubel, aber dann wird es uns schon bald zu viel. Wir sind uns viele Menschen einfach nicht mehr gewohnt.
Unten am Hafen geht es etwas ruhiger zu und her, und wir finden ein nettes, kleines Lokal mit einer gemütlichen Laube, direkt am Wasser.
Das Restaurant ist gut besucht, und an den Tischen um uns rum wird in allen möglichen Sprachen geplaudert. Gerade hinter uns in Schweizerdeutsch. Drehe mich neugierig um, aber als ich die zwei verhärmten, abweisenden Gesichter sehe, verspüre ich kein Verlangen, Bekanntschaft zu schliessen und ich spreche fortan etwas leiser. Plötzlich taucht eine Gruppe junger Isländer auf, fünf Frauen und zwei Männer. Sie sind als Teufel verkleidet und schon ziemlich angetrunken. Die Frauen kreischen und kichern wie Schulmädchen, und die beiden Jungs buhlen um sie rum. Einer von ihnen beginnt sich auszuziehen, steht schliesslich nur noch in Unterhosen da und klettert auf die Kaimauer. Offensichtlich hat er vor, ins Wasser zu springen. Eine der Frauen stösst hysterische Juchzer aus, und die anderen johlen und rufen im Mut zu. Der zweite Mann beginnt sich nun ebenfalls auszuziehen. Er will ja nicht hintenanstehen. Die Gäste beobachten das ganze belustigt, nur die beiden Schweizer blicken besorgt und etwas angeekelt. ‹*Was tun die denn da? Darf man das?*› Scheinen ihre Augen zu sagen. Aber auch der elegante, grauhaarige Engländer am Nebentisch macht sich offenbar Sorgen. Er steht auf und geht zu dem Mann auf der Mauer. Alle erwarten nun, dass er versuchen wird, den

Eisentenweibchen - sehr scheu und schwierig zu fotografieren.

Springer in spe von seinem Tun abzuhalten. Aber er richtet ihm nur die schiefe Unterhose und meint: «*Okay. You're ready!*» Dann begibt er sich unter allgemeinem Gelächter zurück an seinen Tisch.

Nun springt der Mann! Ein lautes Platschen, eine Schrecksekunde, und schon taucht er wieder auf, was von seinen Kumpanen mit heftigem Applaus honoriert wird. Bald springt auch der zweite und wird ebenso beklatscht.

Eine der jungen Frauen, gelinde gesagt *sehr* dick, will es nun anscheinend auch wagen. In Unterhosen, Socken und einer dünnen Bluse stellt sie sich, mit Unterstützung der anderen, auf die Brüstung und hüpft nach kurzem Zaudern hinunter.

Als sie, nach mühsamen Erklettern der Leiter, wieder auf dem Platz steht, lassen die nassen Kleider keinen Zweifel an ihrer Leibesfülle. Ein riesenhaftes Höschen, es muss mal eine *Zeltplane* gewesen sein, und ein BH Marke *Fallschirm* zeichnen sich durch das durchweichte Weiss ab. Und wisst ihr was? Es ist ihr *scheissegal!* Sie schämt sich nicht, das sieht man, und ihre Kolleginnen scheint es auch nicht zu stören. Und ich muss erneut feststellen: Für Isländer ist das Äussere nicht das Tragende! Sie legen nicht den gleichen Wert auf Aussehen, wie wir es uns von Zuhause gewohnt sind. Da können wir was von ihnen lernen!

Überhaupt sollen isländische Jugendliche, das hab' ich hier in einer Zeitung gelesen, die sexuell *aufgeschlossensten* Europas sein. Allerdings hat man dies anhand der Häufigkeit der Besuche von *Pornoseiten* im Internet festgestellt. Wird man *da* aufgeklärt? Weil wir immer wieder auf äusserst junge Paare mit Kinderwagen treffen, haben wir *diesbezüglich* so unsere Zweifel. Aber prüde sind sie nicht, so viel kann gesagt werden! Zusätzlich scheinen sie auch ziemlich abgehärtet zu sein. *Wir* haben unsere dicken Jacken getragen, als die Typen ins eiskalte Wasser gesprungen sind.

Die Nacht bringt, wie erwartet, nicht sehr *viel* Schlaf, aber auch nicht unerträglich wenig. Die Hunderten von Festbesuchern zwischen den Zelten verhalten sich weitgehend friedlich. Es wird Gitarre gespielt, gesungen und herumgetobt. Die isländischen Jugendlichen haben noch viel von Kindern, im positiven Sinne, und es ist zu hoffen, dass dies so bleiben wird. Es ist erfrischend sympathisch.

Treffen noch einen Franzosen, den wir bereits früher kennen gelernt haben. Er ist schon ganz aufgekratzt. Er hat das Partyleben in den letzten zwei Wochen vermisst.

Wir verziehen uns in unser Zelt, und irgendwann blenden wir den Lärm aus und schlafen ein.

Am anderen Morgen sieht alles noch gleich aus. Nichts Dramatisches passiert! Die Toiletten sind zwar etwas vollgekotzt, und die Putzkraft mit dem Eimer schaut leicht angeekelt drein, aber alles in allem ist das Ganze recht entspannt abgelaufen. Nur *eine* Rangelei hat es gegeben, und deshalb ist jetzt die Polizei da. Überhaupt nicht wie Ordnungshüter stehen sie vor dem entsprechenden Zelt, eher wie grosse Brüder, die die jüngeren ermahnen. Es wird dann auch alles total unkompliziert gelöst: Ein paar strenge Worte, ein freundliches Lächeln und Schulterklopfen und dann ziehen sie wieder ab. Mehr Polizeigewalt scheint in Island nicht nötig zu sein, um einfache Konflikte zu lösen.

Obwohl wir nur so kurz hier sind: *Akureyri* ist ein Farbfleck auf unserer Reise. Die Stadt ist vital, erträglich modern, lauschig, amüsant. Wir haben selten in Island so viele lächelnde Menschen ge-

sehen. *Akureyri* ist so melodisch wie ihr Name. Einziger Wermutstropfen: Am frühen Morgen ist es schwierig, Kaffee zu kriegen. Darum sind wir sehr erfreut, als wir auf unserem Weg zum Bus an einem vollbesetzten Lokal vorbeilaufen. Es stellt sich dann allerdings als Hotel heraus, und die Leute in der Gaststube sind lauter zahlende Gäste. Ich beschliesse trotzdem, unser Glück zu versuchen, und betrete den Saal durch die offene Türe. Die Bedienung lächelt mich freundlich an und beantwortet meine Frage nach Kaffee mit eifrigem Nicken. «*Sure you can take coffee!*», lacht sie. «*I'll bring you a cup!*» Ich will bezahlen, aber sie winkt ab. «*No, no. It's free !*» Seht ihr – das ist es, was ich meine: So ist *Akureyri!*

Der *Luna*-Bus ist hier *kein Luna*-Bus, denn auf dieser Strecke arbeitet die Gesellschaft mit einer anderen zusammen. Es gibt deshalb auch nichts Interessantes über den Fahrer und das Fahrzeug zu berichten.

Wir durchqueren den Norden und stellen fest, dass sich die Umgebung verändert. An manchen Orten treffen wir auf üppige Graslandschaft, und wir können sogar etwas Felderwirtschaft entdecken. Das Grün der Wiesen lässt vermuten, dass hier kräftig mit Dünger nachgeholfen wurde. Wir sehen ausserdem Kornfelder und einen Kartoffelacker. Das ist für uns ein Novum in Island. Alles wirkt jetzt nicht mehr so urtümlich wild, mehr beschaulich bäuerlich. Ausserdem sind die Ebenen ausgedehnter, abgerundeter. Ein Vorteil für die Landwirtschaft.

Jetzt, wo wir uns den Norden Islands so ansehen, dünkt es uns eigentlich schade, dass wir hier keine Zwischenstation mehr eingeplant haben. Es hätte eindeutig ein paar Flecken, für die es sich lohnen würde, auszusteigen. Aber wir haben beschlossen, direkt bis zum *Mývatn* durchzufahren. Der Mückensee, das bedeutet *Mývatn* nämlich, steht schon seit längerem auf unserem Programm. Er soll ein wahres Vogel-*Eldorado* sein, und da wir nun langsam doch an die Rückreise denken müssen, möchten wir noch mindestens eine Woche da verbringen.

Als der See in Sicht kommt, bin ich schlichtweg begeistert. *Mývatn* ist Wasser und Feuer, kalter Wind und trotziges Grün, Jurassic Parc und Schatz im Silbersee – *Mývatn* ist eine Wucht! Kleine Ortschaften, am Ufer in saftige Vegetation gebettet vor dem eiskalten Blau. In der Ferne die sanften Erhebungen längst erloschener Vulkane, der imposante, pechschwarze Kraterberg *Hverfjall*, die karg bewachsenen Lavafelder, das sandsteinige Leuchten der Bergkette – hier würde man *Dinosaurier* vermuten, keine Vögel. Die von jahrhundertelangen Erosionen und Eruptionen geschaffene Landschaft spottet jeder Beschreibung. Einzigartig!

Müsste ich einen Urzeitfilm drehen, ich würde zum *Mývatn* fahren! So ein paar primitive Hütten zwischen dem Lavagestein, eine barbusige, mit seltsamen Mustern bemalte Alte, die Gras vorkaut, ein stark behaarter Mann mit affigen Zügen, auf seine Walfischknochenkeule gestützt – die perfekte Szene. Hinten raucht noch die heisse Quelle, das sieht so richtig nach *Neandertal* aus. Frage mich oft, wie das wohl wäre, in *jener* Zeit zu leben. Und als Zweites frag ich mich: Hat es *jene Zeit* überhaupt gegeben? Ist sie nicht nur ein Produkt der Wissenschaftsphantasie? Vieles, was uns da als gesicherte Tatsachen verkauft wird, ist nämlich reine Spekulation. Wenn man wissen möchte, wie die Urmenschen wirklich waren, müsste man sie schon treffen, und das ist ja leider nicht mehr möglich. Also behilft man sich mit Vermutungen.

Was man zum Beispiel nicht alles aus dem Ötzi herausgelesen hat. Das läuft so wie bei *CSI Miami*: Da wird geschnippelt und geröntgt und der Schädel durchleuchtet, und nach zwei, drei Stunden kommt die sexy schwarze Pathologin aus dem Sezierraum. Sie hat Blutspritzer auf der Schürze und streift sich kokett die Handschuhe ab. Hinten liegt Ötzi auf dem Schragen, mit geöffnetem Brustkorb und unverhüllter Sicht auf seine kümmerliche Männlichkeit. *Man stelle sich vor –*

Tausende von Jahren in einem Gletscher; da bleibt nicht mehr viel übrig.

Die heisse Ärztin tänzelt zur Spüle, desinfiziert sich die Hände und beginnt dabei zu referieren, ohne einen Blick auf die Anwesenden *Detectives* zu werfen:

«*Der Mann stammt aus Albanien, West-Albanien, um genauer zu sein, im kleinen, prähistorischen Dorf Slibovice im dritten Haus links, zweiter Stock. Er hat vermutlich mehrere Fremdsprachen gesprochen, das schliessen wir aus der ausgesprochenen Flexibilität seiner Zunge. Eventuell war er aber auch ein Call Boy, wir klären das noch ab. Dazu würde passen, dass wir in seinem Beutel diverse handgenähte Rindslederkondome gefunden haben. Ausserdem hatte er zwei Stunden vor seinem Dahinscheiden noch Sex und sehr wahrscheinlich sogar erfolgreichen, denn seine Spermien waren äusserst aktiv, ein paar von denen leben immer noch… und* (an dieser Stelle kommt jeweils eine unheilschwangere Kunstpause) *er ist ganz bestimmt nicht eines natürlichen Todes gestorben.*»

Da frag' ich mich manchmal: Wer will das wissen? Der Ötzi ist schon so lange tot. Was wollen die denn? Seine Mörder finden? Weshalb sind uns solche Erkenntnisse so wichtig? Warum lösen wir nicht erst die wirklichen Probleme, bevor wir uns mit Ötzis Liebesleben beschäftigen?

«*Inspector, wir haben ein rotes Frauenhaar auf Ötzis Leiche entdeckt!*»

«*Hmmm, Sex and Crime – es hat sich nichts verändert. Radcliffe!*»

«*Sir?*»

«*Machen Sie einen Vergleichstest mit sämtlichem prähistorischem Frauenhaar, das Sie auftreiben können.*»

«*Wo soll ich das denn finden?*»

«*Hey, Radcliffe! Dafür wurden Sie ausgebildet! Schnüffeln Sie in Museen, kriechen Sie durch Hünengräber, graben Sie unter Pyramiden! Aber bis morgen Abend liegt Ihr Bericht auf meinem Tisch! – Wäre ja gelacht, wenn wir die Schlampe nicht kriegen!»* So läuft das. Und die kriegen sie auch wirklich! Und dann machen sie einen Gentest und jubeln, dass sie jetzt wieder eine *Nuance* mehr aus *Ötzis* Leben herausgefiltert haben, aber eigentlich wissen sie *gar nichts*.

Vergesst es einfach! Ihr werdet nie herausfinden, *wer* Ötzi war. Am besten wäre es, ihm eine angemessene Ruhestätte zu geben. Ötzi zu *Ötzi*, Staub zu Staub.

Werde aus meinen Tagträumen gerissen, weil wir die Endstation erreicht haben. Der Bus hält auf dem Wendeplatz vor dem Shop in *Reykhólar*. Touristen überall! *Wünsche mir die Neandertaler zurück!*

Hier ist richtig was los. Im Infobüro drängen sich die Besucher vor der Theke. Dahinter vier Leute, zwei relaxed vor den Computern und die beiden im Hintergrund mit irgendwelchen Recherchen beschäftigt. Man hört alle Arten von Englisch – *deutsches* Englisch: ‹Gimmi se paper, please!› *Französisches* Englisch: ‹Sorie Sör, gän iu elp mi?› *Italienisches* Englisch: ‹Parla Italiano?›

Immer mehr Abenteuerwillige zwängen sich in den Raum. Einer, der aussieht wie ein Park Ranger oder einfach nur wie ein Isländer, bellt ein paar Sätze Wikingisch über die Köpfe hinweg. Die füllige, blonde Dame am Tisch zeigt in eine Richtung, und er nickt und geht wieder raus. Wir sind noch lange nicht an der Reihe und sehen uns deshalb die Auslagen an. Die Touristeninformation ist sehr professionell ausgestattet. Da stehen allerlei Bücher und Aufklärungstafeln über Vulkanismus und Gestelle mit Wanderkarten, Flyern und Ansichtskarten. Ein paar der Broschüren enthalten die Angaben, die wir gesucht haben, und so können wir uns das Anstehen ersparen.

Jenseits der Strasse liegt der Camping. Sehr luxuriös! Eine gepflegte Rasenanlage, grosse Geschirrspülbecken im Freien, angelegte Wege, campingeigene Infostelle, wo man unter anderem *Wale Watching-Touren* nach *Húsavik* buchen kann. An der Frontseite befindet sich ein grosses Küchenzelt mit diversen Gasrechauds. Links und rechts des Zeltplatzes steht je ein separates Gebäude mit Duschkabinen und Toiletten. Leider sind diejenigen rechterhand

Noch etwas wacklig auf den Beinen – junger Rotschenkel

komplett ausser Betrieb. Also konzentriert sich das Bedürfnis nach *Entleerung* der zahlreichen Touristen *(es sind Hunderte, Tausende, Millionen!)* auf die übrigen fünf Klosetts. Duschen gibt es grad mal zwei. Das Klügste ist, das finden wir schon bald raus, nachts seine Geschäfte zu verrichten. Nicht, dass man dann alleine wäre. Aber die Wartezeit verkürzt sich doch beträchtlich. Wer über einen aussergewöhnlich starken Schliessmuskel verfügt, kann sich auch auf die späten Morgenstunden spezialisieren. Da sind die meisten Camper schon weg und noch keine neuen eingetroffen. Während der restlichen Zeit ist die Kacke buchstäblich am Dampfen!

Geh nicht im Sommer auf den Camping am *Mývatn*, wenn du unter Blasenschwäche oder nervösem Darm leidest. Tu es *nicht*! Du wirst keine Freude haben.

An diesem Ort ballt sich die ganze Grässlichkeit des Tourismus. Fahrige Durchreisende, junge, überforderte Eltern mit quengeligen Bälgern, Wandergruppen mit Namensschildern, Lehrer mit Scout-Ambitionen und gelangweilten Schülern, lustige Girlie-Gruppen, die ununterbrochen was zu Kichern haben, und Fotografen - wuahh die Fotografen! Ausserdem die älteren, campingerprobten Paare. Alles eingespielt: Mutti geht abwaschen, Vati stellt das Vorzelt um. In den sanitären Anlagen begegnet man Leuten, die anstehen können, und den *Italienern*. Hier trifft knuspriggebratene Radlerwade auf bierseligen Schwabelbauch, tschechische Studententussie auf Ehepaar aus dem Emmental. Krampfader gibt sich ein Stelldichein mit selbstbewusst präsentiertem Sportlerbusen. Da spielen Kinder Fangen, und die Toiletteneroberer lassen befreit und lautstark einen fahren. Der Boden der Klos ist nach jedem Besuch mit Papier übersät – weiss Gott, wo die scheissen gelernt haben.

Im Küchenzelt hocken schon die Familienclans und wachen eifersüchtig über ihr annektiertes Gebiet. Die Blicke sprechen Bände: Nur über ihre Leichen werden sie es wieder hergeben!

> *Liebe deinen Nächsten gilt für Samariter, nicht für Zeltnachbarn.*

Es ist nicht einfach, sich ein Plätzchen zu suchen, das nicht unmittelbar neben einem anderen Zelt steht, aber wir schaffen es. Da wächst so eine kleine Hecke, die den Platz zum Strand abgrenzt, und gleich davor verläuft der Durchgangsweg. *Da* will *keiner* hin. Zwischen Büschen und Weg bleibt gerade noch ein wenig Platz für unser bescheidenes Zeltchen. Wir werden uns noch glücklich preisen, diesen Platz gewählt zu haben, aber davon später. Gezahlt wird in der Rezeption oben im Haus, und die Preise sind sehr anständig.

Auch hier geht's zu wie im Bienenhaus. Die Angestellten agieren äusserst professionell. Könnten Deutsche sein, so zackig, wie das zu- und hergeht, sind aber Isländer. Gepäck abgeben, Akkus aufladen, Souvenirs kaufen, Umgebung erkunden – alles ist organisiert, läuft wie am Schnürchen und *nervt* unglaublich. Der funktionale Camping! Muss aber wohl so sein, bei diesem Ansturm.

‹*All the lonely people, where do they all come from?*›, fragt Paul McCartney in *Eleanor Rigby*. Und wo, frage *ich*, haben sie all die *Verrückten* rausgelassen?

Da sind die Leute vom *Hotelbus*. Die haben alles dabei: Tische, Stühle, Biwaks, Küchenzelt, Mückenschutz – wir denken erst, es handelt sich um eine Gruppe Afrikaner, bis wir bemerken, dass sie alle schwarze *Moskitonetze* tragen. Da hocken sie nun, singen ‹*La Paloma ohe*› und sehen ziemlich doof aus. Nur der senile Akkordeonspieler, der im *All inklusive* enthalten ist, sitzt ungeschützt da und entlockt seinem Instrument mehr oder weniger richtige Töne. Neben uns dreht der dicke Italiener, mit Fokuhila-Frisur in Lederjacke und hinter einer *Blues Brothers*-Sonnenbrille versteckt, griesgrämig den *Heavie Metal* Sound seines iPods auf volle Lautstärke. Gerade anschliessend haben sich seine sportlichen Landsleute breit gemacht, in hautengen Radlerklamotten und bereit, den *Giro d' Italia* nach Island zu bringen. Die Wiese jenseits des Durchgangs erklären gerade die Franzosen zu ihrem *Chambre separé*. Lauter *Quechua*-Zelte, gleiche Farbe, uniform.

Direkt hinter unserem Gebüsch hat sich eine holländische Gruppe einquartiert. Sitzen zusammen, beten und lesen die Bibel. Wir sind beruhigt: Wenigstens die werden sich einigermassen anstän-

*Pfeifentenweibchen
trotzt dem Wellen-
gang bei Windstärke
zehn.*

dig verhalten. Weit gefehlt! *Liebe deinen Nächsten*
gilt für Samariter, nicht für Zeltnachbarn. Die Typen johlen und kreischen bis in die frühen Morgenstunden. Es ist das erste und einzige Mal auf
dieser Reise, dass ich jemanden anbrülle. Es ist
der *Zorn des Gerechten*, der mich treibt, und das
Bedürfnis nach Schlaf. Will erst eine Bibelstelle
zitieren wie: ‹*Durch Stille sein und Hoffen würdet
ihr stark sein!*› Belasse es dann aber bei einem:
«*Fuck, you're not alone here!*» – Es wirkt!

Lustigerweise brauchen wir jeweils nur zwei, drei
Kilometer zu laufen, und alle sind verschwunden. Kaum jemand verirrt sich einmal auf den
in nächster Nähe gelegenen Wanderweg dem
See entlang. Das ist ja sowieso ein Phänomen:
Wir sind in den letzten Wochen so oft auf Wegen gelaufen, die offensichtlich seit Monaten
nicht benutzt wurden. Da fragen wir uns schon
ab und zu, was die Leute so mitnehmen, wenn sie
reisen. Würde ich als Tourist in die Schweiz fah-

ren, den *Rheinfall* fotografieren, das *Matterhorn*
bestaunen, mit dem *Bähnchen* auf die *Jungfrau*
fahren und in den Lauben von *Bern* ein Miniatur-
Alphorn mit *Schwiitzer Fähndli* erstehen – was
wüsste ich dann von diesem Land?
Aber uns soll's recht sein. Wir geniessen das
Alleinesein.
Der Mývatn hat wirklich eine reiche Vogelwelt.
Das Problem ist: Sie konzentriert sich meistens
auf den See. Eiderenten, Spiessenten, Singschwäne, Ohrentaucher, Eistaucher – alle schwimmen
sie da draussen, ausser Reichweite von Fabiolas
Objektiv. Natürlich hocken sie auch am Strand.
Aber sie sind vom Weg aus nur schwer zu sehen,
und bevor man ihnen nahe genug kommt, suchen
sie schon mit lautem Geschnatter das Weite. Wir
kommen schon bald zu dem Schluss, dass es das
Beste wäre, eines der campingeigenen Ruderboo-
te zu mieten und damit hinauszufahren. Gleich
morgen werden wir das tun.
Wir haben nicht mit dem Wind gerechnet. Mit

151

Stärken bis *Zehn* beginnt er in der Nacht zu wehen. Jetzt sind wir froh, dass unser Zelt hinter der Hecke steht. Andere haben ihre liebe Mühe, ihr Biwak aufrechtzuerhalten. Der Wind bläst die Zelte auf wie Luftballons, und die Halterungen wackeln bedenklich. Wir haben es mit unserem Schlafplatz wirklich gut getroffen.

Bei der Arbeit macht uns das Wetter jedoch zu schaffen. Nicht nur, weil es beinahe unmöglich ist, bei den stürmischen Verhältnissen ein einigermassen scharfes Bild zu schiessen. In der Nacht fallen zudem die Temperaturen ins Bodenlose. Unsere Ambitionen, frühmorgens an den Strand zu gehen, um die idealen Lichtverhältnisse auszunutzen, geben wir schnell auf. Wir frieren uns nämlich den Arsch ab! Genau da, wo die Sonne zum Vorschein kommen sollte, steht stur eine Wolkenbank. Wir sind froh, als das Bistro im Dorf öffnet und wir uns für eine Tasse Kaffee dahin zurückziehen und uns aufwärmen können. Wenn der Wind mal kurz nachlässt, sind da die Mücken. Riesige Schwärme dieser Kleinstinsekten stehen, zu schwarzen Säulen aufgetürmt, über dem feuchtgrünen Uferstreifen – Milliarden! Es sind jedoch Zuckmücken. Sie stechen nicht und sind nicht besonders aufdringlich. Wir erleben es nur einmal, nach einem nebligen Morgen, dass sie aggressiv werden, uns belagern und in Ohren, Nase und Augen kriechen. Sonst schwirren sie einfach um uns rum und machen dabei ein überraschend lautes Geräusch, als stünde die Luft unter Spannung. Sie sind überall. Wenn ich ein Landschaftsfoto schiessen will, wedelt Fabiola jeweils mit ihrer Mütze vor meinem Objektiv rum, um die Biester wenigstens für einen kurzen Moment zu vertreiben. Es funktioniert längst nicht immer. Bei manchen Aufnahmen ist der Himmel mit schwarzen Punkten geradezu übersät, und wenn sie näher dran sind wirkt es, als hätte ich Wassertropfen auf der Linse. Bei Fabiolas Vogelbildern sind die Viecher ebenfalls oft mit drauf.

Da der Wind auch in den nächsten Tagen nicht entscheidend nachlässt, versuchen wir es mit dem besser geschützten Landesinneren. Hier führt ein erstaunlich gut ausgebauter Wanderweg durch die spärlich bewachsenen Lavafelder in Richtung *Hverfjall*, dem dominanten Kraterberg im Osten.

Fabiola, stets auf der Suche nach *fliegenden* Motiven, stolpert plötzlich und fällt flach auf die Schnauze wie ein Brett. Bin natürlich sofort bei ihr, um ihr aufzuhelfen. Sie hat sich das Knie aufgeschlagen und die Schulter blessiert. Ihre einzige Sorge gilt jedoch der Kamera. Die ist aber heil geblieben. Auch ihre Verletzungen sind zum Glück nicht so schlimm, und nach ein paar Tagen erträglicher Schmerzen fühlt sie sich wieder besser. Jetzt kann ich es ja sagen: Es sieht *zum Brüllen* komisch aus, wie sie da wie ein Kartoffelsack vornüberkippt. Wie im Trickfilm. Aber ich grinse nicht einmal! Wäre das *mir* passiert, *sie* würde sich am Boden *kugeln* vor lachen. Das ist der Unterschied zwischen uns beiden: *Ich bin ein Trauerkloss, sie ist eine Frohnatur, ja, ja!*

Als wir nach knapp zwei Stunden den Fuss des Vulkans erreichen, staunen wir nicht schlecht über die zahlreichen Besucher, die den Krater besteigen. Stellen dann später fest, dass nicht weit entfernt ein Autoparkplatz liegt. Das erklärt wohl den Auflauf.

Das Ausmass des Kraters ist schon beeindruckend. Auf einem schmalen, holprigen Höhenweg kann man ihn umrunden. Riesig, kohleschwarz und abweisend liegt der kreisrunde Schlund vor uns. Normalerweise ist er mit Wasser gefüllt, aber in diesem trockenen Sommer bleibt er staubig und leer. Die Aussicht von hier oben ist mehr als spektakulär. Der Blick über den See, umringt von den napfförmigen erloschenen Kratern. Der Kontrast der lebensfeindlichen Kargheit und der üppig fruchtbaren Fülle. Linkerhand liegt *Dimmuborgir*, eine zu bizarren Formen erstarrte Lavalandschaft.

Der Weg dahin führt auf der Rückseite des *Hverfjall* steil hinunter, und wir *rutschen* mehr als *steigen* über loses Gestein bis zur Talsohle.

‹Dimmu Borgir›, das kannte ich bis anhin nur als Name einer Heavy Metal Band. Aber es passt! Zwischen den feuergeformten Monumenten sieht man förmlich die Gnome und Schattenwesen tanzen. Wie Mauern einer einst gigantischen Stadt, Türme längst vergessener Paläste und Überreste von Götzenstatuen ruhen die Zeugen der Urgewalten, in der sie überwuchernden Vegetation. Das immense, natürliche Tor, wie aus einem

Stück gegossen, verstärkt noch den Eindruck, sich in einer zerfallenen Festung zu bewegen. So vermittelt es ja auch schon der Name: *Dimmuborgir* bedeutet *dunkle Burgen*.

Viele alte Sagen und Geschichten drehen sich um diesen Ort. Eine bessere Kulisse dafür wäre nur schwer zu finden. Ein Schild weist darauf hin, dass hier die berühmten *Weihnachtstrolle* wohnen. Sie haben nicht viel mit dem Christkind oder Santa Claus gemeinsam, sondern sind im Gegenteil bösartig und ständig zu Streichen aufgelegt.

Wir sind dann schon bald einmal beim Parkplatz, und da finden wir auch eine Gaststätte. Kurz Koffein nachtanken und dann weiter zur Strasse. Wir würden gerne in *Reykhólar* noch etwas am Seeufer ansitzen, aber die Zeit ist schon recht fortgeschritten und der Weg noch weit. Versuchen es mit Autostopp und haben schon bald einmal Glück. Der *Park Ranger* persönlich hält für uns an. Auf dem Nebensitz hat er noch einen Kollegen mit dabei. Lässt uns kommentarlos einsteigen. Auf der Rückbank hockt ein weiterer Tourist, ein Deutscher. Er wurde schon zuvor aufgegabelt. Wir quatschen etwas mit ihm, denn die beiden Isländer reden nur miteinander und beachten uns nicht die Bohne. Wir melden dann irgendwann, wo wir rausmöchten, und da hält der Fahrer schliesslich an. Ohne ein weiteres Wort lässt er uns raus und honoriert unseren Dank mit fast unmerklichem Kopfnicken. Isländer sind nett und freundlich und – seltsam. *Seltsam* sind sie!

Fabiola schiesst tatsächlich noch ein paar Enten ab, und anschliessend watscheln wir ins Bistro, um etwas zu futtern. Selber kochen, dafür fehlt uns der Mumm. Wir haben nicht mehr die Kraft, uns mit campingwütigen Weltenbummlern ums Gasrechaud zu balgen. Haben uns auf einen festen Essplan geeinigt: Tagsüber Schokolade und Brot und ein Sack voll dieser unglaublich salzigen *Tortillachips* und abends eine warme Mahlzeit im Restaurant. Sprengt zwar definitiv unser Budget, aber dies ist ein Notfall! Wir leiden unter einer akuten Touristenphobie! Wir können sie nicht mehr sehen, diese funktional gekleideten Tourenwanderer, diese fetten Amerikaner in ihren vollklimatisierten Wohnmobilen, diese italieni-

schen Sippschaften, die auch den ruhigsten Ort in eine *Piazza Conversazione* verwandeln, diese sensationsgeile Meute, die wie ein brandschatzender Mob durch die Tankstellenshops flutet. Schreibe in unsere Rundmail: «We are tired of being tourists and seeing tourists», und das ist die volle Wahrheit. Wie halten das die Isländer bloss aus? «*Ah, they come and than they go!* », meint die nette Verkäuferin an der Kasse im Supermarkt. Spätestens im September ist der Spuk vorbei.

Wir liegen im Zelt, und dank des heftigen Windes ist es ausnahmsweise mal recht ruhig auf dem Camping. Über den See tönt das wehmütige Klagen des Eistauchers. Und *hier*, umringt von Hunderten von Leuten, glaube ich zum ersten Mal seit Anfang unserer Reise, die *wahre* Stimme der Wildnis zu vernehmen. Da draussen findet es statt, das massgebende Leben. Da spielen die Kräfte, die unserer aller Grundlage sind. Es ist unsere Heimat und doch so unsagbar fremd. Wir haben uns zu lange in unserer Plastikwelt eingeschlossen – wir haben den Zugang verloren!

Ich könnte euch noch viel erzählen, von liebenswürdigen Leuten, von ignoranten Arschlöchern, von freundlichen Isländern und blasierten Herrenmenschen. – Wie die alte Französin, die im Souvenirshop in *Egilsstaðir* etwas erstehen wollte und beleidigt und grusslos das Lokal verliess, als sie feststellte, dass die Verkäuferin *kein Französisch* beherrscht. Oder das ältere, südafrikanische Paar in *Flókalundur*, die einfach total begeistert waren von ihrer Islandreise und sogar noch lachten, als der Wind beinahe ihr Zelt mit davontrug. Oder die isländische Familie, die unserem englischen Zeltnachbarn vorschlug, ihn nach *Reykjavík* mitzunehmen, dann aber meinten, sie hätten doch zu wenig Platz, nur um am nächsten Tag zu verkünden, es reiche wohl jetzt trotzdem, und schlussendlich still und heimlich ohne ihn losfuhren. Der verschlossene Typ, der in *Djúpivogur* offenbar fest in einem riesigen Trailer auf dem Camping wohnt und nur ab und zu im Küchenhäuschen auftaucht, um Wasser zu holen. Dabei schaut er nicht links und rechts und spricht mit niemandem. Oder der Bauarbeiter in *Born*, dem

wir jeden Morgen auf der Strasse begegneten, der immer freundlich grüsste und irgendeine Bemerkung zum Wetter oder etwas anderem Aktuellem machte. Die aufgestellte Frau auf *Fanø*, die uns beobachtete, als wir auf Vögel lauerten, und wissen wollte, was wir da treiben. Sie meinte nur: «*Good luck!*», aber es hat mir in diesem Moment das Herz erwärmt. Die Bedienung in *Ålborg*, bei der ich grossartig in Dänisch bestellte, aber ihre Antwort nicht verstand und die dann lächelnd alles in Englisch wiederholte. Die rekordverdächtig dicke junge Frau, die in *Esbjerg* im Gartenkaffee sass in ihrem hautengen Minikleidchen und das extra grosse Frühstück mit einem halben Liter Cola herunterspülte. Der Kerl auf *Flatey*, der mit seinem riesigen Teleobjektiv wie besessen auf der Insel herumsprang um Vögel im Flug zu fotografieren. Der Besoffene in *Reykjavík*, der uns Haschisch versprach, wenn wir mit ihm noch abfeiern gingen. Die deutsche Oma, die uns auf der Fähre vom gärenden Ausländerproblem in ihrem Land erzählte, obwohl sie laut eigener Aussage gar nicht fremdenfeindlich ist, solang die Fremden bleiben, wo sie *hingehören*.

Da war die Schifffahrt nach *Suðuroy* auf den Färöer-Inseln, wo wir uns während zwei Stunden über Bordradio in voller Lautstärke eine Versteigerung in der Landessprache anhören mussten. Oder der Banker in *Ísafjörður*: der einzige Mensch, dem wir in ganz Island begegnet sind, der einen feinen Anzug und eine Krawatte trug und damit so gar nicht ins Bild passte. Die mollige und trotzdem selbstbewusst sexy angezogene Mutter, der wir beim Waschen in *Hólmavík* begegnet sind und die mit uns auf Anhieb wie mit alten Bekannten sprach. Das Schild an einem Garagentor in den Westfjorden mit dem Hinweis: *Achtung! Schweizer Grenze.*

Die biedere *Welschschweizer* Familie mit zwei Kleinkindern im *Youth Hostel* in *Seyðisfjörður*, die alle so schockiert glotzten, als sie als Erstes mich mit offenen Haaren und im Hippie Look aus der Türe treten sahen, und danach erst recht, als Rick hüpfend und Luftgitarre spielend hinterherkam und grölte: «*I am just a monkey man, do*

Bild: Gryllteiste

the monkey cleaning!» Der Vater, der ein Käppi mit Schweizerkreuz trug und wie wir ihn dann nachts beim irrtümlich ausgelösten Feueralarm wieder sahen, in Unterhosen, welche dasselbe Sujet zierten. Was haben wir uns kaputtgelacht!

Da war dieser zottelige Hund, der jeweils morgens in *Vágur* seine Runde machte, gemächlich flanierend wie ein alter Grossvater auf seinem täglichen Spaziergang.

Ihr seht, ich könnte nochmals von vorne anfangen zu erzählen. Vom Busfahrer in *Reykjavík*, den ich auf der Suche nach dem Camping fragte, wo genau wir hier wären, und der mir antwortete: *«You are in Reykjavík, Capital City of Island».*

Aber auch über uns gäbe es noch einiges zu berichten. Die Momente, als wir fast neidisch waren auf die Leute, die unabhängig mit einem Wagen durchs Land kurvten. Die Zeiten, als ich jedes Mal, wenn jemand davon sprach, dass er bald zurückreisen würde, dachte: *«Warum der und nicht ich?»* Die unbeschwerte, kindliche Begeisterung, die uns jeweils erfasste, wenn Fabiola mal wieder einen Vogel erwischte, den wir noch nicht im Repertoire hatten. Der Morgen, als uns das Zürcher Ehepaar auf dem Camping in *Hirtshals* zum Frühstück einlud und wir das erste Mal nach eineinhalb Monaten wieder mit anderen Leuten Schweizerdeutsch sprachen. Und nicht zuletzt die Höhen und Tiefen, die wir in unserer Beziehung durchlebten. Das *wildromantische* Zeltleben, das *absolut ätzende* Zeltleben, die heftigen Dispute und befreienden Lachattacken. *Schöne* Momente, *zärtliche* Momente, *berührende* Momente, Momente zum *Vergessen*.

Ja, es gäbe noch vieles, was ich aufzeichnen könnte, und vielleicht werde ich beim Überarbeiten dieses Buches noch hie und da etwas zwischen die Zeilen schieben. Aber irgendwann muss jede Geschichte ihr Ende finden, und dies ist ein günstiger Moment.

Wir sind ja danach noch etwas weitergereist, haben drei Wochen in Deutschland in *Pommerby* bei der *Geltiner Birk* verbracht und sind spontanen Einladungen gefolgt, die wir von deutschen Reisebekanntschaften per Mail erhalten hatten. Dies alleine gäbe noch mindestens ein Kapitel zu schreiben.

Wenn man mich jetzt, nach all den Monaten, nach den ultimativen Höhepunkten unserer Reise fragte, würde ich, nebst den prägenden Naturerlebnissen, vor allem die Begegnungen mit Menschen erwähnen. All diese Leute, die netten und die kauzigen, die seltsamen und die liebenswerten, die hilfsbereiten und Arschgesichter, sie haben diese Geschichte geschrieben, und wenn wir sie genau betrachten, steckt in jedem von ihnen ein Teil von uns.

Die Menschen *sind* verschieden! Aber grundsätzlich, wenn man etwas tiefer bohrt, stösst man immer wieder auf *dieselben* Grundlagen. Menschen wollen ein Zuhause, ein Auskommen und vor allen Dingen beachtet und geliebt werden. Da sind wir uns alle gleich, und eigentlich müsste *da* die Völkerverständigung ansetzen. Wir haben, trotz all der Frotzeleien, eine Menge cooler Typen getroffen: Deutsche, Kanadier, Amerikaner, Chinesen, Belgier, Holländer, Schweizer, Südafrikaner, Koreaner, Spanier, Italiener, Isländer, Färinger, Dänen (sehr lustig), Schweden, Norweger, Tschechen, Jugoslawen, Polen und *(ja, wir geben es ja zu)* auch ein paar Franzosen.

Wir alle können etwas voneinander lernen. Nicht durch künstliche Nihilierung der Grenzen und politisch verordneten Einheitsbrei, sondern durch die Öffnung der Herzen.

‹Schmelzt das Eis in euren Herzen›, rät uns der grönländische Schamane *Angaangaq*. Mit diesem Aufruf und einem herzlichen ‹Go wild› möchte ich schliessen. Danke, dass ihr mit uns gereist seid.

Love and Peace

Fabiola und Ger